思想与社会译丛

杨生平　汪　宇◎主编

法国知识分子与政治

从德雷福斯事件到德军占领期

[英] 戴维·德雷克（David Drake）◎著
杨林玉◎译

首都师范大学出版社
CAPITAL NORMAL UNIVERSITY PRESS

图书在版编目(CIP)数据

法国知识分子与政治：从德雷福斯事件到德军占领期/(英)戴维·德雷克(David Drake)著；杨林玉译. —北京：首都师范大学出版社，2019.9
(思想与社会译丛 / 杨生平，汪宇主编)
ISBN 978-7-5656-3889-3

Ⅰ.①法… Ⅱ.①戴… ②杨… Ⅲ.①知识分子—研究—法国 Ⅳ.①D756.561

中国版本图书馆 CIP 数据核字(2017)第 230069 号

FAGUO ZHISHI FENZI YU ZHENGZHI
法国知识分子与政治
——从德雷福斯事件到德军占领期
[英]戴维·德雷克(David Drake)　著　杨林玉　译

项目统筹　来晓宇　　　　责任编辑　林　予　韩乔治
封面设计　广领设计
首都师范大学出版社出版发行
地　址　北京西三环北路 105 号
邮　编　100048
电　话　68418523(总编室)　68982468(发行部)
网　址　http://cnupn.cnu.edu.cn
印　刷　北京文昌阁彩色印刷有限责任公司
经　销　全国新华书店
版　次　2019 年 9 月第 1 版
印　次　2019 年 9 月第 1 次印刷
开　本　787mm×1092mm　1/16
印　张　16.75
字　数　336 千
定　价　58.00 元

前　言

英国学者柯林伍德曾说过，“一切历史都是思想史”。思想是从深层次把握社会发展的，因而它更能凸显历史事件的意义，也更能助推社会发展。当然，思想并不能单独决定历史发展，思想史也不能代替现实史，思想亦来自于社会与生活，只有那些深刻揭示历史本质与历史规律的思想学说才能生动展现历史现实并持久推动社会发展。社会现实是思想的活水源头，任何思想必须以自身的形式体现并反映社会现实与社会问题，一种思想的兴衰实际上是特定社会矛盾的具体表现。了解一个社会，不管是把握其生活还是把握其思想都是不够的，只有全面了解社会生活与思想并在它们的互动中才能把握其全貌。西方社会历来不缺少思想和思想家，自19世纪上半叶马克思主义诞生以后，西方陆续出现了像唯意志主义、存在主义、弗洛伊德主义、法兰克福学派、新托马斯主义、后现代主义以及现实主义、新自由主义、新保守主义等众多流派。这些思想和流派都从不同角度、不同层面影响了西方社会的发展。为了较客观地展示当代西方思想与社会的互动景象，“思想与社会译丛”的编者从浩如烟海的西方思想史著述中，精心挑选了一批对当代西方有重要影响或较好反映当代西方社会思想与社会互动的著作。这里既有新左派思想，也有新自由主义与新保守主义思想；既有不同思想的交锋与博弈，也有同一思想或流派的流变与发展。如此做的目的只有一个，就是让读者尽量在多层次、多方位比较中充分、客观又较为全面地了解西方社会，并以此为基础探寻其实质。有一点是必须指出的：尽管由于种种原因马克思主义的社会主义构想在西方没有变成现实，但它对西方社会的影响却不能低估。了解西方社会思想与社会的互动，必须考虑到马克思主义的影响。正如法国哲学家德里达所言："不能没有马克思，没有对马克思的记忆、没有马克思的遗产，也就没有将来：无论如何得有个马克思，得有他的才华，至少得有他的某种精神。""不管人们愿意不愿意，意识到或者没有意识到，所有地球上的居民，今天在一定程度上都是马克思和马克思主义的继承人。"

"他山之石，可以攻玉。"改革开放四十年来，我国取得了巨大进步，经济发展迅猛，综合国力明显提升，国际影响力稳步增强，但与此相比，我国人文社会科学的发展却相对较缓。当有记者问英国前首相撒切尔夫人"中国能不能强大，中国能不能构成对世界的威胁"时，撒切尔夫人答道："中国是否强大是能否构成对世界威胁的前提。那么中国能不能强大呢？我注意到中国改革开放以来所使用的新思想、新观念、新概念甚至思维方式都是西方的。连理论研究都是在西方的结论基础上进行的，这些结论来自剑桥、哈佛等著名的大学，也有著名的研究机构。我不否认这些新思想、新概念以及新思维的正确性。但是，它是为西方价值观服务的。试想，一个只能步他人后尘的国家能够强大吗？至于对世界的威胁，那更是不可思议的。"撒切尔夫人的回答自然是明显带有西方政客对中国发展的偏见，但细细想来，它也从另一个侧面反映出当前我国人文社会科学的发展与经济发展不是十分相称的现状。有问题不可怕，可怕的是认识不到问题的存在。中国人文社会科学的繁荣只有立足于中国的实际，植根于中国制度，通过中国人自己的创新，才可能做到、做好。可任何思想都不可能建立在虚无的基础之上，只有充分吸收人类一切优秀文化成果，我们才能真正创造出引领中国发展并影响世界的，有中国特色、中国气派和中国风格的思想文化成果。就此，"思想与社会译丛"

既可以起到了解、借鉴和启示作用，又可以起到批判、继承和吸收作用。为了让读者更好地了解这套丛书的意义，我们特意邀请了北京大学中国语言文学系在这方面颇有造诣的青年学者蒋洪生为丛书作序。

杨生平

2014 年 12 月

总　序

“一切历史都是当代史”，意大利著名思想家克罗齐如是说。克罗齐这么说的缘由，或是基于以下几点：其一，所有的历史，包括去日不远者在内，皆是在历史事件发生之后写就的，总是后事件性的（post-evental）。去日如流，不止不息；历史永不能重演，时光断不可倒流，故而一切历史，从认识论意义上说，总是事后在人们的脑海之中被重新构建过的一种当下呈现。其二，有可见的历史，有不可见的历史；相比不可见的历史，可见的历史只是恒河一沙、沧海一粟。我们于今可见的一切历史，也是史家根据其不同的史学兴趣，根据时代和现实所赋予他们的“问题意识”，根据种种主体性的“史家之眼”，来对无边的历史进行甄别、遴选、命名、分类和铭写的结果。史学兴趣也好，“问题意识”也好，“史家之眼”也好，可以说都是当下性/当代性的，即史家总是以当下/当代的期待视野来书写过去的。其三，自历史的终端用户即史学的阅读者、研究者和借鉴者而言，选择、阅读、研究和借鉴何种历史，虽然不排除有“智识”训练之成分在，大抵也是为其所处的时代和现实所驱动的。他们都是带着当代人的欲望、意识和眼光来选择历史、阅读历史、观照历史和借鉴历史的。一段历史如果完全不受时人的关注，那么即使这段历史铭写在案，勒石成碑，对当代人而言，它也不成其为有意义的历史，也免不了湮没尘埃的命运。从某种意义上说，克罗齐的这一著名论断暗示着我们，历史的书写者和研习者追索的与其说是历史之历史性(historicity)，不如说是历史之当代性(contemporariness)。

自现代性在人类历史上生根破土以来，历史在加速度地前进，发生过的历史事件可谓不可胜数，其中有的备载史册，有的则“族繁不及备载”，被人们忽视或遗忘；即便已被载入史册的，其重要性于今人而言，也自各有不同。一些历史事件被今人视为重大事件，而另外一些事件，则基本上已经湮没于荒冢衰草之间。那么，对时人而言，历史事件的重要与否，其决定性的关键因素何在呢？人们截取历史的片段，是否完全是主观随性，而没有客观性的因素在其中起作用呢？恐怕也不是这样。选取还是不选取某个历史事件，放大还是不放大某个历史片段，往往与特定事件中是否蕴含着丰富的当代性因素、是否能够明晰地透视或折射今人所处的诸种矛盾关系密切相关。事件本身意味着矛盾，意味着断裂，意味着连续性中的非连续性。历史事件的发生，不外是各种矛盾相互角力的结果。地壳的板块运动和碰撞会造成地震；社会的种种矛盾关系，在一定的条件下，同样也会造成类似的断裂性事件。在大的社会性地震之后，某些矛盾可能能够得到历史性的解决，但是从现代社会发展的情势来看，在更多的时候，很多矛盾往往只是得到了一定程度的抑制或缓解，并没有得到根本性的解决；矛盾会以变异的形态，以潜流或地火的方式暂时地蛰伏起来。而原初事件中的矛盾关系越是在当代以变异的形态顽强地持存，那么，这些历史事件中所蕴含的当代性因素就可能更强，也更易受到今人的关注，从而被今人赋予更大的重要性。

现代性以来，重大的历史事件往往伴随着深刻的思想史事件，后者往往是前者的序幕和前奏。以欧洲来说，没有启蒙运动的勃兴，或许就没有法国大革命的爆发；没有国际社会主义思想的广泛传播，很难想象会有巴黎公社的建立；没有毛泽东思想的跨国输出，1968 年席卷法国乃至整个西方世界的五月风暴也不会是后来的样态。以中国而言，没有民族国家理念和民族主义思想的自西徂东，何来辛亥革命？没有打倒孔家店，何来建立新中国？没有新中国成立后关于唯生产力论的论争，何来“以经济建设为中心”的“改革开放”？而没有深刻的思想史事件相伴的历史，则往往是偶然的历史、随机的历史、茫然的历史，是难以追踪其意义和真理痕迹(trace)的历史。

对后来者而言，持续作用于现实、作用于当下的重大历史事件和深刻的思想史事件的重要特质，端在其可以不断地被提出来加以重新检讨的复杂的问题性。它们提出了人类尚无法加以完满地解决的问题：对人类来说，这些问题太棘手，太顽固。人们对这些事件的阐释也是歧见迭出；之所以如此，乃在于人类自身的社会性分裂：在种种矛盾作用之下，人类将自己分裂为不同的种族、阶级、民族、国家等等。这些矛盾一天不转化，这些问题一天不解决，人类就会不断地重返那些相关历史的现场，重返那些有待解决的问题域，从复杂的历史地层中考掘出事件的当代性。毋庸置疑，不同社会和阶级立场、不同文化和政治身份的人可能会从相同的历史事件中，考掘出不同甚至截然相反的当代性意义出来。例如，时隔近半个世纪的今天，法国前总统萨科齐和某些法国社会名流不断地提出要“清算五月风暴”，而当代理论巨擘阿兰·巴迪欧(Alain Badiou)则大声疾呼要“忠诚于五月风暴的革命真理”。与此相类，尊孔或批儒也成为中国知识界裂变的一个重要因素。历史和思想史事件的意义似乎总是在不断地滑动之中。这就正如德勒兹所言，“事物的历史通常是占有事物的各种力的交替为了控制事物而相互斗争的各种力的并存。同一个事物，同一个现象，其意义根据占有它的力而变化。历史就是意义的变更……”(德勒兹《尼采与哲学》，社会科学文献出版社 2001，第 4—5 页)对特定历史和思想史事件阐释的人越多，争论越激烈，就越能体现这些历史和事件中所蕴含的矛盾的复杂性和深刻性，也越能体现它们对于后来者的重要性。

考察思想史事件，不可避免地要考查思想史事件中的人物，尤其是那些具有较高的曝光度和深刻的精神影响力的著名知识分子。同时，我们也不应忽视那些可见度不高，甚至是匿名的普通书写者，他们不是名流，不是精英，不是卓著的知识英雄，但他们与前者一起，共同见证和书写了历史。谈论德雷福斯事件，我们不会忘记著名的社会主义作家左拉；作为现代意义上的最初的“公共知识分子”，左拉告诉我们，作为有良心的知识分子，我们要反抗一切不公和压迫（所以也要反抗资本主义剥削）。仔细考察德雷福斯事件，我们也可以看到，在抗议对德雷福斯的不公判决上，左拉不是第一个站出来抗议的人，他不是一个人在战斗：有大约三千人在为德雷福斯上尉的请愿书上签上了自己的名字。在这三千人之后，更站立着许许多多的大声疾呼者和籍籍无名的历史书写者。又如谈到法国五月风暴时，我们自然会想到冲在革命最前线的三大学生领袖科恩·本迪特（Daniel Cohn-Bendit）、阿兰·热斯马尔（Alain Geismar）和雅克·索瓦若（Jacques Sauvageot），也会想到他们背后的精神导师如居伊·德波、马尔库塞和毛泽东等响亮的名字，但是我们不应忘记，除此之外，还有千千万万的学生和市民，更有多达八百万的法国普通工人；他们团结起来，以其燎原之势，共同掀起了五月的红色革命风暴，从而引爆了一个时代。谁能说在五月风暴之中，林林总总的标语、海报、传单、书信、日记、地下报刊等等不是在书写思想，不是在书写历史？在书写历史尤其是书写思想史的时候，好的史家既能勾画出精英和知识英雄在历史上所起到的重要作用，更不会忘记着墨于普通民众的历史性贡献。

英国哲学家柯林伍德（R. G. Collingwood）以思想史为唯一的历史，此说虽然受到不少批评，但赞同或同情柯氏此说的史家，恐怕也大有人在。即使对柯氏此说持批判态度的人，也不得不承认思想史在史学研究中的重要地位。柯林伍德以降，西方思想史研究瓜瓞延绵、各说频出，呈现出一派繁花照眼、万木争荣的景象。重要的思想史研究形态，有以阿瑟·洛夫乔伊（Arthur Oncken Lovejoy）为代表的“观念史派”，有以昆廷·斯金纳（Quentin Skinner）、约翰·达恩（John Dunn）和约翰·波考克（John Pocock）为代表的“剑桥学派”，有以列奥·施特劳斯（Leo Strauss）和艾伦·布鲁姆（Allan Bloom）为代表的“施特劳斯学派”，有莱因哈特·

科泽勒克(Reinhart Koselleck)的"概念史"(德文 *Begriffsgeschichte*，英文 History of Concepts)研究，有克里斯托弗·贝利(Christopher Alan Bayly)、大卫·阿米蒂奇(David Armitage)和艾尔伯特·霍兰尼(Albert Hourani)等人的"全球思想史"(Global Intellectual History)研究，还有路易斯·梅南德(Louis Menand)和马丁·杰(Martin Jay)等人的偏重 20 世纪的现当代思想史研究，以及别有洞天的"书籍史"(History of Books)研究等等，甚至从一定意义上说，福柯的"知识考古学"亦可以置于思想史研究的脉络之下。

在这样的知识背景下，近些年来，西方的思想史研究风靡云蒸，成果迭出，蔚为壮观。其最有力的证明，是一大批思想史丛书的出版。现撮其要者，略述如下：1984 年由思想史之"剑桥学派"的领军人物斯金纳等人首编，现由大卫·阿米蒂奇、理查德·伯尔克(Richard Bourke)、珍妮弗·皮茨(Jennifer Pitts)和约翰·罗伯森(John Robertson)接编的《语境中的观念》(*Ideas in Context*)丛书，已出到一百多种，其中绝大多数是新世纪出版的。"剑桥学派"之另外一个努力方向，是翻译和整理思想史原典，是为始于 1988 年、由斯金纳与雷蒙德·盖斯(Raymond Geuss)主编的"剑桥政治思想史原著系列"(*Cambridge Texts in the History of Political Thought*)丛书，该系列主要面向高校师生，致力于呈现自古希腊到 20 世纪早期的西方政治思想史的核心文本，已出到一百余种，每年在全世界稳定销售超过 50 万册。号称"愈三百年，专注学术出版"的荷兰博睿学术(Brill)出版社从上世纪 80 年代开始，也推出了重磅的思想史系列丛书，其中最主要的是她的《博睿思想史研究》丛书(*Brill's Studies in Intellectual History*)，这套书自 1987 年始编，现已出到两百多种(丛书现任总编是 Han van Ruler)。该丛书从第 146 卷开始，在其下分设两个子系列，一个是《博睿思想史文本与来源》系列(*Brill's Texts and Sources in Intellectual History*)，另一个则是《博睿艺术、艺术史和思想史研究》系列(*Brill's Studies on Art, Art History, and Intellectual History*)。此外，博睿还连续出版另外数种思想史丛书，比如《博睿基督教思想史研究》

(*Studies in the History of Christian Thought*)、《博睿政治思想史研究》(*Studies in the History of Political Thought*)等等。从博睿官方网站所列出的书目来看，加上未被列进上述丛书的相关的单本书籍，博睿出版社这些年已经出版的思想史书籍竟高达数千种!

在出版思想史丛书方面，总部位于伦敦的国际出版大鳄帕尔格雷夫·麦克米伦(Palgrave Macmillan)亦未肯落于人后，重点推出了数个思想史系列，其中最重要的是她的《帕尔格雷夫文化史和思想史》系列(*Palgrave Studies in Cultural and Intellectual History*)，2010 年以来已经推出 34 种。三位主编中，Anthony LaVopa 是著名启蒙运动研究教授，Javed Majeed 是英语和比较文学教授，Suzanne Marchand 则是研究德国的历史教授。帕尔格雷夫·麦克米伦还连续出版《帕尔格雷夫·麦克米伦国际思想史系列》(*Palgrave Macmillan History of International Thought Series*)，关注国际关系和国际政治思想领域的相关研究，由 David Long 和 Brian Schmidt 主编，2003 年以来已经推出 19 种。此外，斯普林格(Springer)出版社自 1963 年由 R. H. Popkin 和 Paul Dibon 始编，现由 Sarah Hutton 接编的《国际思想史档案》多语种丛书(*International Archives of the History of Ideas/Archives internationales d'histoire des idées*)，也已出到了两百多卷。加拿大麦吉尔一王后大学出版社则有《麦吉尔一王后思想史研究》丛书(*Mcgill-Queen's Studies in the History of Ideas*)，由 Philip J. Cercone 主编，已出版六十余种。另外，美国约翰·霍普金斯大学出版社有《美国思想史和文化史的新研究》丛书(*New Studies in American Intellectual and Cultural History*)；英国 Pickering & Chatto 出版公司有《启蒙世界：漫长的 18 世纪之政治史和思想史》丛书(*The Enlightenment World: Political and Intellectual History of the Long Eighteenth Century*)；美国雪城大学(Syracuse University)出版社有《现代中东思想史和政治史》(*Modern Intellectual and Political History of the Middle East*)；美国特韦恩出版社有《特韦恩思想史与文化史研究》丛书(*Twayne's Studies in Intellectual and Cultural History*)；纽约大学出版社有《犹太社会和思

想史重估》丛书(*Reappraisals in Jewish Social and Intellectual History*);位于波士顿的学术研究出版社(Academic Studies Press)有《犹太思想史参考图书馆》丛书(*Reference Library of Jewish Intellectual History*);甚至连联合国也在美国印第安那大学出版社出版了《联合国思想史工程》丛书(*United Nations Intellectual History Project Series*)。如此等等,不一而足。

新世纪以来,与国外思想史研究和思想史系列图书出版之云蒸霞蔚、欣欣向荣相呼应,国内学界在思想史研究和思想史图书的出版上,也有着不凡的表现。表现之一,是复旦葛兆光教授的多卷本《中国思想史》在新世纪一版再版。中国思想史研究另外一部代表性的著作,则是清华大学汪晖教授于2004年推出的厚达一千六百多页的四卷本《现代中国思想的兴起》。2013年,汪晖教授更主要因这套煌煌大著与哈贝马斯同获意大利面向国际学术界的重要奖项"帕西奥利奖"(Luca Pacioli Prize)。在向意大利学界推介该著时,威尼斯大学著名中国学家李集雅(Tiziana Lippiello)教授认为《现代中国思想的兴起》是一部"宏伟巨著"和"纪念碑式的作品",该著"极具挑战性地从一个全新的角度提出对现代性问题的追问,并从亚洲视野——或更准确地说,从中国视野——观察整个世界"。《现代中国思想的兴起》以其思想的原创性和厚重的学术性赢得了国际学术界的极大认可,不但意大利和日本已出节译本,哈佛大学出版社也要推出两卷英译本(第一卷已在2014年10月出版),韩国出版社更将出版《现代中国思想的兴起》四卷本的韩文全译本。在国外思想史图书的引进工作上,中国出版界在本世纪最重要的成绩之一,恐怕是中国政法大学出版社从2003年开始,以原版影印的方式引进前述的"剑桥政治思想史原著系列"。此外,华东师范大学出版社出版了《剑桥学派思想史译丛》(4种),人民出版社出版了《欧洲思想史译丛》(5种),广西师范大学出版社出版了《思想史研究小丛书》(含译著1种),北京大学出版社出版了《艺术与思想史丛书》(含译著2种)和《社会思想译丛》(27种),译林出版社出版了《西方政治思想译丛》(8种),商务印书馆出版了《全球史译丛》(4种)。以上思想史丛书的出版，为中国思想史研究的深入拓展作出了重要贡献。但是读者也可以看到，以上丛书的出版都有着各自的局限性。比如“剑桥政治思想史原著系列”，规模不小，已出80多种，但是毕竟是原文影印，一般英文程度有限的中国读者对此还是会望而却步的。其他丛书，除了北大出版社的《社会思想译丛》出书品种比较多之外，一般只有寥寥数种的样子，影响有限。《社会思想译丛》虽然种类稍多，但是涵盖面相对较窄，主要收录的是法学思想史著作。总体来说，上面这些丛书收录的多是专业性极强的思想史学术著作，处理的也多是20世纪之前尤其是前现代的思想史(重点在从文艺复兴到启蒙运动的欧洲思想史)，缺乏这方面知识背景的一般中国读者可能会觉得难以接近。

首都师范大学出版社的有识之士有鉴于此，决定独辟蹊径，从近些年来刊行的与西方思想史相关的浩瀚外文著述中，精心挑选既具有较高的学术性，又具有很强的可读性的作品，将其移译为中文，汇成《思想与社会译丛》。编辑同仁们在选取西文思想史著作之时，比较看重作品的“当代性”，看重其作用于当下、作用于现实的潜在性(potentiality)。读者也会发现，这套丛书讨论的多是从19世纪末直到21世纪的今天所发生的各种思想史理念、事件、人物和潮流。例如，入选本丛书的凡·戈斯的《反思新左派——一部阐释性的历史》，处理的是二战后美国新左派运动的渊源、兴起、发展和成就。与该书书名可能予人的暗示相反，作者戈斯并不认为新左派寿终正寝了。在该书的结尾部分，作者总结说，新左派从未结束，它最大的成功，就是成为了日常政治生活的一部分，也就是说，只要资本主义持续存在，新左派就永远具有顽强的“当代性”和现实针对性。

又如，本丛书收录的戴维·德雷克的《法国知识分子与政治——从德雷福斯事件到德军占领期》和《战后法国知识分子与政治》两书，探讨的是思想史研究中的一个永恒话题——知识分子的问题。虽然作者设定的写作起点是19世纪末的德雷福斯事件，但是两书的绝大篇幅都落在了20世纪，着力探讨上世纪的法国知识分子在国内和国际各重大事件中所秉持的政治态度和立场，所以也不妨说，德雷克的这两部著作，一方面书写的是法国20世纪的知识分子史，另一方面书写的也是法国20世纪的政治思想史。在两书中，德雷克既描绘了肇始于左拉的法国左翼知识分子群像，也描绘了肇始于作为反德雷福斯派代表的莫里斯·巴雷斯的法国右翼知识分子群像。按照德雷克的叙述，法国既有左拉、罗曼·罗兰、路易·阿拉贡、萨特、福柯、布迪厄这样的左翼知识分子，也不乏各色右翼知识分子，如反德雷福斯的右翼民族主义者莫里斯·巴雷斯、二战中投靠法西斯的贝当主义者(如罗贝尔·巴西拉奇、皮埃尔·德里厄·拉罗谢勒、莫拉斯)、冷战中的反共知识分子(如雷蒙·阿隆、安德烈·马尔罗、尤金·尤内斯库)，以及叛变革命，自左而右，在七八十年代名噪一时的"新哲学家"们(*Nouveaux Philosophes*，如贝尔纳—亨利·莱维和安德烈·格鲁克斯曼)。从德雷克的书中我们可以见出，法国知识界在左右翼之间的摆荡，始终贯穿着20世纪的法国思想史，也可以说，这种摆荡也一直延续到今天。在畅销书《萨科齐的意义》一书(2007年法文版，2008年英文版)中，当代大哲阿兰·巴迪欧告诉我们，与法国光荣的革命传统相伴随的是一种保守主义的、反动的第二种历史，"每一段革命时期都接着一个长期延续的黑色反动时期，而在这些令人痛苦的反动时期，掌握国家权力的领袖们从来都不缺乏大众和那些声誉卓著的知识分子的支持"，"每一次，都有很多知识分子在摇唇鼓舌，颂扬秩序的恢复，辱骂革命者们的'恐怖行为'，……数不胜数"(鞠振、王志超译文)。从一定意义上说，20世纪法国知识分子的思想图景，也是当今世界各国知识分子的思想图景。在资本主义全球化的今天，个体知识分子的思想呈现何种总体的面貌，端赖其在根本性的社会和政治问题上采取何种姿态和立场。

改革开放以来，在强调与国际接轨、经济形态迅速与西方趋同的大潮之下，中国的思想文化界也呈现出杂花生树、纷繁迷离的面貌。举凡民族主义、虚无主义、自由主义、新左派、保守主义、市场基旨主义、权威主义、国家主义、社会民主主义等思想潮流，无不一一粉墨登场，往复论辩。20世纪尤其是二战后西方思想界诸种潮流之间的风雷激荡，如今似乎也在中国一一上演。不夸张地说，神州各派思想之间的激烈论战和交锋，其复杂程度和烈度丝毫不让前者。这套《思想与社会译丛》的选目，按照编者的既定方针，也是有其现实针对性和社会意义的：从19世纪末以来的西方思想史所走过的历程，中国的思想文化界或许能够取得一些经验，获得一些教训，得到一些启示，还有披荆斩棘、继续前行的动力。

书写总有立场的预设，书写总是立场的书写，世界上恐怕找不到所谓完全中立客观的历史书写。搜寻完全中立客观的书写，注定会是劳而无功的。基于这样的认识，《思想与社会译丛》的编者也不去做这种无谓和徒劳的尝试。在选取西文思想史原著时，编者并不囿于一门一派的观点，而是抱持着“兼容并包”、“百家争鸣”的态度，试图向中文读者最大限度地展示国外学界近些年来对19世纪末以降的思想史进行研究所取得的最新学术成果。所以，在这套丛书中，我们将既能读到新保守主义者穆雷·弗里德曼撰写的《新保守主义革命——犹太知识分子和美国公共政策的形成》(在该书绪论中，穆雷·弗里德曼坦承，“在某种意义上，所有历史都是传记”)，又能读到新左派凡·戈斯撰写的《反思新左派——一部阐释性的历史》。至于原著中可能存在的不当或错误表述，编者也没有进行删削，主持者相信读者的批判精神和辨识能力。

希望这套《思想与社会译丛》能在质量和数量上超越国内同侪，泽惠学林，成为中国的《语境中的观念》、《国际思想史档案》和《博睿思想史研究》丛书。

是为序。

蒋洪生

2015年元旦 芙蓉里

目　录

致 谢

在本书的研究和写作过程中，我得到了许多方面的支持。在此，我特别向以下机构和个人表达我最诚挚的谢意。

感谢密德萨斯大学支持我的研究计划，批准了我的学术休假；感谢伦敦大学伯克贝克学院政治学系接受我2003—2004年作为荣誉研究员；感谢伯克贝克学院提供各类科研设施供我使用。我还要感谢亚历克西斯·卡林（Alexix Karlin）、赫尔米奥纳·哈里斯（Hermione Harris）和珍妮特·里（Janet Rée）慷慨相助，为我写作本书提供安静的场所。

许多同仁欣然相助，阅读了本书全部或者部分的手稿，感谢他们对本书的关注、评论、建议，等等。他们是：让-马克·贝纳马赫（Jean-Marc Benammar）、伊恩·伯查尔（Ian Birchall）、马丁·科尼克（Martyn Cornick）、黛布拉·凯利（Debra Kelly）、詹妮弗·勒费弗尔（Jennifer Lefevre）、琼·里德（John Reid）、伊莎贝尔·图姆斯（Isabelle Tombs）和罗伯特·图姆斯（Robert Tombs）。

但是，本书中任何可能出现的疏漏，以及书中所表述的观点和意见，皆由本人承担责任。

最后，再次感谢莎拉（Sarah）和基兰（Kieran）的宝贵支持。

缩写词汇编

革命作家和艺术家协会 AEAR（Association des écrivains et artistes révolutionnaires）

1932 年 3 月成立的一个广泛阵线的共产主义组织，其第一次会议于 1933 年 3 月 21 日在巴黎召开，由安德烈·纪德（André Gide）主持。

共和国退伍军人协会 ARAC（Association républicaine des anciens combattants）

1917 年成立，由亨利·巴尔比斯（Henri Barbusse）、雷蒙·勒费弗尔（Raymond Lefebvre）和保罗·瓦扬-库里耶（Paul Vaillant-Courier）共同创立，1919 年 9 月在里昂举行第一次代表大会。

劳工总联盟 CGT（Confédération générale du travail）

1895 年成立于利摩日（Limoges）的工会联盟，1902 年蒙彼利埃（Montpellier）代表大会后声势渐显，当时它分为两个部门，一个基于工业企业，另一个基于各地理区域的同业工会。

全国作家联合会 CNE（Comité national des écrivains）

1941 年 12 月成立，是一个受共产主义思想鼓舞的、阵线广泛的抗战作家组织。该组织的主要刊物是《法兰西文学》（*Les Lettres françaises*），首刊发布于 1942 年 9 月。

全国抵抗运动委员会 CNR（Conseil national de la résistance）

1943 年 5 月在让·穆兰（Jean Moulin）的主导下成立，联合了不同的抵抗运动组织。

秘密革命行动委员会 CSAR（Comité secret d'action révolutionnaire）

即人们熟知的 La Cagoule[①]。1936 年成立，是一个反共产主义的恐怖组织。1937 年 11 月解散，但在 1940 年法国战败后重新出现。

反法西斯主义知识分子警戒委员会 CVIA（Comité de vigilance des intellectuels antifascistes）

1934 年 3 月 1 日成立，是一个阵线广泛的组织。1934 年 2 月 6 日晚的巴黎暴乱催生了该组织，其成员包括和平主义者和反法西斯主义者。

反布尔什维克主义法国志愿军团 LVF（Légion des volontaires français contre le bolchévisme）

1941 年 7 月成立，是一支由法国人组成的战斗部队，在东部战线抵抗红军时部队成员身着德军制服（戴一个蓝白红三色法国臂章）。

《新法兰西评论》NRF（La Nouvelle Revue française）

① Cagoule 在法文中的意思是“风雪帽”，一种将头脸包裹严实的帽子。La Cagoule 是 CSAR 的外号，暗指其恐怖组织的性质。——译者注

1909 年由安德烈·纪德周围的一批作家创立的文学评论杂志。两次世界大战之间，在让·波让（Jean Paulhan）任总编时期，发展成为最具影响力的文学评论杂志。1940 年 6 月杂志停刊，但在德军占领期间复刊，由德里厄·拉罗谢勒（Drieu la Rochelle）任主编。

法国共产党 PCF（Parti communiste français）

1920 年 12 月的图尔代表大会上，工人国际法国支部因第三国际成员资格问题内部产生分裂，一部分人脱离工人国际法国支部，成立法国共产党。

法国人民党 PPF（Parti populaire français）

前共产主义分子雅克·多里奥（Jacques Doriot）于 1936 年组建的极右翼党派。

工人国际法国支部 SFIO（Section française de l'Internationale ouvrière）

1905 年 4 月成立于巴黎的法国社会党，联合了法国主要的社会主义政党，形成一个组织，将革命派的马克思主义口号与改革派的实践整合在一起。

导　言

本书考查19世纪末至二战德军占领期法国知识分子与政治之间的关系。在这篇导言中，我将首先追索“知识分子”(intellectual)一词在法国文化中的用法及含义，同时对比该词在英国的用法。然后，我将简单解释一下我选择法国知识分子作为本书研究对象的原因，最后对19世纪90年代至巴黎解放期间法国知识分子的政治活动做一个总览。

“知识分子”一词的第一要义是用于指称那些来自于特殊的社会经济集团或社会层级的人们，即：这些人的职业角色本质上是以对知识的掌握、运用来界定的。在这一层面上，“知识分子”是与有技能或无技能的体力劳动工人相对的概念，虽然这种相当粗暴的划分忽视了这样一个事实——正如意大利马克思主义者安东尼奥·葛兰西(Antonio Gramsci)所指出的——无论体力劳动者的工作如何微不足道，他们仍然需要运用自身的智识。反过来，我们也可以添加一个脑外科医生的例子。一名脑外科医生如果缺乏动手能力，也不可能取得大的成功，无论他/她的专业知识多么令人叹服。如果我们想进一步提炼“知识分子”的定义，我们可以这么表述，在工业时代和后工业时代，“知识分子”往往享有相对高的社会地位，他/她在现行教育体系下获得的资质便成为其智性才能的主要指标。当然，自学成才者除外。

19 世纪末的法国，知识群体的规模呈爆发式增长。在法兰西第三共和国的阳光雨露之下，作家、记者、律师、医生、建筑师以及中学、大学教师大量涌现，更具体地说，1872 年至 1901 年间，法国的文人和记者人数（包括男士和女士）翻了一番，1881 年至 20 世纪初，全法大学教师人数也增长了一倍。虽然社会学家圣西门（Saint-Simon）、作家司汤达（Stendhal）和巴尔扎克（Balzac）分别于 1821 年、1835 年和 1845 年使用过“知识分子”一词，但是在 1876 年版的《利特雷词典》（Littré）和 1866—1878 年出版的《拉鲁斯普通大词典》（Larousse）中，都没有出现这个单词。“知识分子”一词是在德雷福斯事件时期广泛流传开来的。

虽然“知识分子”一词被德雷福斯的反对者，尤其是莫里斯·巴雷斯（Maurice Barrès）用作一种侮辱性的词汇，将德雷福斯支持者污名化（见下文），然而，这丝毫不能遮蔽法国社会传统上对知识分子的尊崇，尤其是对作家。比如，我们很难想象在伦敦会有 5 万民众沿街站立，对一位哲学家、作家或剧作家致以最后的敬意——就像 1980 年让-保罗·萨特（Jean-Paul Satre）去世时巴黎街头发生的那一幕。正如让·盖埃诺（Jean Guéhenno）1941 年在其日记中所述：

> 我确信，作家享有声望是一例特殊的法兰西文化征候。在这个世界上，没有任何其他一个国家的作家能受到它的人民如此的尊崇。虽然法国的每一个中产者可能都会害怕自己的儿子成为一个艺术家，然而整个法国中产阶级一致同意艺术家和作家值得享有无上的尊荣。也只有在法国，作家可以相信他们自己是睿智的男人或女人。[1]

法兰西文化中对知识分子的重视可以追溯到启蒙运动时期的思想家，这些启蒙思想家的争鸣以理性为准绳，有力地支撑了挑战教会和专制政体之权力的斗争；法兰西文化对知识分子的重视还可以追溯到波拿巴主义者对于行政和公共生活的集权管理，以及其所建立的一整套基于竞争性考核的精英制度和精英教育体系（比如拿破仑恢复的巴黎高等师范学院）。正因如此，儒勒·费里（Jules Ferry）倡导确立的、全国性的共和国教育体制得以建立，从1905年起摆脱了一切宗教性的强行灌输。诚然，1870年英国的“福斯特教育法案”也奠定了国家教育体制的基础，然而法国教育体制主要立足于培育未来法兰西共和国公民，英国教育改革则是为了培养未来的工人设计的，以维持英国在经济上的竞争力。英国高等教育精英学府的气质与法国的同类机构形成了鲜明的对比。正如基思·里德（Keith Reader）指出：

> 几个世纪以来牛津和剑桥零零星星地发展，对于集中性的活动它们总是慢半拍，而对于运动、辩论、表演以及其他“课余”活动则尤其重视……所有的这一切都使得“绅士”气质成为两校长久以来的标识。[2]

事实上，在英国（尤其在英格兰）曾有过对于理论、观点、思想体系以及“聪明人”的普遍怀疑，这种怀疑至今犹不绝于耳。英国人在评价一个保守党影子内阁成员的时候，非常看重的是实际技能和常识，诸如“格调高”（high-brow）、“活电脑”（brain box）、“机灵鬼”（clever clogs）以及“聪明的亚历克”（smart Alec）之类的词，并不具有太多的赞赏之意，好比大卫·威莱茨①（David Willetts）的外号——“双脑”（Two Brain）一样。在英国很常见人们轻蔑地谈论“聒噪阶层”（chattering classes），而那些“聪明过头”（“too clever by half”）的人——一个法国人可能很难理解的词——往往备受质疑。难怪据说，哲学家、诺贝尔奖得主伯特兰·罗素（Bertrand Russell）曾经说道：“不管你要干什么，不要叫我为‘知识分子’。”

从上文提到的广义上的“知识分子”社群当中，我们可以区分出一个亚类群。这个亚类群中的个体在他们的时代，利用自己所享有的社会

① 大卫·威莱茨，英国保守党政治家，注重智识，学术著述颇丰，因其高企的发际线获得了“双脑”的雅号。——译者注

声望，对政治问题表明自己的立场，本书中使用“知识分子”一词正是基于这重含义。

据相关记载，19世纪末，大约有3000人为被控做德国间谍的德雷福斯上尉签名请愿，“知识分子”的概念由此产生。这些签名者中不乏著名的作家和艺术家，尤其是小说家埃米尔·左拉（Emile Zola）、马赛尔·普鲁斯特（Marcel Proust）和阿纳托尔·弗朗斯（Anatole France），当然，并不是所有的请愿者都是声名卓著的人物。但这些请愿者的共同特点是，他们各自利用其作为作家、艺术家、律师、教师以及大学教授的职业地位来支持一项共同的事业。其实，这并不是知识分子第一次亮出他们的政治立场。比如，早在17世纪中叶，哲学家伏尔泰就曾经为让·卡拉斯（Jean Calas）奔走呼吁。卡拉斯曾被错告折磨、杀害他的儿子（因儿子皈依了基督教），其本人受尽折磨，并被判处死刑。正是由于伏尔泰的努力，蒙冤而死的让·卡拉斯最终得以恢复名誉。德雷福斯事件期间，如果说“知识分子”一词有什么新内涵的话，那就是——知识分子们集体表明了政治立场。

接下来，本书将要探讨的是，从19世纪末到1944年，作家和艺术家们是如何支持或抗议政府的政策，如何发起政治运动，并对国内或国际政治形势发表自己的观点。当然，不能因此设想，这些知识分子就是他们所介入问题领域的专家。比如，当小说家埃米尔·左拉谴责法国军方为了将德雷福斯定罪而采取的阴谋手段时，他并不是作为一名军方事务的专家来发声，而是利用自己作为一位世界知名小说家的声誉来支持真理和正义的斗争。正如一位研究知识分子的法国作家曾写道：“比如，一位专家从他的专业领域抽身出来、参与到公共事务的讨论中，他便成为一名知识分子。”[3] 或者，如萨特所述：“知识分子是参与到无关自身之事务中去的人。”[4]

现在，我已解释了“知识分子”一词在本书中的内涵，下一个需要解决的问题是“知识分子”的选择标准，即本书将选择重点研究哪些“知识分子”。通过辨析此时期主要的政治思潮，即共和主义、民族主义、超现实主义、共产主义、反共产主义、和平主义、法西斯主义、反法西斯主义，以及抵抗运动与协作运动，本书将焦点转向那些已成为这些不同的思潮和运动之“代表人物”的知识分子。需指明的是，兹时知识分子的舞台几乎是清一色的男性世界，因此女性角色在很大程度上被排除在本论之外。我要强调的是，之所以出现这种情形，是因为在当时法国社会及知识界都是男性占据绝对优势，并不是由于我个人有什么性别倾向性。[5]

本书以德雷福斯事件开篇，它从一件关乎单个人的案件滚雪球般地发展为“德雷福斯事件”，演变为两种关于法国应该成为何种社会的不同观点的争锋。法国社会是应当——如同大多数德雷福斯支持者所要求的——基于博爱、平等、正义与个人权利；还是，如同德雷福斯反对者所主张的，立足于传统、权威和国家利益？本章的两位主要人物——埃米尔·左拉和由业余小说家转变为反德雷福斯激进分子的莫里斯·巴雷斯——分别是德雷福斯派和反德雷福斯派的代言人。此外，本章着墨较多的人物是作家伯纳德·拉扎尔（Bernard Lazare），他是第一个支持德雷福斯的知识分子。

第二章的研究从瓦尔德克-卢梭（Waldeck-Rousseau）政府当选（1899 年 6 月）起，至第一次世界大战结束止。本章着重阐述了乔治·索雷尔（Georges Sorel）、夏尔·贝玑（Charles Péguy）和达尼埃尔·阿莱维（Daniel Halévy）对德雷福斯事件的评论以及他们对于德雷福斯事件的积极行动。兹时的社会背景是，在政府中已有许多德雷福斯派分子参与这一事件。从 1905 年开始，一种与德国再次交战的恐慌情绪弥漫在法兰西上空。正是在这种情势之下，夏尔·莫拉斯（Charles Maurras）具有民族主义、保皇主义气质的“法兰西行动”（Action Francaise）以及贝玑的民族主义崛起。随着 1914 年第一次世界大战爆发，广大知识分子集结在同一面旗帜之下，意识形态上的两极化被暂时搁置。本章分析了法国知识分子对德国的态度，其中，重点分析了莫拉斯和巴雷斯的立场。本章结尾处分析了最著名的知识分子、反战的异见人士罗曼·罗兰（Romain Rolland）和亨利・巴尔比斯（Henri Baubusse）——《火》（*Le Feu*）的作者的观点。

第三章涵盖了第一次世界大战结束到1929年华尔街大崩盘这段时期。第一次世界大战和俄国十月革命改变了法国的意识形态地图。一战后法国社会意识形态的突出表现之一是民族主义思潮始终占据强势地位，此时期又在“恐德症”和反犹主义的基础上增加了反布尔什维克主义。正是在这一时期，“法兰西行动”确立了其霸权地位，直至1926年其被梵蒂冈否定。这一时期风头强劲的意识形态思潮还包括和平主义、超现实主义和共产主义，其中，1914年至1918年的杀戮催生了和平主义，超现实主义源自达达主义运动，而法国本土的共产主义运动则始自1920年。罗兰和巴尔比斯是和平主义阵营的核心人物，文中分析了巴尔比斯走向共产主义的立场以及二者之间随之变得紧张的经过。本章还考查了超现实主义者的无政府主义运动以及他们对于自身应对法共采取何种立场的探讨。超现实主义者们曾与法共联合起来，共同抗议法国在里夫战争中对摩洛哥的殖民主义干涉。本章以分析《知识分子的背叛》（*La Trahison des clercs*）一书作为结尾，朱利安・本达（Julien Benda）呼吁知识分子宣布放弃意识形态立场，重返捍卫自由、正义和真理的战场。

相比其他工业国家，华尔街大崩溃的毁灭性影响在法国姗姗来迟了，所以，当法国政府步入20世纪30年代时，还是一派沾沾自喜的神态。一切都似乎好得不能再好。然而，整个国家很快就陷入危机，工业生产骤然下滑、“破产潮”来势汹涌、失业率飙升。1934年2月6日发生在巴黎的反议会骚乱在很多人看来是对民主制度的一次威胁，与此同时，因为这最后的“资本主义危机”所致，其他种类型的社会经济/政治形态作为可取的替代物逐渐取得了民众的信任。与其他许多知识分子一样，小说家安德烈・纪德也被苏联的成就所吸引——然而与他的同仁们不同的是，他的憧憬很快就幻灭了。苏联此时已将自我升格为反法西斯主义的斗士，罗兰是那些放弃早先对苏联的怀疑、放弃原教旨的和平主义的知识分子之一，他成为共产主义的同路人。法国的知识分子们成立了自己的反法西斯组织，其中的一些人参加了1935年在莫斯科召开的国际作家代表大会。到此时，安德烈·布雷东（André Breton）和其他超现实主义者也已经从一种超然淡漠的状态中走出，加入了法国共产党——虽然他们很快就被驱逐出党，除了诗人路易·阿拉贡（Louis Aragon）。阿拉贡宣布弃绝他超现实主义的过去，继续留在了法共。

正是意大利法西斯和纳粹德国引发了许多法国知识分子倒向右翼民族主义，其中的最有名的是小说家罗贝尔·巴西拉奇（Robert Brasillach）、皮埃尔·德里厄·拉罗谢勒（Pierre Drieu la Rochelle）以及坚定不移地反对德国的莫拉斯。左派知识分子和右派知识分子在意大利入侵埃塞俄比亚（1935）、人民阵线政府选举（1936）以及西班牙内战的问题上产生了冲突。

右派知识分子渴望一个威权政体来挽救法兰西的颓势，恢复她先前的荣光；而左派知识分子则分成两个阵营——反法西斯主义者主张必要时可以求助于战争来抵抗野蛮的纳粹；而和平主义者则坚信，任何行径——甚至是法西斯主义——都比战争本身更可取。

最后一章涵盖了德军占领的“黑暗年代”（les années noires）。法国的溃败、停战协议的签署以及以马歇尔·贝当（Marshal Pétain）为首的维希政府[①]（Vichy government）实行的“合作”政策开启了法国政治的新篇章。即便如今，法兰西仍然很难言说这一段历史。对于法西斯主义知识分子德里厄·拉罗谢勒和罗贝尔·巴西拉奇而言，1940年第三共和国的破产为法国法西斯政体的建立铺平了道路。德里厄·拉罗谢勒被占领军任命为享有很高声望的《新法兰西评论》的主编，罗贝尔·巴西拉奇则是法西斯主义报纸《我无处不在》（*Je suis partout*）的编辑。至于早已将自己的政治基地转移到未占领区的莫拉斯，起初至少还秉持坚决反德的立场，而到此时，他却成了贝当和维希政权的狂热支持者。其他知

① 1940年6月德国侵占巴黎后，以贝当为首的法国政府向德国投降，1940年7月政府所在地迁至法国中部的维希（Vichy），故名“维希政府”。参见 https：//baike. baidu. com/item/%E7%BB%B4%E5%B8%8C%E6%94%BF%E5%BA%9C/3886992？fr=aladdin. ——译者注

识分子也转移到南方，比如安德烈·马尔罗（André Malraux）和安德烈·纪德，但是不像莫拉斯，他们一开始选择保持沉寂，至少马尔罗是如此。法兰西的迅速倾塌以及随之而来的混乱局势，还有战前当局对共产党的压制，这些皆意味着对德军的抵抗相对难以立竿见影。一些知识分子加入了伦敦戴高乐领导的抵抗组织，如社会学家雷蒙·阿隆（Raymond Aron）；另外一些知识分子组织了一些小规模的抵抗运动团体，如哲学家萨特和莫里斯·梅洛-庞蒂（Maurice Merleau-Ponty）。法国共产党直到1941年6月德国入侵苏联才正式宣布致力于抵抗运动，并在当年年底成立了一个秘密的、全国性的抵抗作家组织。1942年11月盟军登陆北非扭转了德军占领整个法国的局势。阿尔贝·加缪（Albert Camus），无法返回其出生地阿尔及利亚，也参加了法国的抵抗组织。法国的抵抗运动，比如“知识分子抵抗运动”，此时吸引了更多的积极分子参加，变得更有组织性、更有成效。安德烈·马尔罗最终决定介入并参加了解放斯特拉斯堡的战斗。相反地，亲纳粹知识分子则变得更加悲观，比如德里厄自杀。

1944年秋，巴黎解放。虽然法国东部地区的战争仍在继续，但是德军投降只是迟早的事了。许多通敌的知识分子，他们的世界观往往是基于集权主义、等级制、种族主义和仇外思想——与反德雷福斯派惊人的相似，现在，他们或者正在逃亡的路上、很快将被捕入狱，比如莫拉斯；或者已经死去，比如德里厄（自杀）、巴西拉奇（被处决）。那些站在胜利者一方的知识分子，比如戴高乐主义者、共产主义者以及那些“非政治”的共和主义者和民主人士，他们投身于为自由、民主、法制和正义而战的事业，至此，他们的行动已不仅仅是作为德雷福斯派战斗口号的回响。他们当中有些人为之献出了自己的生命，另外一些人，如阿隆、加缪和萨特，将在二战后成为家喻户晓的人物。然而，战后的肃清运动（l’épuration）和冷战的来临，使得刚刚建立不久的反纳粹知识分子联盟又四分五裂。

第一章 德雷福斯事件与“知识分子”的诞生

在 1898 年 1 月 13 日星期四这一天，《曙光报》（*L'Aurore*）像往常一样发售。然而，1 月 13 日的这期报纸相当特别。预料到本期发行量将剧增，报社经理欧内斯特·沃冈（Ernest Vaughan）和主编乔治·克莱蒙梭（Georges Clemenceau）组织了广泛的宣传活动，又授权雇用了数百名临时的报贩。数小时内，20 多万份报纸销售一空。什么情况？在引人注目的标题《我控诉……！埃米尔·左拉致共和国总统的信》（‘J'Accuse…！ *Lettre au Président de la République par Émile Zola*’）之下，一封给菲利·福尔（Félix Faure）的公开信赫然在目。在信中，世界著名小说家左拉猛烈抨击军方机构，指名控告其相关成员不仅在 1894 年处罚了无辜的陆军上尉德雷福斯，将其终生发配到法属圭亚那的魔鬼岛，而且参与了精心策划、掩盖这些非法行为的活动。

左拉公开信的发表，使得这桩发生在四年前的新闻转变为一个全国性的事件。简略地勾画一下 19 世纪末法国的概况有助于我们了解著名的德雷福斯事件发生时的政治社会背景。接下来本章将描述一下 1894—1898 年间与德雷福斯案件有关联的主要事件。紧随左拉公开信发表之后，许多文人学者（包括男性和女性）和自由职业者纷纷请愿，要求复查原始审判案卷，此事件标志着“知识分子的诞生”。这一切又反过来在其他知识分子（虽然他们拒绝这一称谓）当中激起反响，使得知识分子分化成两个互相敌对的阵营，彼此都声称自身代表了“真正的法兰西”。

19 世纪末的法兰西

19 世纪末，法国人口总数约 3,800 万，其中 60%左右生活在农村。

相比她的欧洲邻居及对手而言，较低的人口增长率使得法国从19世纪初欧洲人口第二大国，跌落到19世纪末的欧洲第五。19世纪末的法国就犹如两面神雅努思（Janus），她的一面朝向未来，奋力拥抱新事物——工业化（虽然比较缓慢）紧步德国、英国之后启动，银行数量增长、银行的重要性提升，铁路网络在扩张，巴黎地铁开始运行（1900年），国家教育体系得到巩固，电力、电话和汽车的时代到来。与此同时，法国的另外一面仍然顽固地转向过去。虽然是一个正式组建的民族国家，但是她在很大程度上仍是一个由异质纷呈的乡村社区拼贴而成的国度——尽管拿破仑时代已启动了中央集权化进程，这些乡村社区直到晚近才受到“时代步伐”的触动，她的居民保持着自己的习俗和服饰，大多数人往往只会讲一种地方性语言（如布列塔尼语、巴斯克语）或者方言。至少晚至1899年，在布列塔尼（Brittany）、利穆赞（Limousin）和普罗旺斯（Provence），乃至不那么偏僻的北方地区，法庭诉讼雇用翻译还是很常见的事。1904年，用普罗旺斯语写作的一位法国作家——弗雷德里克·米斯特拉尔（Frédéric Mistral），荣膺诺贝尔文学奖（并列获奖）。

尽管1837年通过了一项法案，规定公制为全国唯一法定度量单位，然而地方性的度量衡单位一直持续使用到20世纪，货币的情况也同样如此。虽然从1803年起法郎成为法国的本位货币，但是地方性的货币在那之后仍然流通无阻。另一个法郎在有限程度上被定为本位货币的指征是外国货币的使用。1888年，巴黎人仍然试图用阿根廷、智利和秘鲁货币支付他们的公共交通费用。1896年，一些地方交通公司拒收外币甚至导致了马赛的一场骚乱。根据尤根·韦伯（Eugen Weber）的说法，晚至1914年，外国货币仍占法国流通的小额货币的15%[1]。

19世纪末的法国挣扎在传统与现代之间，催生了普遍不安的、焦虑的社会情绪，这种情形又被一系列其他因素所加剧。1870年法国在对普鲁士的战争中落败，阿尔萨斯-洛林地区（Alsace-Lorraine）被吞并，法兰西民族所遭受的精神创伤，给法国社会投下一道长长的阴影，触发了人们对于普鲁士（现在的德国）日益加深的忧虑。人们已知晓这位强邻不仅在经济上比法国更为强大，人口也更为众多。19 世纪 50—60 年代法国社会的繁荣在 80 年代已被萧条和停滞取代。种植谷物的农夫们发现小麦的价格从 1860 年到 1895 年下跌了 45%，而微粒子病（一种蚕蛹的病害）和葡萄根瘤蚜（葡萄的害虫）则分别摧毁了许多从事丝业和酿酒业的人们的生计。

农村的艰难生活驱使农村居民大量外流，无论是在农村，还是在那些农村人涌入的城镇，人们困苦的感觉是一样的。经济的停滞意味着失业率高涨，民生凋敝。19 世纪 70 年代至 90 年代间，在法国因流浪而被捕的人数增加了 1 倍。据估计，1899 年前后法国有 40 万乞丐，占比超过总人口数的 1%。[2] 相比近代社会（指几十年前的法国——译者注），甚至相比同时期的英国，法国城镇和城市中大多数人口的居住条件是令人绝望的：居民区几乎没有自来水，直到 20 世纪居民的日常生活垃圾以及排泄物还随意倒在街道；下水道和排水沟则直接排入当地的小溪和河流。和内部“移民”一样，外来移民也造成了社会紧张。19 世纪 50 年代法国的经济繁荣吸引了许多来自其他欧洲国家——尤其是比利时、意大利和西班牙——的工人来法工作，他们一到法国后，往往发现自己很容易遭受排挤和暴力。19 世纪最后二三十年法国的外来移民又增加了逃离俄国和中欧迫害的犹太人，他们当中的许多人——就像德雷福斯的大部分家庭成员一样——在 1870 年阿尔萨斯-洛林地区被德军兼并后，选择迁往法国。

第三共和国脱胎于 1870 年普法战争的失败。在它的诞生背后，是将近一个世纪的政变、革命以及一系列的政治事件。事实上，法国自 1789 年大革命以来疾风暴雨般的政治历史在很大程度上导致其工业化进程相对缓慢、滞后。

虽然包括莱昂·甘必大（Léon Gambetta）在内的一些政治家在巴黎市政厅发表了满怀自信的宣言，然第三共和国很难像涅槃的凤凰一样从失败的灰烬中换骨重生，相反，它深陷于现实的泥沼。在绝大多数观察家看来，这只羽翼未丰的鸟儿预期生命可能十分短暂。第三共和国诞生于混乱之中，结合考虑到自“大革命”以来法国政治和宪法的历史记录，极少有人会预测到，第三共和国能够再存续个 70 年。直到巴黎公社之后（1871 年）[3]，分裂的保皇派[4] 及其支持者利用 1871 年后选举成功来复辟的企图失败，法兰西才于 1875 年通过一系列法律、确立了共和国宪法。虽然在当选的代表中始终有一位保皇主义者，然而 1876—1877 年大选巩固了共和派在众议院中的优势地位，1879 年共和派更是赢得了参议院的多数席位。

罗伯特·图姆斯（Robert Tombs）指出，“共和主义党”是一个多元的联盟，从达官显贵到工厂工人，从里尔（北部）到普罗旺斯（南部），“共和主义党”的成员来自不同社会领域，宗教信仰各异。共和派的领导人一直以来坚决驳斥有关共和国意味着混乱的嘲讽。[5] 尽管如此，在资产阶级共和党人——分为温和派（或“机会主义者”）和激进派——的操持下，法国当局重提将 7 月 14 日定为全国性假日（1880 年），同意特赦参加巴黎公社起义的人（1880 年），在儒勒·费里主政时期，法国的民主自由（集会自由和新闻自由）进一步放开，重新确立了男性选举权（但不包括女性）和离婚权，撤销了对工会的禁令（虽然罢工在技术层面仍是违法的），建立了全国性的教育体制，确立了保护主义关税以及殖民扩张的政策。但是，共和政府很快就面临来自日益激进的工人阶级的挑战，面临平民主义的布朗热将军（General Boulanger）的挑战。对于那些认定第三共和国贪污腐败、任人唯亲的民众而言，1889 年的布朗热将军充当了领路人的角色。

虽然 1889 年布朗热将军对第三共和国造成的威胁最终没有变成现实[6]，但是他在 1887 年以来的历次选举中的成功显示出选民对共和政府的不满是如此之深、之广。对于布朗热的那些出身背景各异的支持者而言，布朗热是传统法兰西的化身，正是他，将带领法国回击德国，如此，阿尔萨斯-洛林地区也将收归法国。19 世纪 80 年代，法国许多民众已经开始对第三共和国感到幻灭。在这些人看来，除非涉及自身的社会和经济利益，否则政客们操纵的议会制度总是显得腐败、无能和低效，只有布朗热才能革除议会制度的流弊。一些普通民众将布朗热视作那个可以扫除中产阶级自由主义、消灭资本家剥削的人。1887 年，共和国总统的女婿兜售荣誉军团勋章的丑闻被曝光；1889 年，一些卑鄙政客牵涉其中的巴拿马运河公司宣告破产，导致其股票持有者损失约 1.5 亿法郎。这一切更强化了民众对于“共和制等同于腐败政体”的看法。[7]

在德雷福斯被捕的 1894 年，法兰西第三共和国的工作日时间长达 10—12 小时，工人生病没有任何条款保护，没有工伤赔偿，没有退休金。正因为缺乏任何有关工作条件方面的社会法规，在很大程度上导致 1890—1895 年间激进的工会运动风起云涌。1891 年，军队射杀了富尔米（Fourmies）游行示威中的 9 名工人，这是第三共和国历史上政府第一次批准杀害法国公民。1892 年发生了 261 起罢工，有 5 万多工人参与；次年爆发了 634 起罢工，发动了 17 万多名工人。1892 年，首次发生了一系列无政府主义的炸弹袭击事件，紧张局势进一步升级；1894 年 6 月，共和国总统萨迪·卡诺（Sadi Carnot）在里昂被一名意大利无政府主义者刺杀。

德雷福斯事件（1894—1898 年）

正是在这种历史背景下，1894 年 10 月 15 日星期一，法国陆军第 39 步兵团一位 38 岁的军官——阿尔弗雷德·德雷福斯上尉以叛国罪（为德国做间谍）被逮捕。1894 年 9 月，一位受雇于法国情报局的女仆在德国大使馆的废纸篓里捡到一份没有签名的文件（即后来人们所熟知的“备忘录”），将其交给了法国反间谍机构的重要人物——亨利上校。据称，这份备忘录提供了确凿的证据，证明在法国陆军中有一名受雇于德国的叛徒。很快，德雷福斯，一名来自阿尔萨斯犹太实业家家庭（在德军吞并阿尔萨斯后选择法国国籍）的成员，被选中作为罪犯。

德雷福斯被捕的消息迅速传遍报界，一些报纸很快抓住了德雷福斯是犹太人这个事实。其中，最有影响力的是《自由言论报》（*La Libre Parole*），一份反犹太主义的日报，由记者和作家爱德华·德律蒙（Edouard Drumont）主编。德律蒙的《犹太法国》（La France juive）一书出版于 1886 年，成为 19 世纪后半叶的畅销书，曾在一年内重印了 114 次，总印次达 200。本书还衍生了一个广受欢迎的缩略版。[8]《犹太法国》一书不仅反映了 19 世纪末法国普遍的反犹太主义情绪，同时，它通过“证明”法国如何被犹太人接管，在民众的反犹狂热中煽风点火。同年 11 月 1 日，在一篇题为《叛国罪：犹太军官 A. 德雷福斯被捕》的报道中，德律蒙的报纸错误地声称德雷福斯已经全部招供，且指出有确凿无疑的证据证明他将法国机密出卖给德国。将犹太人和叛徒等同起来，这几乎是审判之前大部分新闻报道的基调。德律蒙还发动了对国防部长梅西埃（Mercier）的媒体攻势，使后者很快认定，确保德雷福斯定罪是保住其职务的唯一办法。

梅西埃的难题是针对德雷福斯有罪的证据几乎不存在，现有的证据十分站不住脚。为了使案件朝着不利于德雷福斯的方向发展，反间谍部门负责人桑德尔（Sandherr）上校的手下开始搜罗档案，炮制了一份在此后的德雷福斯审判中起关键作用的秘密档案。反间谍部门的人还受命去编派德雷福斯从事“通敌叛国活动”的动机，如是，一份汇编的报告适时出炉，这份报告（无根据地）指责德雷福斯是欠有一大笔债务的赌徒，还是不折不扣的花花公子。这些信息被披露给报界，梅西埃添油加醋地声称，德雷福斯的罪行“绝对确凿”，且有确切证据显示他在过去三年中一直为境外势力卖命。如此，德雷福斯的罪行——因为报界和梅西埃的缘故——在审判甚至还没开始之前就基本敲定了。

1894 年 12 月 19 日，德雷福斯的审判在谢尔什-米迪街（Rue du Cherche-Midi）的军事法庭大楼开场，关押德雷福斯的军事监狱就在街对面，审判过程不对外公开。法庭呈上的证据远不足以采信，专家们很难就德雷福斯的笔迹是否与备忘录上的笔迹匹配达成一致，也没有关于德雷福斯叛国的任何动机。然而，当法官退场，在梅西埃的授意下，他们呈上了那份被编纂过的秘密档案。这份文件在辩护的环节并没有呈现，违反了自然公正原则。秘密档案、梅西埃关于德雷福斯有罪的公开声明，加上亨利上校作证时慷慨激昂地痛斥德雷福斯为叛徒，这一切使得法官们最终裁定德雷福斯有罪。由于和平时期不可能以通敌罪判处死刑，法官们一致同意判处德雷福斯终生流放。1895 年 1 月 5 日，在军事学院的大院里举行的仪式上，德雷福斯被公开剥夺军衔、判处终身监禁，他将被单独拘禁在法属圭亚那的魔鬼岛，这里从前是隔离麻风病犯人的地方。对于军方而言，事件已经结束了。他们或者其他任何人，并没有意识到这只是这场即将演变为德雷福斯事件的大戏的第一幕。

起初那些坚信德雷福斯无罪的人仅限于他的直系亲属。其中，他的哥哥马蒂厄（Mathieu）尤其积极，想方设法地接触他所能联系上的人，试图说服他们这是一桩冤假错案——然而大多数时候都是无功而返。

1895 年 7 月，法国陆军最年轻的陆军中校，玛丽-乔治·皮卡尔（Marie-Georges Picquart）上校取代桑德尔成为反间谍部门的领导。皮卡尔很快确信德雷福斯是无辜的，真正的叛国者是一名陆军少校埃斯特哈齐（Esterhazy）。就在皮卡尔上校开始启动对 1894 年的案件进行重审时，他随即发现自己被军中的上司阻挠，上司坚持案子已经结束。为了维持原判、确保德雷福斯被流放，亨利孤注一掷再次伪造针对德雷福斯定罪的“证据”，以便万一案件重审时派上用场。与此同时，军队系统开始发起反对皮卡尔的行动，最终以皮卡尔调往突尼斯收尾。然而，出发前皮卡尔将自己发现的关于埃斯特哈奇的证据转给了他的律师路易·勒布卢瓦（Louis Leblois）。勒布卢瓦转而将这些透露给法国参议院副主席奥古斯特·舍雷-克斯特纳（Auguste Scheurer-Kestner）。舍雷-克斯特纳是巴黎第七区区长的叔叔，勒布卢瓦曾在区长手下任助理。舍雷-克斯特纳早已对德雷福斯的罪名抱有怀疑，现在更确信德雷福斯是无辜的。但因他已对勒布卢瓦发誓保密，所以不能向大众公开他这一看法的依据。

虽然军事参谋部承诺保护埃斯特哈奇，继续激烈抵制对德雷福斯案的重审，但是关于埃斯特哈奇才是真正的叛国者的议论已经传播开来。1896 年 11 月，德雷福斯家族及其为数不多的支持者迎来了突破性的进展。一位银行职员在巴黎的主干道上看到德雷福斯支持者展示在复印件上的“备忘录”之后，确认“备忘录”上的笔迹是他的一位客户——埃斯特哈奇少校的。虽然总参谋部仍然支持埃斯特哈奇，但他的处境变得越来越难堪，特别是当他此前写的一封信被披露之后。在那封信中他写道，他不会去伤害一只小狗，却乐于见到成百上千的法国人被屠杀。为了给事态发展来个了断，埃斯特哈奇接受了他的律师建议，预料到自己将被判定无罪，他请求军事法庭对他进行审判。这场审判于 1898 年 1 月 10 日开庭，地点在谢尔什-米迪街的军事法庭，即 1894 年德雷福斯受审的法庭。鉴于针对埃斯特哈奇的怀疑与日俱增，他本人和亨利策划利用编造的证据打击皮卡尔，企图证明皮卡尔也是一个间谍。在两天的审判结束时，法官们的审议仅持续了三分钟，埃斯特哈奇即被裁定为无罪。在埃斯特哈奇接受审判期间，许多针对皮卡尔的指控也被炮制出炉。次日，皮卡尔被捕。随着埃斯特哈奇被宣判无罪、皮卡尔被捕入狱，这场致力于重审德雷福斯案件、证明其无罪并将其释放的运动似乎前景黯淡。这个时候，左拉携他在《曙光报》发表的公开信高调介入，其效果不啻于在兹时已然行将熄火的德雷福斯运动上投下了一罐汽油。

左拉意识到，通过备受限制的法律程序营救德雷福斯的运动已陷入困境，他相信，现在重启营救行动的最佳途径是，正面攻击军事部门的阴谋行径。因此，左拉在致共和国总统的公开信中，不仅历数自 1894 年德雷福斯被捕以来发生的一切，而且具体点名指控军队高层指挥官。正如左拉在信中表明的那样，他非常清楚这一行为很可能给自己招来刑事指控，但是他打算利用自己受审势必引发的连锁宣传，来继续这场为德雷福斯查明真相、赢取正义的运动。

虽然左拉之《我控诉》的发表一直是德雷福斯事件中最为人所称道的一幕，但第一个站出来支持德雷福斯的知识分子并不是左拉，而是年轻的文学评论家和作家——伯纳德-拉扎尔（Bernard-Lazare）[9]。

伯纳德-拉扎尔和德雷福斯事件

拉扎尔-马库斯·玛拿西·伯纳德（Lazare-Marcus Manassé Bernard）1865 年出生于尼姆（Nîmes）的一个富有的犹太家庭，21 岁时移居巴黎，他使用伯纳德-拉扎尔作为自己的笔名。在学习比较宗教学的历史之余，他迅速成为象征主义作家和诗人中的一员。他与其表亲、诗人伊雷姆·米夏埃尔（Ephraïm Mikhaël）合写的《科林斯的未婚妻》（*La Fiancée de Corinthe*，1888 年）以及《传奇之镜》（*Le Miroir des légendes*，1892 年）的出版，开始树立他在文学界的声誉。19 世纪 90 年代前期，拉扎尔拥护无政府主义，参与创办了文学杂志《政治与文学访谈录》（*Entretiens politiques et littéraires*）。他还为一些日报供稿，包括《巴黎回声报》（*L'Écho de Paris*）和《新闻报》（*Le Journal*）。莱昂·布鲁姆（Léon Blum）曾说，拉扎尔“在文学界收获了他应得的荣耀，迅速超越了我”。[10] 1894 年，拉扎尔出版了著作《反犹太主义：历史与成因》，历史地分析了从古希腊直到 19 世纪末的反犹太主义，认为犹太人逐渐被同化的现状是社会变革的一个环节，这也符合他无政府主义者的论调。拉扎尔还为无政府主义者让·格雷夫（Jean Grave）辩护。格雷夫因出版《垂死社会和无政府状态》（*La société mourante et l'anarchie*）一书于 1894 年被指控犯有煽动暴力罪。拉扎尔作为证人出席了格雷夫的庭审，在格雷夫被判处两年刑期之后，组织请愿呼吁释放格雷夫。1894 年 4 月，拉扎尔声明与另外一位无政府主义者费利克斯·费内翁（Félix Fénéon）立场一致——费内翁在国防部因给一些无政府主义出版物提供支持而被捕。1894 年 8 月，拉扎尔又支援了 30 名因传播无政府主义宣传资料而被推上被告席的无政府主义者。

拉扎尔对德雷福斯被捕的第一反应基本上是漠不关心的。他认为，既然德雷福斯来自一个富裕的家庭，那这个家庭应该有办法保护他的成员。然而很快，他就开始抨击德律蒙之类的反犹主义——德律蒙利用德雷福斯案件散布他们的反犹太言论。1895 年 2 月，拉扎尔受马蒂约·德雷福斯的委托声援他的弟弟。一旦开始为德雷福斯辩护，拉扎尔即已将自身置于他的无政府主义同仁以及大多数的犹太人社群的对立面。正如齐维·斯顿赫尔（Zeev Sternhell）颇具洞见地指出，反犹主义在 19 世纪末的法国十分猖獗，包括 19 世纪 90 年代社会主义者和无政府主义者在内的政治圈子尤其盛行反犹太主义[11]。当然也有值得注意的例外，如著名的保罗·拉法尔格（Paul Lafargue）和夫人劳拉·拉法尔格（Laura Lafargue，马克思之女）以及工人生活（Vie ouvrière）社团。德雷福斯不仅是犹太人，而且还是富人，这使得他的困境不太可能得到左派的同情，更不用说任何的行动支持。绝大多数被同化的犹太社群则将德雷福斯被捕和定罪视作一件让他们难堪的事。法国犹太人已经很畏惧被德律蒙及其他人鼓动的反犹主义情绪，担心如果他们为了德雷福斯去抗议，恐怕只会恶化自身的处境，而无助于德雷福斯。他们大部分人只求此事尽快地湮没无闻。

拉扎尔编写了一本小册子，提炼了德雷福斯案件诉讼过程中的缺点和自相矛盾之处。但是马蒂约选择推迟出版这本册子，拉扎尔的论战檄文直指德雷福斯是反犹主义阴谋之牺牲品，马蒂约担心这将会产生反作用，与他寻求通过法律途径平反昭雪的策略背道而驰。拉扎尔声援德雷福斯、抑制反犹主义的运动，使得他陷入了与爱德华·德律蒙的论战交锋，最终两人在 1896 年 6 月用手枪决斗，没有人受伤。

1896 年 9 月，为了试图打破德雷福斯事件落入沉寂的局面，马蒂约·德雷福斯安排了一篇报道德雷福斯逃亡的新闻，刊登在英国的报纸上。虽然消息并不属实，但经法国报纸转载，使得德雷福斯再次成为新闻关注的焦点。为了压制任何有关德雷福斯无罪的言论，与军队最高指挥部关系密切的反德雷福斯报纸——《闪电报》（*L'Eclair*）发表了两篇文章，透露存在秘密档案，即 1894 年德雷福斯审判时使用的那份。马蒂约决定，现在是时候出版拉扎尔的小册子了。随即，这本题为《一起冤案：关于德雷福斯事件的真相》（*Une Erreur judiciaire：la Véritésur l'affaire Dreyfus*）的小册子在布鲁塞尔印刷完毕，送到了法国议员、记者以及其他有影响力的公众人物手上，拉扎尔希望使这些人相信德雷福斯是无辜的。虽然有一份报纸——《晨报》（*Le Matin*）刊登了“备忘录”的复印件，但大多数报纸对此事反应极其不友好。拉扎尔毫不气馁，他修订了小册子，于 1896 年 11 月交由斯托克（Stock）出版社在法国出版。他继续坚持不懈地联系任何他认为值得信赖的人，争取他们加入到他的申张正义的事业中来。

等到修订版小册子出版的时候，公众在德雷福斯事件中感兴趣的焦点已经转移。埃斯特哈奇受审之后，公众更关心的是埃斯特哈奇是否有罪以及军方的行径，至于德雷福斯是有罪还是无辜，反倒是次要的了。到了1898年2月左拉受审的时候，拉扎尔应马蒂约·德雷福斯的请求，同意退居次要角色。我们不应该忘记，拉扎尔是第一个发动支持德雷福斯运动的知识分子，他宣称德雷福斯是因为犹太人的身份而被逮捕、被审判和被定罪，军方当局针对德雷福斯的所作所为也是受反犹主义的影响。在为德雷福斯活动的过程中，拉扎尔发展了自己的犹太性的概念，他越来越确信德雷福斯是犹太人受迫害的典型。拉扎尔对法国大多数犹太人的沉默和消极被动感到震惊，他开始改变他此前信奉的、犹太人同化以应对反犹主义的主张。拉扎尔深信反犹主义在法国社会是普遍性的问题，他现在认为，唯一的解决之道是让犹太人确认他们作为犹太人的身份，于是他很快就积极参与到犹太复国主义运动中。现代犹太复国主义的奠基者、匈牙利犹太人西奥多·赫茨尔（Theodor Herzl）曾作为记者来到巴黎，为维也纳《新自由日报》（*Neue Freie Presse*）报道德雷福斯事件。他被狂暴的反犹主义震惊了，得出结论说，犹太人唯一的解决方案就是建立犹太人自己的国家。

埃米尔·左拉与德雷福斯事件

虽然“我控诉”是左拉在德雷福斯事件中最著名的介入行动，但是这并不是他的首次行动。1894年德雷福斯受审时，左拉在罗马，12月回到法国后，左拉忙于应对他自己的、即将面临的法律纠纷，他新出版的小说《卢尔德》（*Lourdes*）涉嫌诽谤一名建筑承包商。1895年2月，左拉被宣判无罪。

到1897年，左拉开始介入德雷福斯事件时，他已经完成了写于1871—1893年的20卷本小说《卢贡-马卡尔家族》（*Rougon-Macquart*）以及关于三座城市的三部曲：《卢尔德》（*Lourdes*，1894年）、《罗马》

（*Rome*，1896 年）和《巴黎》（*Paris*，1897 年），确立了他作为享誉世界的小说家的地位。左拉是当时自然主义文学流派公认的魁首。尽管被天主教的报纸严厉指责，还被许多人认作色情文学作家，然左拉还是担任了法国作家协会（Société des gens de lettres）主席，并被授予荣誉军团勋章。他还曾经 18 次参选法兰西学术院（Académiefrançaise）院士。

左拉第一次听闻德雷福斯的遭遇是在 1895 年的一次晚宴上，他显然有所触动，考虑把这些情节构思进一部小说，但之后他放弃了这个想法。[12]1896 年 11 月，正是拉扎尔的小册子在法国出版的时候，左拉和拉扎尔首次见面。拉扎尔早期在巴黎与象征主义者交往频繁，他和他的同仁们有些蔑视左拉，戏谑地称其为"自然主义老野猪"（'the old naturalist boar'）。尽管到 1896 年，拉扎尔对于作家左拉还是不以为然，但无论如何，对于左拉的社会和政治担当，他还是十分钦佩的。1896 年 5 月 16 日，《费加罗报》（*Le Figaro*）发表了左拉的题为《为犹太人》[13]（'Pour les Juifs'）的文章。左拉在文章中坚决批判了反犹太主义，将其斥之为怪兽，认为它缺乏任何基本常识，无视真理和正义，有演变成宗教迫害的危险。然而此文并没有提到德雷福斯的案件。一年之后，1897 年 11 月，在奥古斯特·舍雷-克斯特纳家的午宴上，皮卡尔的律师和作家马塞尔·普雷沃斯特（Marcel Prévost）也出席了，正是那一次，左拉获悉了德雷福斯事件的详情。1897 年 11 月 25 日，左拉首次公开介入德雷福斯事件，在《费加罗报》发表文章，题为《舍雷-克斯特纳先生》。[14]

左拉的首次介入行动多少带点试探性。在文中，他表达了他对舍雷-克斯特纳毫无保留的赞美，称他是一个品行无可指摘的人。舍雷-克斯特纳开始怀疑，后来确信德雷福斯是被错误地定罪。虽然左拉已经准备谴责反犹主义报纸挑起公众对德雷福斯的敌意，但至少他在文章里，还是推测德雷福斯是一起简单的司法错误的受害者，是一个军方必须承认和改正的错误，军方不会因此而蒙羞，或声誉受损。从这第一次的介入行动开始，左拉宣称自己是真相和正义的捍卫者。他文章的结尾掷地有声：真相已经在路上了，任何力量都无法阻止它（'La vérité est en marche, et rien ne l'arrêtera')。[15]

1897 年 12 月 1 日，也就是对埃斯特哈奇提起诉讼的命令签署三天之前，左拉第二次介入德雷福斯事件，他的文章《联合组织》（'Le syndicat'）同样发表在《费加罗报》。[16]德雷福斯的反对者和埃斯特哈奇的支持者（通常是同样的一群人）声称，德雷福斯的支持者要么是某犹太联合会的成员，要么就是被这个组织收买的人，他们正在密谋帮犹太人德雷福斯恢复名誉，而将罪名栽赃在一个无辜的基督徒（埃斯特哈奇）身上。和《为犹太人》那篇文章一样，左拉再次抨击了反犹主义，尤其谴责了那些试图利用对一个犹太人之不道德或犯罪的指控，来攻击整个犹太民族的做法。左拉嘲笑反德雷福斯派居然假想出一个“犹太联合会”，但他承认存在另一个联合组织——一个为真理和正义而战的组织，并为自己是其中一员而自豪。左拉认为，只要德雷福斯所遭遇的不公正还没有得到承认和改正，法兰西就将注定遭受惩罚，如同癌症附身般虚弱。

有一点是我们不能忽视的，此时公众舆论仍是（且将继续）一边倒地反对德雷福斯——左拉的文章一经刊出，成千上万的投诉信就飞向了《费加罗报》编辑部，不少读者威胁要取消订阅。尽管如此，报社编辑还是同意左拉在 12 月 5 日发表第三篇文章《口头审判》[17]（'Procès Verbal'）。在此前一天，法国总理儒勒·梅利纳（Jules Méline）在议会宣称没有所谓的德雷福斯事件，国防部长也公开声称他确信德雷福斯是有罪的。在强大的民意支撑下，政治和军事部门仍然一概否认对 1894 年判决提出的任何质询。左拉最后的这篇文章主要针对那些迎合低级趣味的报纸。左拉指出，这些反犹主义的报纸经年累月地给它们的读者灌输有毒内容，严重污染了读者的思想和意识。无论如何，左拉仍然乐观地相信，人道、正义和真理必将很快取得胜利。

从《费加罗报》刊登左拉最后一篇文章到《我控诉》发表之前，左拉还出版了两本小册子，反复重申他的两大主题——反对反犹太主义和寻求正义、真理。这两本小册子分别是 1897 年 12 月[18]发表的《致青年的一封信》（*Lettre à la jeunesse*）与 1898 年 1 月[19]发表的《致法兰西的一封信》(*Lettre à la France*)。在前一本小册子中,左拉高度肯定人道、宽容、正义和真理的重要性,一如既往地谴责反犹太主义,并表达了他的忧虑——这场谎言、连同着狂热分子和野心家的褊狭酿成的错案,将使法兰西堕入独裁统治的深渊。左拉的这种观点在他后一本小册子中表达得更为透彻,他洞察到潜在的布朗热主义以及军事独裁政权的可能性,认为反犹太主义的反动天主教会已威胁到法国作为一个光荣、人道、真理、正义和自由的国度的地位。左拉呼吁全体法兰西公民对抗反动势力,共同护卫在他看来代表法兰西精粹的东西——宗教宽容、博爱团结以及面向所有人的公正。

《我控诉》是左拉此后这一系列的参与行动中最后的一篇宏文,表达了他对于自己所珍视的真理、正义、自由的价值观受到威胁的关切。这也是在埃斯特哈奇被迅速开脱后,左拉试图保持德雷福斯事件之关注度的一种努力。《我控诉》一文点名谴责最高军事指挥部的官员掩盖真相,这是对教会和低级趣味报纸支持下的军方的一份有力的控诉。在文章的结尾,左拉指出了当前阵营的分化,一边是有过错者坚持掩盖真相,一边是正义的信徒、坚信事实终将水落石出。虽然左拉的文章存在一些细节性的失误,比如夸大了迪帕蒂德克朗(du Paty de Clam)司令(将他的军衔误作中校)的作用,在指名控诉的名单里漏掉了亨利上校,等等。但是左拉对作为法兰西柱石之一的军方当局的抨击之猛烈可谓前所未有。

虽然在左拉此前的关于德雷福斯案的文章中,反犹主义是一以贯之的抨击目标,但是《我控诉》一文中却几乎没有提到反犹主义。左拉前期的文章一直谴责对德雷福斯的判决是非正义的。他指出,反犹主义的非理性左右了整体局势,正是猖獗的反犹浪潮在很大程度上营造了一种倾向于给德雷福斯定罪的社会政治氛围。在《我控诉》一文中,左拉指出军方的阴谋,披露了最高指挥部具体人员的行为、以曝光真相。反犹主义可能是这一案件的幕后推手之一,但他考虑到这一思潮在当时的法国如此之盛行,继续纠缠于此,可能会疏远那些潜在的德雷福斯的支持者,也可能会干扰视听——因为左拉的这篇檄文主要矛头指向最高军事指挥部门不择手段抹杀真相的非法性和不道德性。

从 1898 年 1 月开始，《我控诉》一文的发表导致法国知识分子群体提出的两种关于法兰西的观点产生了两极化。至此，德雷福斯案件无可挽回地变成了“德雷福斯事件”。此前，它只是关于一名男子有罪或无辜的争论；现在，它转变成一场关乎法兰西精魂的战争。

“知识分子”的诞生

左拉的公开信不仅标志着德雷福斯事件开启了一个新的阶段，而且它本身也是法国知识分子历史的分水岭。公开信发表的第二天，《曙光报》刊载了一篇简短宣言，抗议 1894 年的审判违反规则，指摘“围绕埃斯特哈奇案件的诸多谜团”，最后要求重审此案。这份抗议书被称作《知识分子的宣言》，上百名文学界、科学界以及教育界的领军人物在宣言上签名，标志着“知识分子”大规模地介入政治，从某种意义上说，他们走出了各自的专业领域，集体地、公开地对一个政治的（也是道德的）议题表明自己的立场。次日，《曙光报》刊登了第二份抗议书，本质上是同样的措辞。接下来直到 2 月 8 日，《曙光报》连续每日刊登一批名单，名单上是在其中一份或两份宣言上签字的知识分子。

一共有超过 3000 名的作家、艺术家、中学和大学教师、医生、律师、建筑师和学生签名支持抗议活动。其中大部分请愿者是巴黎市民，这也证实了一种看法，即德雷福斯事件本质上是首都受过教育的阶层自愿卷入进来的一桩事件。

正如克里斯托夫·夏尔（Christophe Charle）曾指出，多数签名请愿者来自知识阶层，反映了这一社会经济阶层作为一个整体在法国社会的急剧扩张，究其原因，主要是法国的城市化、基础教育、中等教育和高等教育的发展，法国的自由化进程以及随之而来的新闻业和出版业的暴发式增长。比如，1872—1901 年间，记者和作家的人数增长了一倍，1881 年至 20 世纪初，大学教师的人数也同样翻了一番。[20]

签名者中许多人的名字已被遗忘，但是另一部分人，尤其是那些来自文化艺术领域的人——比如阿纳托尔·弗朗斯（Anatole France）、夏尔·贝玑（Charles Péguy）、左拉、纪尧姆·阿波利内尔（Guillaume Apollinaire）、马赛尔·普鲁斯特（Marcel Proust）、乔治·索雷尔（Georges Sorel）、克洛德·莫奈（Claude Monet）——将名垂青史。这些人当时就已经（或即将）在各自的艺术、文学以及学术领域获得国内外的声誉。当然，从前，文人学士也有过政治介入。比如，哲学家伏尔泰曾为了 1762 年被处决的新教徒让·卡拉斯四处奔走，为他恢复了身后名誉；维克多·雨果（Victor Hugo）也曾谴责拿破仑三世和第二帝国[21]；还有我们前文提及的伯纳德·拉扎尔，是他在早期坚定地支持德雷福斯。但是，和雨果一样，伯纳德·拉扎尔一开始也是单独行动，伏尔泰和百科全书派认为他们自己是团队行动，而 1898 年的这次知识分子介入行动则有一个不同于以往的特征，即他们的行动是是大规模的、集体性的，他们这种共同行动的纽带已超越了朋友关系和共同的政治立场。正如埃里克·卡恩（Eric Cahm）观察指出：

> 德雷福斯事件见证了现代意义上的知识分子群体的诞生，这个群体由作家、艺术家及其他以智力谋生的人组成，他们作为知识分子群体的一员，利用各自的声望支持来介入公共事件。[22]

虽然普遍认为，在德雷福斯事件之前，“知识分子”一词已经作为一个名词性实词（而不仅仅作为形容词）使用，然自从《我控诉》发表之后，这一语词同时在德雷福斯阵营和反德雷福斯阵营中流行开来，但隐含的意义各不相同。克莱蒙梭是在积极的意义上使用这一语词，1898 年 1 月他评论支持德雷福斯的运动时说，“所有这些来自不同领域的‘知识分子’，他们为了一个共同的信念走到一起，且坚持到底，这难道不是某种迹象吗？”[23]克莱蒙梭言下之意，这些德雷福斯的支持者是来自文化、艺术、科技领域的杰出人士，意味着这些人至少在某些领域享有威望，他将“知识分子”一词用斜体表示，则表示这个单词还不是在普遍意义上使用。然而，“知识分子”一词迅速被反德雷福斯阵营的领导成员挪用，作为羞辱性的语词，用来针对德雷福斯的支持者。比如，外交官莫里斯·帕莱奥洛格（Maurice Paléologue）把德雷福斯事件开场及其后的事件做了编年式的记录，他转述了1898年1月反德雷福斯派的费迪南·布吕内蒂埃（Ferdinand Brunetière）对德雷福斯派知识分子的苛刻评论。布吕内蒂埃是17—18世纪文学的专家，非常敌视自然主义文学，他注意到“知识分子”是一个晚近新造的词，他把“知识分子”（“*Intellectuels*”此时仍被标成斜体，但首字母“I”大写）描述成穷其一生呆在实验室或者图书馆的“一类贵族阶层”，抨击这类人是“我们这个时代最荒谬的事情之一……主张将作家、学者、教授和哲学家们拔升至超人阶层”。当然，布吕内蒂埃也认识到智性技能的重要性，但他坚持认为这些只是具有相对价值，且其重要性次于意志力、骨气、准确的判断力以及实践经验。“因此，”他补充道，“相对某位我不愿指名道姓的博学之士、生物学家或数学家，我会毫不迟疑地把我所了解的农民或商人放在比他们更重要的位置。”[24]

1898年2月1日，反德雷福斯派的领袖、小说家莫里斯·巴雷斯（后来成为左拉主要的论敌）在《新闻报》发表了一篇长文，题为《知识分子的抗议》（‘La Protestation des Intellectuels’）[25]。巴雷斯承认他援引了克莱蒙梭所采用的“知识分子”这一语词，然他严厉批评了那些公开支持德雷福斯的、受过教育的人士。他写道：“没有比这群半吊子知识分子更糟糕的事了。”在这篇文章中，他还将那些请愿签名者形容成“这些所谓的知识分子……这些可怜的被毒害的灵魂……就像那些在巴斯德（Pasteur）实验室里被注射了狂犬病毒的几内亚猪，十分令人同情”[26]。因为对小说家阿纳托尔·弗朗斯相当崇拜，另外有几位社会活动家（未提及名字）与巴雷斯一样反对议会政治（但角度不同），故巴雷斯将他们当作例外，他写道：“总的说，如果不算犹太人和新教徒，所谓的知识分子名单大抵由傻瓜和外国人组成。”[27]（更多有关巴雷斯的内容以及他对“法兰西”的定义见下文第21—23页）。

德雷福斯派与反德雷福斯派知识分子

历史学家齐维·斯顿赫尔观察指出，“（德雷福斯）事件引发了两种世界观、两种社会观念和两种尺度的道德观之间的交锋”[28]。知识分子在很大程度上使得这种两极之争明朗化。这“两种世界观”“两种社会观念”和“两种尺度的道德观”到底是什么呢？

德雷福斯派知识分子的立场是基于恪守“共和价值”，即真理、正义、理性和普遍主义的承诺。而反德雷福斯派，尤其那些更激进的分子，维护的是权威、秩序、本能和一种排外的民族主义。

左拉与其他为德雷福斯签名请愿的知识分子捍卫的是以《人权宣言》为根基的、一种关于法兰西的理念。在普世价值和正义的旗帜之下，在理性的旗帜之下，他们决心投身反抗偏见的顽固势力，与那些他们认为将会严重侵蚀“正义”的行为作斗争。正如他们在《曙光报》签署的声明显示的那样，他们采取公开立场、抗议1894年的审判损害了司法程序，要求解开有关埃斯特哈奇行为的一些谜团，继续坚持重审德雷福斯案。对于德雷福斯派来说，“真理”和“正义”是绝对价值。也就是说，一个无辜的人被错误地定罪，真相就必须被揭开，哪怕会因此将军事和政治机构陷于窘境。真理和正义要求这桩误判必须得到纠正。

在支持德雷福斯的请愿书上签名的知识分子当中，很少有人是反对军队本身的；与某些反德雷福斯分子不同，他们也并非是企图利用德雷福斯案去破坏共和国的政体。他们都是爱国的公民，早已准备好捍卫他们的国家，但是，德雷福斯案审判过程的前后不一致以及重重疑点令他们产生了困扰。事实上，正因为他们珍惜这个基于共和价值的法兰西，他们才要大声说出他们的抗议，并利用自己的声望为抗议增加分量，他们觉得这是作为一个爱国者的责任。正如H.L.韦塞尔林（H. L. Wesseling）所述：

> 恰恰因为他们是有良知的学者，他们必须抗议对真理的违背。

用索邦大学教授加布里埃尔·塞亚耶（Gabriel Séailles）的话说：“如果我们不准备去践行自身的理念，那么我们的教导也将失去权威。”[29]

又如，左拉1898年2月在他被控诽谤军方的审判中的陈词：

> 两院（众议院和参议院）、民间力量、军方机构、畅销的报纸以及被其所毒害的民意，似乎所有人都针对我。在我这边只有一个信念，一个真理和正义的信念……我不希望我的祖国成为一个充斥着谎言和偏见的国度。[30]

《白色评论》（*La Revue blanche*）的撰稿人朱勒·雷纳尔（Jules Renard）在他的日记里提到，左拉被判一年监禁、并处3000法郎罚款的判决，令他感到极度愤慨。“我宣布，”他写道，“‘正义’这个人类的词典中最美丽的词，如果人们不再能理解它，就应该把它从词典中删除。”[31]左拉没有真的在狱中待上一年，而是越过海峡去了英国。

真理和正义公然遭到践踏，这使得许多知识分子意识到，有必要建立一个组织来为之战斗、维护这类“共和价值”。在左拉被审判、踏上流亡之路后，人权联盟（La Ligue des droits de l'homme）迅速成立，得益于其遍布全国的基层组织，人权联盟成为主要的、全国性的德雷福斯派活动中心。[32]联盟的创始人之一，生物化学家、巴斯德研究院（Institut Pasteur）负责人埃米尔·迪克洛（Emile Duclaux）曾在1月18日的《时报》（*Le Temps*）发表文章称，判定德雷福斯有罪既无证据、又没有提供令人信服的论据，他认为对德雷福斯有罪的裁决“令他对公正和真理的期待感到失望”。[33]联盟的第一次会议大声宣读了《人权宣言》[34]，联盟的章程6月正式注册，宣布其职责是捍卫构成1791年宪法序言的《人权宣言》之原则。1898年7月4日，联盟发布的第一篇宣言呼吁给“任何一位自由受到威胁、权利被侵犯的人”[35]一个承诺，如此以往，联盟的普遍主义将建立在自由、博爱和平等原则的基础之上，它将不遗余力地抗击一切霸权和偏见。

德雷福斯派和人权联盟的支持者们将个体权利置于优先地位，而反德雷福斯派则认为法兰西国家的安全才是最重要的。更为极端的反德雷福斯派只是一味地蔑视第三共和国的政治体制，认为它背叛了法兰西。为了反对共和政府，他们无条件支持传统的秩序和权威机构，特别是军队，在许多情况下也包括教会。当然，更温和的反德雷福斯派知识分子，比如布吕内蒂埃（Brunetière），还是反对任何宗教和种族仇恨。正如政府以及绝大多数政治机构中的反德雷福斯温和派一样，这些温和的反德雷福斯派知识分子仍然是忠实的共和主义者，他们只是希望尽快结束这一事件，恢复往常的平静、安宁，一切照旧。就政府本身而言，德雷福斯的问题从来就只是一个单纯的司法问题。德雷福斯被妥当地审判、被认定有罪，这就是事情发生的全部。

然而，极端的反德雷福斯分子将这一事件当作一件利器，希望以之摧毁第三共和国。这群人最热衷的代表就是小说家莫里斯·巴雷斯。

莫里斯·巴雷斯，1862 年出生于孚日省摩泽尔河畔的沙尔姆市，他的反陈规的三部曲小说，即《在野蛮人眼前》（*Sous l'œil des barbares*，1880）、《自由人》（*Un homme libre*，1889）、《贝伦妮丝的花园》（*Le Jardin de Bérénice*，1891）的出版，确立了他某种狂热分子的基调。巴雷斯从年轻时的半吊子个人主义者，经由轻浮的布朗热主义者，在德雷福斯事件中现身为右翼民族主义的代表人物。

“民族主义”一词在大革命刚刚结束时几乎是雅各宾派爱国主义的同义词，但不久后被废弃不用，直到 19 世纪的最后 25 年中，随着一股强劲的反共和主义风潮重新浮现。此时这个单词已等同于维护法兰西传统的价值观和制度，应对内外交迫的困局，即，主要来自德国的外部威胁和——真实的，或臆想中的——来自共和主义、共济会以及犹太人的内部威胁。

除了助力于普及“知识分子”这个术语外，巴雷斯对“民族主义/民族主义者”的发扬光大同样功不可没，1892 年 7 月 4 日，他在《费加罗报》发表了《民族主义者与世界主义者的论争》（‘La Querelle des nationalistes et cosmopolites’）。与世纪之初法国许多反共和的民族主义者观点一样，在巴雷斯所分析的法兰西正面临的问题当中，最严重的一点就是她不容忽视的衰败。法兰西已经迷失了她的方向，忘却了她的过去，忘却了她应从老一辈人身上传承下来的使命。与此同时，随着现代主义、世界大同主义和过分理智主义的出现，她与她所根植的过去发生了裂隙。青年巴雷斯不负责任的、无政府的、个人主义的观点让位于另外一种观点，即法国人民好比组成一条长链的链环，这条长链连接他们不可分割的过去，那过去深深地根植于祖国的大地。巴雷斯写道：“我对祖国（*la patrie*）的定义，就是土地和逝者（*la Terre et les Morts*）。”[36]或者，如他在这篇文章的别处所写的，“因此，对于我而言，个体与他所有已逝去的祖先相关联——通过个体的努力和他的先辈的牺牲”。[37]

巴雷斯的“民族主义”定义带有宿命性、排外性，这意味着，只有那些他们的家族历史与法国的过去紧密相联的人才是真正的法国人。他写道，“我们是从一个共同体中生发出来的，这个共同体通过我们发声”[38]。在别的场合他公开声称：“我们把自身托付给不朽的法兰西。我们是历经数个世纪形成的法兰西民族的儿女。我们所有的一切，皆出自我们祖国的历史和地理环境。”[39]

顺着巴雷斯的概念，自然而然的是，那些没有一个法国祖先的人就不能被看作是法国人，取得法国国籍并不能掩饰这种基本的差异。每一个体的思想和行为方式都来自于他（她）的祖先。他指出，如果他严格按照中国的法律取得中国国籍、成为一名中国公民，他也将无法停止他法国人的思维和行事方式。正因为此，巴雷斯拒绝认可左拉是一个真正的法国人，“埃米尔・左拉先生是谁？我瞧着他的祖上，这位先生并非法国人……因为他的父亲和他的先祖都是威尼斯人，很自然地，埃米尔・左拉是像无根的威尼斯人一样思考”[40]。

巴雷斯完全反对德雷福斯派主张从一种普遍主义的和理性的视角争

论他们之间的议题，这一视角否认了民族特有的向心性本能。巴雷斯认为，民族的天性、传统和历史形成了它的根基，因而法国社会不能建筑在逻辑和理性之上，正因为那些德雷福斯派的对手们不能或者没有意识到民族本能的向心性，巴雷斯对他们的蔑视来得理所当然。他称，倚靠着理性和逻辑，这些“笨蛋”将自身置于“他们的族类”，即，大多数善良的、真正的法国人民的对立面。

巴雷斯对谁是真正法国人的严格限定，不仅指向个人，而且指向与某种宗教或种族相关联的团体之成员，比如新教徒和犹太人。巴雷斯年轻的时候曾是一名不可知论者和反教权的激进分子，虽然他承认自己个人不会为任何宗教情感所触动，但他还是支持天主教会，且视之为法兰西特质不可或缺的组成部分。他的祖先正是生活在天主教环境下，他本人也在其中出生、长大。天主教是法兰西遗产整体不可或缺的组成部分，而且，天主教是根植于秩序和等级的传统价值观。巴雷斯相信，尽管受反教会主义的兴起以及19世纪80年代反教会教育改革运动的影响，天主教仍然是大部分法国人民的信仰。相反，新教对法兰西而言，其本质上是外来的、有害的，因此它是巴雷斯大力批判的对象：

> 新教徒们被驱逐出法国之后，在英格兰、日内瓦以及德国的许多地区找到了栖身之所。因此，他们与驱逐他们的、我们的祖先再无关联，随即而来的是，他们不懂得法国是作为一个历史持续的整体（而存在），他们只认同这一片段或那一片段的法国。对于他们而言，祖国是由特定的概念组成，这些概念可以源自任何地方，可以引领他们走向国际主义。[41]

巴雷斯排外的民族主义观念也暴露了他的反犹主义倾向，这是许多反德雷福斯派知识分子共有的，但并非所有的反德雷福斯知识分子都持反犹立场，比如布吕内蒂埃（Brunetière）。布吕内蒂埃赞成巴雷斯提出的，民族的生存或捍卫一种保护国家利益的体制，这类国家层面的事务必须优先于任何个人的利益，但他拒绝拥护反犹主义。巴雷斯的反犹主义倾向并不是从德雷福斯事件开始的。1898 年，他作为世俗反犹主义者参加竞选，击败了身为反犹太天主教徒，且受反犹太天主教报纸《十字架报》（*La Croix*）支持的对手，当选南锡（Nancy）市议员。

关于世纪末的法国反犹主义之盛行，前文已提及，现在让我们回到这个相关的议题上，审视一下爱德华·德律蒙的观点。作为《犹太法国》一书的作者，德律蒙是这一时期反犹主义浪潮最重要的鼓手，他搓合基督教反犹主义、“经济”反犹主义和“科学”种族主义，编织成一个强大的反犹理论体系。

对许多天主教徒和天主教会职员而言，犹太人必须承担他们的祖先导致耶稣蒙难的罪行，往近了说，犹太人是法国大革命（邪恶的化身）背后的驱动力，助推了“旧制度”（Ancien Régime）的终结。在第三共和国于 1875 年最终建立之后，共和政府的反教权主义宗旨凝结在甘必大（Gambetta）的名言——“教权主义——这就是敌人”（1877 年）中，将天主教会推到了共和政府的对立面。大约从 1880 年开始，天主教报纸开始编造一个犹太阴谋的幽灵，来解释共和政府对天主教会的攻击，到了 1890 年，天主教报纸《十字架报》自豪地宣布它自己是全法反犹太的急先锋。德律蒙声称，犹太人渗透进共和国的政府机构，破坏了天主教会的价值观，他如获至宝地抖露一条“内幕”：有两名共和政府的部长——主导了离婚制度之重建（1884 年）的阿尔弗雷德·纳凯（Alfred Naquet）以及通过立法推广女子公立中学的卡米尔·塞（Camille Sée）——皆是犹太人。德律蒙宣称，第一件举措损害了家庭的神圣性，第二件举措则使得年轻女子脱离了天主教会的影响。

德律蒙的反犹综合体系的第二重要素是“经济”反犹主义。工业化进程、银行业的兴起以及本土工人阶级的出现都在改变着法兰西的面貌。19 世纪 80 年代法国经济的不景气恶化了普通民众面临的社会处境，而共和政府基本上不愿处理这些问题。德律蒙能够利用法国工人阶级的不满、利用他们反资本主义的情绪，将一个社会—政治问题转变为一个有关犹太人的问题。德律蒙的经济反犹主义是基于一种断言，即，犹太人是一切社会、经济和金融危机的根源，他将犹太人等同于剥削人的资本家和贪婪的银行家。把反犹主义与反资本主义相等同，既附和了新起的法国社会主义运动，又与法国早期社会主义思想家——比如夏尔·傅立叶（Charles Fourier）和皮埃尔-约瑟夫·普鲁东（Pierre-Joseph Proudhon）的反犹主义遥相呼应。

"经济"反犹主义在传闻犹太人主导了1882年通用联盟银行（Union Générale Bank）之倒闭时达到鼎盛。通用联盟银行主要由天主教会注资创办。两位犹太金融家——科尔内留斯·赫茨（Cornelius Herz）与雅克·雷纳克（Jaques Reinach）——卷入巴拿马运河公司丑闻一事为犹太人的"阴险狡诈"提供了进一步的"证据"。与此同时，因为一些议员在这桩导致无数中小投资者破产的丑闻中有共谋行为，导致民众的反议会情绪高涨。罗伯特·吉尔德（Robert Gildea）指出，巴雷斯利用"经济"反犹主义开始他政治生涯的角逐，作为反犹主义候选人参加南锡市议员竞选时，"他预测反犹主义在作为一种民众抗议资本主义剥削和政治操控的传声筒时，具有强大的能量"[42]。

德律蒙和巴雷斯还一致认同犹太人是最极致的"他者"。比如，德律蒙喜欢琢磨犹太人的生理特征和道德品质，并将这些特质刻画为基督教法兰西的敌人，称犹太人在所有方面都逊色于雅利安人，总是一眼就能被人辨识出来，他们天生就是狡猾的守财奴、高利贷者和妄想主宰世界的投机客。[43]犹太人只对为自己及犹太同伙攫取财富和权力感兴趣，他们总是试图腐化他们所憎恶的基督徒、诱惑其堕落。德律蒙引用反民主的种族主义作家如约瑟夫·阿尔蒂尔·德戈比诺（Joseph Arthur de Gobineau，1816—1882）的"科学证明"来支撑他对犹太人道德和生理特点的"发现"，这些种族主义作家曾"发明"出一套关于雅利安人与闪族人对立、雅利安人优于闪族人的理论。

犹太人从1791年起被解放、成为法兰西的公民，这对于德律蒙和巴雷斯来说，一样是与自身毫不相干的事。甚至对于德律蒙而言，自从他认定犹太人是大革命背后的推动力量，且犹太人在大革命后成为主要的受益者之后，解放犹太人就是与他极其不相干的事了。对于巴雷斯来说，同化犹太人不过是个荒诞的神话。他指出，正如我们所知，成为法兰西国家（巴雷斯否认法兰西是一个种族）的一员，即意味着你与祖国血脉相连，根植于祖国的土壤。巴雷斯赞成德律蒙对于犹太人的定位，"守财奴、高利贷者和投机客……他们在每一块栖居的土地上都是外来者，都是背叛者"[44]。或者，正如巴雷斯表述的那样，"犹太人没有我们所理解的意义上的祖国。对于我们而言，祖国就是土地和祖先，就是土地与我们的逝者。而对于他们而言，祖国则是最能服务于他们的利益诉求的地方"。[45]巴雷斯再次明白无误地将犹太人等同于背叛者，他说："我不需要人们告诉我为什么德雷福斯是一个叛国者……从他的种族我就可以断定，他有成为背叛者的潜质。"[46]

巴雷斯与德律蒙的文章中表达的观点在当时并不稀见。正如一名研究反犹太主义的权威曾写道："如果有人希望通过描写犹太人的词汇之数量来衡量一个国家反犹主义势力之强弱的话，毫无疑问，19 世纪末的法国将是当仁不让的第一名。"[47]巴雷斯和德律蒙的反犹主义与当时法国的时代情绪相契合，这从《我控诉》一文发表后引发的强烈的反犹声浪中可以窥见一斑。当时法国的反犹主义示威游行几乎在所有主要市镇同时爆发。[48]抗议活动的规模和破坏性各不相同，从一小群的参与者在蒙贝利亚尔（Montbéliard）高呼反犹主义口号的游行，或一群学生在图尔农（Tournon）向一位犹太籍教授的房子扔石头，到在昂热（Angers）、马赛（Marseillers）、南特（Nantes）和鲁昂（Rouen）等地全面爆发的、持续数日、参与者数千的骚乱——虽然被拘禁的人数很少，被判刑的更是极少数。示威者高喊"处死犹太人"、"处死左拉"、"处死德雷福斯"和"军队万岁"的口号，武力袭击犹太人、进攻犹太教堂和拉比①的住所，

---

① "拉比"是犹太人中的一个特别阶层，是智者的象征，指接受过正规犹太教育，系统学习过犹太教（Judaism）经典，担任犹太人社团、犹太教教会精神领袖，或在犹太经学院中传授犹太教教义者。参见 https://baike.baidu.com/item/%E6%8B%89%E6%AF%94/80107?fr=aladdin. ——译者注

最常见的还是毁坏犹太人的店铺和工厂。最严重的事故发生在阿尔及利亚（按法律规定是当时法国的一部分），从 1 月 22 日到 1 月 24 日，暴徒们肆意横行，整条街地抢劫和焚烧犹太人的店铺，据报道造成了数万法郎的损失。至少 6 名犹太人被暴力袭击，其中 1 人受致命伤；9 名暴徒和 47 名警察受重伤，1 名示威者被杀。

既然人们普遍认为犹太人对法兰西构成了严重的威胁、犹太人企图危害军队，那么反犹太的呼声同时伴随着支持军队的口号也就不是巧合了。军队被许多人视作法兰西古老的守护者、秩序和民族利益的捍卫者。而且，法兰西军队是复仇的希望之所在，是收回阿尔萨斯-洛林地区的关键。拉乌尔·吉拉尔代（Raoul Girardet）曾指出，德军吞并阿尔萨斯-洛林地区，人们认为法国军队可以扭转这一败局，由此触发了“一种持续 20 年之久的、对于军队的普遍且热切的美化：军队成了‘神圣方舟’、国家统一的象征，也是所有爱国希望的化身”。[49]

诚然，法国从 1870 年的挫败中吸取了教训。法国军队被人数更占优势的普鲁士军队打败，鉴于这一失败，法国在 1872 年和 1873 年通过立法，确立了五年兵役制。因此，到 19 世纪 80 年代初，法国拥有了一支人数上更为庞大的军队，超过了它跨越莱茵河的对手。此外，法国 1876 年创办了旨在培养现代战争指挥官的高级军事学院（École militaire supérieure），1880 年更名为高级军事指挥学院（École supérieure de gurrre）。军事硬件得到升级，大规模征调和运输的规划落实到位，包括在战争需要时调用 400 万人和 800 万匹马。然而，法国的一些举措与其说是攻击性的，不如说是防御性的，比如北部和东部边境修建的令人惊叹的（防御）网络，包括埃皮纳勒（Epinal）和贝尔福（Belfort）之间的一排要塞，以及围绕巴黎修筑的军事防御带。

尽管共和政府试图达成共和政体与军队之间的和谐共生，然而二者之间的张力一直持续。正如弗朗索瓦·贝达里达（François Bédarida）所指出的：

> 民主意味着主权在民，意味着大多数人的统治、延及所有公民的最广泛的自由，意味着培育批判的精神、发展自由的辩论。那么，军队赖以标识自身精神风貌的权威准则和服从的律法会发生什么变化？[50]

或者，如迪巴拉伊将军（General du Barail）在当时曾观察指出：

> 共和派和军方的立场是基于两种对立的、不可调和的思维定式……共和国意味着民众意见的自主表达，所有公民的绝对平等以及大众压倒精英。这是一个倒立的金字塔。单单从共和国的铭言来看，它就已经站在了军队的反面——自由、平等、博爱，即意味着没有规训、放弃服从、否认等级制。[51]

军队从而被视为（也自我体认为）秩序、纪律和等级制这类法兰西传统价值的护卫者、法兰西的卫士。在德雷福斯事件期间，反德雷福斯派投注于军方身上的价值观也正是许多军官们自己所认同的，如此，“军队不再是一个服务于国家的中立机构，在卫国战争以及镇压巴黎公社的过程中，它转变为一个服务于某种意识形态的政治工具”。[52]对于反德雷福斯派分子来说，他们完全不能接受作为法国秩序与统一的象征、作为祖国之守卫者的军队，其判断力和声誉因一个叛国的军官而被质疑，更何况此人还是个犹太人。

联盟与法兰西行动

1898年12月，为了回应人权联盟的成立（见19—20页），也为急于证明并非所有知识分子都是德雷福斯派，巴雷斯提议成立法兰西祖国联盟（The Ligue de la patrie française），来反击他视之为反军国主义的、国际主义的、德雷福斯派的信条，表达与军方休戚与共的立场。法兰西祖国联盟团结了激进的反德雷福斯派和温和的反德雷福斯派，于1899年

1月召开了第一次公开大会。在会上，联盟主席儒勒·勒梅特尔（Jules Lemaître）控诉，在过去的20年，一个由犹太人、新教徒和共济会会员组成的邪恶联盟在“操控法国”。反德雷福斯派的极端分子和温和派之间的紧张关系，导致联盟在几年之后瓦解。

德雷福斯事件还触发了成立于1882年的爱国者联盟（The Ligue des patriotes）的复出。爱国者联盟起初是一个共和组织，自称致力于强化法兰西民族的体格和心志，为国家雪耻和收复阿尔萨斯-洛林地区做准备。1886年，在诗人保罗·戴鲁莱德（Paul Déroulède）的影响下，爱国者联盟转变为一个反共和主义的团体，投身于“解放法国”——解放阿尔萨斯-洛林地区的前提——并全力支持布朗热将军。爱国者联盟及其报纸《旗帜》（*Le Drapeau*）于1889年被取缔，在德雷福斯事件期间又恢复活动。在巴雷斯看来，爱国者联盟可以与法兰西祖国联盟（负责提供理论）形成互补，为公众集会和示威游行提供支持。

另一个充当了反犹太的激进民族主义之轮毂的联盟是反犹太联盟（The Ligue antisémitique）。该联盟由德律蒙主导、成立于1889年，其影响力在布朗热主义失败之后衰退，但1897年在儒勒·盖兰的主持下又重新活跃，并更名为“伟大的西方”（*Le Grand Occident*）。其宪章宣称，它的使命是“将法兰西和法国人民从控制了全法所有行业生产的犹太人的重轭下解放出来”。该组织主要在城市工人阶级当中招募成员，1898—1899年间发展迅速，很快在法国东部、马赛、波尔多和巴黎的大部分地区建立了根据地。在1898年1月至2月的骚乱活动中，该组织大多充当了反犹太的煽动者。在阿尔及利亚，许多反犹太的议会代表当选，该组织发展成为一个羽翼丰满的大众运动。

由德雷福斯事件引发的最后的、也是历史上最重要的民族主义运动是夏尔·莫拉斯的法兰西行动，虽然他们并不自称为联盟。1885年莫拉斯从家乡普罗旺斯来到巴黎时，他发现，他所视之为世界主义的思潮随处蔓延，他为之震惊，这使他得出结论——法兰西正处在外国人（包括犹太人，尤其是犹太人）入侵的威胁之下，面临腐化与堕落的危险。德雷福斯事件期间，莫拉斯开始坚信法兰西灾难性的衰退和颓败的根源正是 1789 年的法国大革命。他声称，只有君主制复辟才能够挽救法兰西，他已经开始为保皇主义报纸《法国新闻》（*Gazette de France*）效力。莫拉斯一度在重建法兰西祖国联盟的过程中表现活跃，但他很快转而致力于发起一个新保皇组织。1899 年 7 月，双月刊《法兰西行动简报》（*Bulletin de l'Action française*）首期面市，主要服务于极右翼的霸权主义运动，该刊一直存续到 1944 年。（更多有关莫拉斯及“法兰西行动”早期的内容见下文第 40—42 页）。

德雷福斯事件：从左拉受审到“共和集团”

1898 年 5 月，也就是左拉受审判三个月之后，法国举行大选。7 月，新任国防部长戈德弗鲁瓦·卡韦尼亚克（Godefroy Cavaignac）向众议院宣布，他将公开 1894 年德雷福斯审判中的三份秘密文件。卡韦尼亚克没有意识到的是，这三份文件中有一份是亨利上校伪造的。社会党领袖让·饶勒斯（Jean Jaurès）8 月在《小共和国报》（*La Petite République*）上以“证据”（Les Preuves）为题发表了一系列文章，指明那些秘密文件是伪造的。有鉴于此，卡韦尼亚克查问了亨利上校，亨利心理崩溃，承认了伪造一事。他随后被监禁，8 月 31 日在狱中自杀。激进的反德雷福斯派对军方是如此不加批判地支持，更有甚者，亨利被描绘成一个英雄。莫拉斯写到爱国者们将亨利肖像从报纸上剪下来、陈放在家里的显著位置。莫拉斯称亨利为“值得尊敬的战士、为国家利益英勇献身的英雄”。德雷福斯是有罪的，在激进民族主义分子眼中，所有亨利被判决有罪的一切都令德雷福斯的罪行确定无疑。对莫拉斯而言，亨利的行为是出于维护“国家安全”的需要，“国家安全”远比“正义”或“真理”重要。《自由言论报》呼吁为亨利捐款，以帮助这位“责任的牺牲者”和“爱国主义殉道者”恢复名誉，共有 2.5 万人次参与捐款，募款总额超过 13 万法郎。来自工人和手工业者的捐款人数尤其众多，这些人的言论显露出“他们反犹太的仇恨，以及自觉或者不自觉地基于这种仇恨的暴力倾向。

犹太人的剥削、犹太人的金钱以及金融势力给了所有那些感到受压制或受羞辱的人以理由”，一些人甚至叫嚣着灭绝犹太人。[53]

1899 年 2 月，爱国者联盟的一位领导人戴鲁莱德决定，是时候行动了。在菲利·福尔（即左拉给他写信的总统）的葬礼上，戴鲁莱德徒劳地试图为一场民众的政变提供军事支持。巴雷斯可能会欢呼这场未遂的政变是“一场爱的犯罪，出于对祖国的爱”，不过这阻止不了戴鲁莱德被审判。然而，经过一个简短的审议后，戴鲁莱德被无罪开释，民众把他高高地抬在肩上、离开了法院。

但是，德雷福斯派的活动还在继续。1899 年 6 月 3 日，1894 年针对德雷福斯的判决被撤销，并启动了案件重审。次日，巴拿马运河公司丑闻时期的总理，现取代福尔成为共和国总统的埃米尔·卢贝（Émile Loubet）在奥特伊（Auteuil）赛马场遇袭，原因是他被怀疑支持重审德雷福斯案。6 月 11 日，德雷福斯阵营的共和主义者在龙尚（Longchamp）举行反抗议的游行示威；示威者遭遇警方的暴力镇压，引发了政治危机，政府被指责没能保护共和国，许多人认为共和国已处于危险之中。曾任部长会议主席的夏尔·迪皮伊（Charles Dupuy）被迫下台，取代他的是勒内·瓦尔德克-卢梭，后者很快组建了一个“保卫共和国”（*défense républicaine*）的政府。

又一届政府走马上任，但是德雷福斯事件仍然悬而未决。正如我们将要见到的那样，它仍然是一个有待政府设法为之寻求圆满解决的问题。

第二章 从“保卫共和国”到保卫祖国

瓦尔德克-卢梭与保卫共和国：埃米尔·孔布与共和国的反击

瓦尔德克-卢梭1899年6月组建联合政府的目的是，保卫共和国、抵御教会势力和保守右翼的威胁，强化民主政治。为了牵制军队，镇压巴黎公社的“屠夫”之一加利费将军（General de Galliffet）被任命为国防部长，同时，为了平衡这一人事变动，社会党人亚历山大·米勒兰（Alexandre Millerand）就任贸易与工业部长。

保皇主义和民族主义阴谋家的威胁仍然存在。1899年2月戴鲁莱德在他闹剧般的企图发动政变后却被无罪开释，这只不过更加激发了他意欲推翻共和国的蠢动；同年6月，他在龙尚受到民众的热情欢迎，这更进一步鼓舞了他的斗志。1899年8月，瓦尔德克-卢梭决定对叛乱者采取行动。戴鲁莱德在8月12日黎明时被捕，而儒勒·盖兰（Jules Guérin）则躲在反犹太联盟总部的堡垒里，坚持了一个多月。叛乱者被带到参议院组成的高等法院面前接受审判，审判时间从11月持续到翌年1月，最终，戴鲁莱德被判十年流放，盖兰被判十年监禁。与此同时，右翼组织被取缔，1899年11月，奥古斯丁圣母升天会成员、反犹太天主教报纸《十字架报》的出版人被起诉。对教会的打压和对民主的申张皆体现在1901年7月通过的《社团法》（Associations）中，该法案给予除宗教团体外的所有社团法律认可，宗教团体想要继续运营则必须申请批准。

8月7日，即戴鲁莱德被捕五天前，德雷福斯一案的重审在雷恩（Rennes）开庭。9月，法庭以五票对两票再次宣判德雷福斯有罪，判决书附加了荒唐的条款，称基于“可以减轻罪行的情况”，他的判决被减为十年监禁。瓦尔德克-卢梭迫切希望德雷福斯事件就此画上句号，他劝说卢贝总统给德雷福斯一个总统特赦令。9月19日总统签发特赦令，德雷福斯接受了，尽管他仍然坚持自己是无辜的。1906年，也就是社会党领袖让·饶勒斯在众议院发起重新启动德雷福斯案三年之后，原先1894年的有罪判决被最高法院宣判撤销，德雷福斯案一锤定音。德雷福斯重返军队，并被授予荣誉勋章。他于1935年去世。然而，直到德雷福斯去世60年之后的1995年9月，法国军方才最终承认他是无辜的。

1899年6月5日，左拉在自我流放英国11个月之后回到巴黎。在左拉返回的同一天，他的题为《正义》的文章出现在《曙光报》上。文中写道，现在他可以重新踏上法国的土地，因为“真理胜利，正义最终赢得了主导”。左拉得益于1900年的特赦法令，该法令的赦免范围覆盖了德雷福斯事件相关的违法犯罪行为。然而，1902年9月，左拉却因一氧化碳中毒死于巴黎的寓所。人们曾猜测左拉之死是意外事故或自杀，但是，1953年《自由报》(*Libération*)发表了一封读者来信，称左拉是被一名反德雷福斯的激进分子谋杀的——凶手堵住了左拉房舍的烟囱（导致左拉一氧化碳中毒）。左拉死后被埋葬在蒙帕纳斯（Montparnasse）公墓，几千人参加了葬礼，包括阿尔弗雷德·德雷福斯与伯纳德·拉扎尔，以及一群吟诵着“萌芽、萌芽”[1]的矿工。德雷福斯派小说家阿纳托尔·弗朗斯在葬礼上发表了感人至深的悼词，当年，他的名字曾紧跟着左拉出现在第一批为德雷福斯请愿的知识分子名单上。

左拉去世前四个月，即1902年5月的国会选举迎来了以埃米尔·孔布（Emile Combes）为首的政府。如果说瓦尔德克-卢梭政府是忙于保卫共和政体，那么孔布政府则开启了共和主义者的主动出击。选举结果显示了一种“向左转”的趋势，与此同时，政府强硬的反教权态度亦体现在其所奉行的一系列激进政策当中。来自宗教团体的许可申请被大批否决，根据1901年的法令，未获许可的宗教团体则被解散，必要时被强制解散。1904年，另一项法令颁布，禁止任何来自宗教团体的人士从事教育，导致数千所学校关闭。孔布政府的反教权主义在1905年的教会与国家分离的法案中达到顶峰，虽然当这一提案通过时，孔布本人已因登记卡事件（affaires des fiches）丑闻而下台（见下文第35页）。

现如今，是德雷福斯派在执掌大权，他们当中的许多人是晚近才变身为德雷福斯派的。孔布政府的这些冷酷的举措在另一些德雷福斯派——比如在乔治·索雷尔和夏尔·贝玑——看来，根本上是非民主、非道德的，是投机取巧的，与他们视之为德雷福斯派价值观的真理和正义背道而驰。索雷尔与贝玑都是作为社会主义德雷福斯派介入德雷福斯运动的，他们曾热切期望德雷福斯事件为一种伦理社会主义（的实践）打下基础。结果，两人对此皆失望至极。

乔治·索雷尔、社会主义、德雷福斯事件与“德雷福斯派改革”

索雷尔，1847年出生于瑟堡（Cherbourg）天主教中产阶级家庭。索雷尔20岁出头便已开始发表哲学和历史方面的文章。19世纪90年代初期，他放弃了他作为工程师的职业，投身于马克思主义。索雷尔是法国最早出现的两份马克思主义评论——《新时代》（*L'Ere nouvelle*）和《可能的社会》（*Devenir social*）——的编委会成员，起初他在政治上接近盖德派。盖德派形成于1882年，是一批立场坚定的马克思社会主义者，他们聚集在法国工人党（Partie ouvrier français）领袖保罗·盖德（Paul Guesde）周围。（盖德领导的）法国工人党是20年后组成法国社会党的政党之一。

考虑到盖德派将德雷福斯事件视作纯粹的中产阶级内部事务，拒绝在其中支持任何一方，那么，索雷尔对德雷福斯派的支持似乎令人感到惊讶，但是，有一些原因可以解释此事。首先，索雷尔对法国军方持鄙夷的态度，这使得他倾向于同情“军事审判”的牺牲品——德雷福斯。其次，前巴黎公社社员让·阿勒曼（Jean Allemane）[2]的追随者们提出的观点令索雷尔深为折服，这个反军国主义的社会主义社团是少数挺身而出、支持德雷福斯的左翼团体之一。再次，索雷尔将德雷福斯事件看作是构建社会主义伦理的一次尝试，兹时大部分社会主义政治家秉持注重实际的机会主义思想，索雷尔希望以此为一种替代性的社会选择打下基础。他还希望这种伦理社会主义的出现可以促使盖德派放下他们对德雷福斯事件的冷漠，从而使得伦理社会主义成为德雷福斯派运动中的主导力量。因此，索雷尔将德雷福斯事件视作一场主要的政治危机，它“打破了法国政治势力的平衡，为社会主义将自身确立为民主框架内的一支自主力量提供了可能性”[3]。索雷尔所支持的米勒兰进入瓦尔德克-卢梭内阁更燃起了他的希望，他认为此举标志着法国社会主义已经从他所认为的宗派主义的孤立状态中走出来，跻身于民主政治工程之列。然而，到了 1901 年年底，索雷尔却很少乐观了。他现在料定，政府中一些愤世嫉俗的德雷福斯派分子，绑架了德雷福斯派以真理和正义为名的斗争。从伦理的角度看，他认为这场斗争已经被那些政客扭曲了，这些人一边举着他们的德雷福斯派证书，一边为了官职和个人利益不择手段、巧取豪夺。米勒兰入阁后的结果令索雷尔失望透顶，不过催生了几项微不足道的社会改革，随即而来的，却是投机分子涌现，而所谓的议会社会主义，缺乏任何的道德维度。

1900 年无限制的大赦法案（左拉因此受益）在德雷福斯阵营和反德雷福斯阵营中均激起了愤慨，因为两大阵营都希望他们的人有机会通过法庭审判证明自己无罪。左拉也抗议道，“我希望被审判，我希望去完成我的工作。”[4] 然大赦法案不仅使得德雷福斯派和反德雷福斯派一样失去了为自身辩护的机会，而且他们还得忍气吞声地看着他们认为有罪的敌人逍遥法外。并非只有索雷尔一人对于政府的机会主义和懦弱感到失望，比如，克莱蒙梭曾于 1899 年 11 月 17 日在《曙光报》撰文指出，“瓦尔德克-卢梭政府的部长们成了盗贼的同伙……他们无限拖延、拒绝有勇气和担当地行事，这就是他们所谓的治理法兰西”。[5]

索雷尔还对 1899 年判处戴鲁莱德 10 年流放一事深感忧虑，在他看来，用于给戴鲁莱德定罪的证据非常不充分。更有甚者，听闻瓦尔德克-卢梭为了加强案件起诉的效果，秘密指使人杜撰了一份报告，罗列了一些必须逮捕被告的理由，并将日期倒填至部长委员会批准逮捕之前，索雷尔深以为耻。然而，公然滥用权力最甚者，要数导致孔布辞职的登记卡事件。作为监视军方动静之计划的一部分，孔布政府开始用卡片“登记”（*fiches*）军官的政治背景。到1904年这一丑闻被披露时，短短三年时间里政府已经累计创建了两万多张卡片。最后，索雷尔把1906年7月最高法院撤销1894年的判决视作新当选的政府对司法施压的结果。到了1909年，索雷尔彻底失望了。他现在不仅鄙视“德雷福斯派”政府的不齿行径——这些人甚至诉诸于那些曾经用来针对德雷福斯的卑鄙手段——而且，他否定了他曾经参与的解放德雷福斯的运动，发表了一篇激烈的、充满愤慨的陈述，将这场运动称作一个不光彩的传奇（见下文第46—47页）。

夏尔·贝玑、社会主义者、德雷福斯事件与“德雷福斯派革命”

夏尔·贝玑1873年出生于奥尔良（Orléans）一个普通的家庭，1894年进入高等师范学院（Ecole normale supérieure）学习。1895年，在让·饶勒斯、德国问题专家夏尔·安德莱（Charles Andler）以及学院图书馆不屈不挠的馆长吕西安·埃尔（Lucien Herr）的影响下，贝玑称自己为一名社会主义者。从1897年开始，他成为《社会主义评论》（*Revue socialiste*）的撰稿人，第二年，他开了一家社会主义书店，位于巴黎拉丁区的核心地带古佳街（rue Cujas），名为贝莱丝书店（Librairie Bellais）。同许多其他的知识分子一样，贝玑将他投身德雷福斯派运动的起因归结于吕西安·埃尔。贝玑介入德雷福斯事件始于1898年，《我控诉》一文见报之后，贝玑立即拜访了左拉，在呼吁重审德雷福斯案件的请愿书上签名，不久后又在吁请议会保障公民合法权益、保护公民免遭任意审判的联名书上签名。1898—1899年间，贝莱丝书店是拉丁区德雷福斯派的大本营，许多声援德雷福斯的抗议与反抗议活动正是在这里谋划的。这些示威活动通常由贝玑本人领导，以他的著名的“一定会胜利！一定会胜利！”（Ça ira! Ça ira!）为口号。

当贝玑义无反顾地投入到支持德雷福斯的运动中时，他也确曾因为许多社会主义者不情愿支持这一事业而感到沮丧。早在1898年1月21日《曙光报》刊登的他的一篇文章中，贝玑就将大多数社会主义领导人对此事的回避态度与其他行业的人们——尤其是知识分子——的责任感进行对比。就在1898年1月埃斯特哈奇被无罪开释后，贝玑公开指陈“独立社会主义者”米勒兰为声名狼藉的反德雷福斯派报纸《闪电报》著文。2月，可能同样是针对米勒兰，贝玑在《发展报》（*L'Essor*）上抨击了那些自称社会主义者的人只是为了攫取个人的、政治的利益。

除了让·阿勒曼反军国主义、反议会的追随者们，其他各种各样的社会主义团体、人士，包括未来的社会党领袖让·饶勒斯，均在支持德雷福斯的行动中姗姗来迟。1894年，饶勒斯与大众一样，对“叛国者”德雷福斯怀着憎恨的情感，而且，就在德雷福斯的第一次审判过后，饶勒斯声称普通士兵们在大众的漠然中被处决，因而他呼吁（同样）处死上尉德雷福斯，此举导致他本人被驱逐出众议院。在许多工人和社会主义者眼中，因为其阶级、职业和种族，德雷福斯的遭遇是他们关注范围以外的事情。有人认为，劳工阶级在受苦受难，为什么社会主义者和工人们要操心一位中产阶级敌人的困境呢？尤其此人还是一名军官。尽管法兰西军队在一些社会阶层中享有尊荣，但许多工人对他们的看法却不然。难道军队不是用来镇压劳工阶层的抗议和暴动的吗？德雷福斯会拒绝向工人们开枪吗？更糟糕的是，他还是一名犹太人，如前所述，犹太人在劳工阶层的圈子里基本上等同于资本家和银行家。无怪乎当时许多人将德雷福斯事件看作一个阶级议题，或者如一本劳工总联盟（CGT）分发的小册子上所说的，是“犹太人和基督徒之间的斗争”[6]。无论是哪种性质的问题，在当时绝大多数的世俗社会主义者看来，这是与他们毫不相干的斗争。

尽管在左拉的公开信发表的时候，饶勒斯已被吕西安·埃尔说服，相信了德雷福斯是无辜的，但是他拒绝在这一问题上公开立场。1898年1月13日，身为社会主义者的议员，包括饶勒斯、盖德和米勒兰会面，讨论鉴于《我控诉》一文，他们应该对德雷福斯事件采取何种立场。米勒兰与其他人因担心使选民疏远而不愿公开立场、支持德雷福斯；盖德称《我控诉》是他一生中所经历的最具革命性的一幕，然而这并不能阻止他支持一项声明。这项声明由饶勒斯主笔，社会主义的领导人物，包括饶勒斯、米勒兰与马塞尔·桑巴（Marcel Sembat）联名签署。声明将德雷福斯事件描述为“中产阶级、机会主义者与教权主义者两个敌对派系之间的战场”，它指出，“在中产阶级的两个敌对派之间骤然爆发的这场斗争里，一切都是虚伪的，一切都是谎言。工友们，不要加入这场中产阶级内战的任何一派。”[7] 尽管饶勒斯随后在左拉受审时出庭作证，但直到 1898 年 5 月议会选举结束，他和盖德两人皆丢掉议会席位，不再受制于选举的他才开始满腔热忱地投身于德雷福斯阵营。饶勒斯每日忙着在《小共和国报》上发表文章，随后这些文章经收集、整理，以《证据》（*Les Preuves*）为名出版。

对贝玑而言，社会主义本质上是一个道德问题，他的社会主义理念与许多社会主义议员的实用主义以及其他社会主义者的教条主义、反军国主义并不相谐。在贝玑看来，德雷福斯是无辜的，他是一个中产阶级军官的事实无关紧要；他是被国家机关所犯下的罪行侵害的人、是谎言的牺牲品。在这一点上，盖德与贝玑不同。虽然私下里也相信德雷福斯的无辜，但盖德绝对拒绝修正他对于私有财产之不公正的教条式抨击，或放弃他对于以社会主义取代资本主义之进程的执着——只有这一历史进程达成了，呼吁德雷福斯案重审之类的事才有存在的空间。正如他 1898 年 7 月所写的，

> 让这些中产阶级文人和政客为一个军队上尉是有罪还是无辜争吵不休吧……或者让他们在祖国、法律、正义和其他词汇的名义下分裂吧！只要资本主义制度存在，这些词汇就是无稽之谈。工人们决不要卷入这场不属于他们的斗争中。[8]

然而，贝玑并不赞同阿勒曼派所主张的暴力反军国主义。贝玑是爱国者，坚信军队必须直面民众的怀疑，因而也必须勇于承认其错误，但它还应当避免使自己卷入政治。“对于贝玑而言，为德雷福斯而战，也是为共和国而战，为执政权力免受军事干涉而战，为法治而战。”[9]

1900 年 1 月，贝玑创办《半月刊》（*Cahiers de la quinzaine*），一份隔周发行的、致力于真理和正义的刊物。贝玑在首期《半月刊》上抨击盖德派庸俗马克思主义的肤浅，提出了他所坚信的伦理社会主义的主张。这一时期，他与饶勒斯仍然关系密切，尽管后者投票赞同对社会主义的报刊实施管控——公然不顾他对真理的追求，以及他对自由表达的强烈信念——这或多或少令他感到不安。贝玑相信，他与饶勒斯都致力于反宗派主义、人道主义以及伦理社会主义。毕竟，正是这种道德维度的社会主义引导贝玑成为一个坚定的德雷福斯派，因此在他看来，同样是这种道德的确定性引导饶勒斯采取同样的立场（稍晚于贝玑），尽管这使得饶勒斯一开始在他的社会主义议员同僚中倍觉孤立。贝玑与饶勒斯都认为，对德雷福斯所做的一切违背了《人权宣言》。如此，在维护德雷福斯的同时，他们也在捍卫着 1789 年大革命的精神与传统。

虽然起初瓦尔德克-卢梭政府的成立令贝玑欢欣鼓舞，然而，他很快就表达了他对新任政府之种种举措的忧虑，后者在社会主义者支持下颁布的一系列反教会的政策，被他抨击为：专横的世俗主义对独断的教权主义的替代。与此同时，政府部门的高压和集权的倾向也令他感到担忧。1901 年，特赦法令（见第 32 页）颁布一年后，贝玑在《半月刊》上发表名为《论理性》（*De la raison*）的文章。这篇文章是“给胜利者的一个严重警告”，给他那些近来处在战斗中的同志（德雷福斯派）的严重警告，“我们不能对我们的敌人做我们拒绝让他们对我们做的事。让我们保持对理性的忠诚”。[10]

1902 年的选举迎来了孔布政府，饶勒斯也再次当选为议员，并奠定了他议会中左派领袖的地位。饶勒斯积极支持孔布的反教会运动，对贝玑而言，针对教会的这些举措是一个虚假的解决方案，这些举措不是为了争取自由，而是增加政府权力。另外，贝玑同索雷尔一样，对许多社会主义者之言行不一非常不满，对这些自称社会主义者的人、利用社会主义事业为个人之营生谋利的做派不满。许多刊登在社会主义报刊上的文章洋洋自得的必胜心态也令他深感不安。

贝玑与饶勒斯之间的友谊，使贝玑在对于法国社会主义之理想幻灭中又遭受了一记重创。1899 年 10 月贝玑曾写了一篇文章称颂饶勒斯，刊登在 1900 年 2 月的《半月刊》上，文章称饶勒斯是杰出的演说家、出色的辩论家、逻辑慎密的人、没有私怨且极度慷慨的人。然而，自 1899 年底开始，饶勒斯以维护社会主义阵营团结的名义对盖德派做出让步，且支持 1900 年的大赦法案，意味着那些贝玑眼中的德雷福斯事件恶棍，诸如梅西埃将军等，得以逍遥法外。饶勒斯的这些举动，在贝玑这位毫不退缩的道德家眼中，是一种机会主义的妥协。

从 1902 年开始，贝玑对饶勒斯越来越不满，因为饶勒斯支持孔布政府的反教会措施，为孔布政府在“登记卡事件”中的行为背书，更为稀松平常的是，饶勒斯心甘情愿地将自身卷入贝玑所认为的肮脏的议会阴谋中。饶勒斯逐渐成了孔布的“灰衣主教”[①]，1903 年他当选众议院的副议长。对贝玑而言，饶勒斯已经毫无疑问地背叛了他早年的理想。饶勒斯是有罪的，他背叛了崇高的德雷福斯派的事业，正如其他任何机会主义的、非道德的“社会主义”政客一样，他也不配被称为社会主义者。

社会主义、民族主义、国际主义和新的战争威胁？

1905 年是法国各类社会主义团体和党派最终联合在一起、成立工人国际法国支部（Section française de l'Internationale ouvrière，简称 SFIO）的一年，也是法国实行政府和教会分离的一年，同样是这一年，举国上下纷纷在议论与东部邻国再次开战的可能性。自从 1870 年战败以来，一种对于德国的紧张不安感盘桓在法国人的心里。比如，围绕德雷

① “灰衣主教”原指法国红衣主教黎塞留（首相）的心腹约瑟夫神父，后来泛指权倾朝野的人背后的亲信。——译者注

福斯事件涌现的关于德国间谍的偏执妄想症就是明显的例证。一些人士仍然梦想着报仇雪耻的神话，梦想着夺回被兼并的阿尔萨斯-洛林地区，虽然缺乏任何必需的政治意愿或军事决心来实现这一梦想。殖民扩张看来是在不触犯德意志的前提下巩固法兰西地位的一种选择，但又导致了与英国的紧张关系，尤其是在非洲。这个难题在 1904 年的《英法协约》（Entente Cordiale）中得到解决，除其他事项外，法国承认英国在埃及的特权，而英国也承认法国在摩洛哥的特权。第二年，德国正好将《英法协约》当作一项非正式的盎格鲁-法兰西的结盟，迅速利用法国盟友俄国被日本击败的时机从中谋利。3 月，（德皇）恺撒访问摩洛哥并宣布支持摩洛哥独立，与此同时，德国政府开始散布一些有关战争可能会爆发的暗示。1906 年（关于摩洛哥的）冲突得到解决，英国、俄国、意大利和美国均对法国在摩洛哥的特权势力表示支持，紧张局势至少暂时得到缓和。然而，这一事件足以触发法国民众对于德意志军国主义再度卷土重来的恐慌。

"法兰西行动"的崛起

法德之间日益升温的紧张局势，助长了民族主义团体的支持率，尤其是"法兰西行动"。正如第一章所述，1898 年 8 月亨利上校自杀之后，兹时已成为法兰西行动领导人物的夏尔·莫拉斯，高呼亨利上校伪造证据是真正的爱国者行为，一时间声名鹊起。1899 年 1 月，莫拉斯会见了亨利·沃儒瓦（Henri Vaugeois）与莫里斯·普乔（Maurice Pujo），沃儒瓦是一名前哲学教师，皮诺是法兰西行动委员会的共同创始人，一位业余文艺爱好者。1899 年 6 月，沃儒瓦宣布"法兰西行动"成立。次月，双月刊《法兰西行动简报》首期发行，随后更名为《法兰西行动评论》（*Revue de l'Action française*）。1908 年 3 月 21 日，《法兰西行动》（*Action française*）日报首期发售。刊期、形式或者标题可能有变化，但其所表达的反德雷福斯的要旨——诸如反犹主义、反议会主义以及右翼法国传统民族主义——没有改变。

德雷福斯事件使得莫拉斯更加确信，法兰西“外国人”的比例已经高到他认为不可接受的程度，法兰西在道德上与政治上都腐化了，重建君主制是她唯一的拯救之道。莫拉斯称，只有君主制，国家利益的唯一代表，才能平衡各个敌对派系之间的争端。只有在开明、公正的君主治下，国家才能开始清理自身的缺陷和弱点，恢复她往昔的荣光。

到1899年为止，莫拉斯已经公开宣扬了他的保皇主义立场的主要纲领。正是因为莫拉斯，“法兰西行动”开始调和右翼民族主义者的民粹主义与传统保皇派的精英主义。起初，在19世纪末，“法兰西行动”只是一个从人数上看无足轻重、且在很大程度上与政治无关的组织；然而到1906年，它奠定了自身作为右翼民族主义之主导力量的地位。它的戏剧性的际遇转换原因何在?

首先，“法兰西行动”有一小群相对年轻的激进派作为它的核心人物，这些人因教条的爱国主义而团结在一起，蔑视议会民主制与自由的个人主义，共同致力于维护传统的、保守的价值观和等级秩序。1902年右翼势力在选举中落败，他们当中的一群人从中认定“爱国的民族主义”右翼需要一个新的组织、新的行动方式、新的主张以及新的领导人，需要提出新的、具有凝聚性的纲领。其次，在教会先后受到瓦尔德克-卢梭政府以及孔布政府打压的情况下，“法兰西行动”开始吸引天主教统治阶层（包括三大枢机主教）以及奥古斯丁圣母升天会的《十字架报》的支持。此外，越来越多天主教的普通会众也被吸引到“法兰西行动”中来。虽然和巴雷斯一样，莫里斯也不是天主教徒，但他和巴雷斯一样拥护天主教，因为在他看来天主教是传统法兰西不可或缺的组成部分。而且，天主教等级森严的、教条主义的体性，完美地契合了莫拉斯的保皇主义立世处事的法则。再次，相比左派阵营的国际主义与反军国主义，“法兰西行动”激进的、毫不妥协的民族主义立场吸引了大批对德意志军国主义感到不安的民众。最后，大批民族主义社团解散或被取缔，莫拉斯与他的“法兰西行动”刚好填补了右翼势力团体留下的空白。诚然，巴雷斯而今还健在，但属于这位传统右翼大佬的荣光已不复当初。

1905年，“法兰西行动”举行了一系列公共集会，紧接着，正式组建“法兰西行动联盟”，以便募集资金，兼为《法兰西行动评论》招徕更多的订阅用户。第二年，联盟创办了自己的学院，围绕它的新保皇主义教条的方方面面开设课程。1908年，“法兰西行动”的先锋组织——“保皇队”（Camelots du roi）成立。很快，“法兰西行动”成立了遍及全法的分支机构，仅1909年就组建了65个分部。保皇主义者们粗暴地干扰大学里犹太籍或其他“不受欢迎”的教授的讲课，挑起与共和国警察的街头冲突，并时不时地展示他们的武力。成员的年轻化既凸现了“法兰西行动”的新锐性和阳刚之气，也强化了他们的执行力，而他们反共和主义的宣传更是吸引了那些对第三共和国的政治手法感到失望的人们。由此，正是在第一次世界大战之前的这几年间，莫拉斯的“法兰西行动”顺利地巩固了它在法国右翼势力中的霸权地位。

有一个人莫拉斯未能争取到，他就是莫里斯·巴雷斯。1900年，莫拉斯写作完成《君主政体探究》（*Enquête sur la monarchie*），提出可以像论证数学定理一样，论证君主制的必要性，声称民主制必将受到历史、科学和理性的谴责。而巴雷斯则拒绝把君主制当作民族主义的解决方案，他认为，法兰西的历史应该被视作一个整体。每一个历史阶段——包括大革命的传统、拿破仑时代，都是合理的存在，都在法兰西的民族遗产中拥有它的位置。无论巴雷斯多么讨厌第三共和国的制度与政治实践，他都不是反共和的。例如，在1904年他曾写道：“我热爱共和国——但是，是一个武力强大的、充满荣耀的、组织有序的共和国。”[11]相反，莫拉斯将1789年大革命与共和制传统视作法国所有弊病的根源，他认为，1789年的大革命使法国脱离了她的正道，引发了道德、社会与政治的腐化，只有恢复君主制才能反转颓势。“如果你决心做一个爱国者，你就有义务成为一名保皇主义者。这是一个理智的问题。”[12]莫拉斯的超凡之处在于，他将民族主义与反对大革命传统相融合，创造了一种新的保皇主义民族主义，以具有凝聚性的教义为支撑，使“法兰西行动”卓然立于早期右翼民族主义联盟和团体之上。

贝玑的民族主义

在德雷福斯事件期间，贝玑总在强调德雷福斯派才是真正的爱国者，因为反德雷福斯派的行径背离了“真正的”法兰西的价值观。正如他1898年10月写给奥尔良一家反德雷福斯派报纸的编辑之信中所言，“您含沙射影地指陈我们不是爱国者，可事实上，正是我们才堪称爱国者，因为我们不愿让自己的祖国因这件丑闻而蒙羞”。[13] 1905年10月，贝玑发表了他自7月即开始撰写的《我们的祖国》（*Notre patrie*），在文中贝玑就自己非常关切的、新的战争威胁予以回应。此文也是贝玑对《他们的祖国》（*Leur patrie*）一文的回应。《他们的祖国》一文是社会主义者古斯塔夫·爱尔威（Gustave Hervé）当年早些时候发表的。爱尔威是新成立的工人国际法国支部SFIO（Section française de l'Internationale ouvrière）的成员，也是《社会战争报》（*La Guerre Sociale*）的创办人。他虽然是一个狂热的反军国主义者，但总也还接受自卫战争的观念。然而，自1905年开始，他的立场变得更为极端。他开始鼓吹一种基于阶级差异的、激进的反爱国主义，他警告说，任何官方层面的战争号令都会引发预备役军人的大规模罢工。两个敌对的资本主义国家之间的战争，与工人阶级无关，只有阶级之间的战争才是可以被接受的战争。

贝玑不否认爱尔威关于共和政府治下工人权利非常之少的观点，然而无论如何他认为，尽管有各种各样的弊病，法兰西共和国作为自由的堡垒必须得到捍卫，那在必要时，就必须抗击德意志军国主义和帝国主义。像爱尔威所鼓吹的那样，拒绝保卫法兰西的战斗，弃她于莱茵河对岸强敌的蹂躏之下而不顾，这是纯粹的叛国行径。贝玑指责爱尔威是叛国者，然而，饶勒斯却顾忌到爱尔威的观点在部分劳工阶级和其他社会主义同仁当中的影响力，拒绝考虑将他驱逐出工人国际法国支部，而是与他保持沟通。在贝玑眼中，这是饶勒斯机会主义的另一个例证，对于二人之间渐趋淡漠的友谊而言，饶勒斯的行为无异于在埋葬他们友谊的棺材上又钉了一颗长钉。

然而，贝玑的民族主义与莫拉斯以及右翼的民族主义绝不可相混淆。贝玑始终自称是共和社会主义者，致力于法国的革命传统。因此，尽管他写的关于法国历史之连续性的文章包括有关“旧制度”（*Ancien Régime*）的内容，但是对于莫拉斯极为珍视的大革命前的秩序他一直持批判的态度，即使他本人也承认第三共和国的实践与他的理想相去甚远。正如埃里克·卡恩所写：

> 总而言之，可以肯定的是，尽管对于“旧制度”有那么一丝半缕的怀旧，这种怀旧也被贝玑对于君主制下的中央集权的无情解剖所抵消，尽管一种“左翼”沙文主义——毫无疑问还是沙文主义——的印迹十分明显，然而，《我们的祖国》及其《续篇》（*Les Suites*）仍然是一种左翼民族主义、革命民族主义的声明，即便贝玑早已开始挖掘“革命”本身的内涵。[14]

1910年1月，贝玑出版了《贞德善行之谜》（*Le Mystère de la charité de Jeanne d'Arc*）对于莫拉斯、德律蒙，尤其是巴雷斯而言，此举无异于引发了一场海啸。这可是贝玑，纯粹的德雷福斯派的象征，他显然创作了一部饱含着基督教情感的书，拥抱右翼民族主义的旗帜。巴雷斯，这位视天主教为传统法兰西之基石的捍卫者、热衷于鼓动民族情感的人，2月即在《巴黎回声报》（*L'Echo de Paris*）发表文章，称赞贝玑终于回归了他那些奥尔良的农夫祖先们的信仰。声名卓著的巴雷斯极力称颂贝玑的文章，此事以及随之而来的相关宣传，对于贝玑之文学声名日盛起了不容小觑的作用。3月，反犹太主义的权威德律蒙贡献了一篇称赞贝玑作品的文章，当月又在《法兰西行动日报》上发表另一篇文章，对贝玑本人不吝溢美之辞，呼吁贝玑弃绝他那德雷福斯主义的青年时代。4月，同样是《法兰西行动日报》上又刊登了索雷尔的文章，索雷尔与贝玑一样反感德雷福斯派当权者的行为，尤其是饶勒斯。此时的索雷尔对他曾经参与的、革命的工团主义运动已不抱幻想，并已向右翼的法兰西

行动靠拢，因此，他希望贝玑能够像他一样，与其德雷福斯派的过往决裂。（见下文第 46—47 页）

然而，对贝玑的赞誉并不仅仅来自于民族主义者、右翼保皇主义者或者像索雷尔这样感到幻灭的德雷福斯派分子。1909 年，安德烈·纪德与一小群有抱负的作家同仁创办《新法兰西评论》（*La Nouvelle Revue française*），这本杂志此后成为法国 20 世纪最重要的文学评论。从创刊之日起，《新法兰西评论》即拒绝卷入政治，事实上，它也坚持了文学与政治的分离。比如，1910 年，纪德写道：“政治无疑正在咄咄逼人地压向我们。但是政治在一个维度上发展，而文学在另一个维度。”[15] 纪德对贝玑的文章印象深刻，买了几十份载有贝玑文章的报纸分送给自己的朋友。有一点是纪德领悟到了，而巴雷斯及其他右派没明白、不能明白、也永远不会意识到的，即贝玑的基督教不是那个将把他带向威权、等级制之轨道的天主教会，相反，贝玑拒绝那种安静的、自我满足的、消极的、令人窒息的基督教，他的文章呼吁一种积极的、激进的基督教。

1910 年，夏尔·贝玑还出版了《我们的青春》（*Notre jeuness*），书中是他对德雷福斯事件的回忆，以及对最初纯洁的德雷福斯运动如何被其后的政治化玷污的强烈批判。《我们的青春》在某种程度上是对达尼埃尔·阿莱维（Daniel Halévy）有关回忆文章（贝玑在 1910 年 4 月的《半月刊》上刊登）的回应，某种程度上也是对 1909 年发表的索雷尔的《德雷福斯式革命》（*La Révolution dreyfusienne*）的回应。最重要的是，自《贞德善行之谜》出版后，右翼民族主义者试图将贝玑纳入他们的阵营，贝玑的文章对此做出了强有力的回绝。

贝玑、达尼埃尔·阿莱维和索雷尔对德雷福斯事件的看法

达尼埃尔·阿莱维是哲学家、历史学家埃利·阿莱维（Elie Halévy）的弟弟，他与马赛尔·普鲁斯特（Marcel Proust）是朋友，并和后者及其他同仁一起创办了文学评论月刊《会饮》（*Le Banquet*）。他是最早将德国哲学家弗里德里希·尼采（Friedrich Nietzsche）的作品翻译成法文

的译者。与巴黎许多其他的知识分子一样，阿莱维因为受吕西安·埃尔观点的影响成为一名德雷福斯派。阿莱维作为德雷福斯派的首次公开行为是在第一份声援德雷福斯的请愿书（刊于《曙光报》）上签名，随后他积极地投入搜集其他签名的工作。他相信德雷福斯的无辜，也十分崇拜左拉，但他至少在一定程度上是把德雷福斯运动当作抗议政客和媒体蛊惑大众的有力途径，同时也是教育大众的机会。他出席了 1898 年人权联盟（Ligue des droits de l'homme）的成立大会，联盟的宗旨与他本人为个体权利及自由而奋斗的理想相契。次年，他又找到了另外一条途径践行他教育大众的理念，即加入新组建的人民大学（universités populaires）。

1907 年，贝玑约请阿莱维就德雷福斯事件为《半月刊》撰写一篇文章，1910 年 4 月，阿莱维的文章《为我们的过去申辩》（'Apologie pour notre passé'）终于出现在杂志上。阿莱维在文章中对事件的经过做了历史性的研究，并回顾了其本人参与德雷福斯运动的经历。作为一个开明的保守派，阿莱维坦言，他曾对那些激进的德雷福斯派同仁的观点感到忧虑。此外，他感到遗憾的是，他以及德雷福斯阵营的其他开明右派没能够更有效地表达他们自己的政治主张和观点。而且，与贝玑和索雷尔一样，阿莱维对于那些德雷福斯派分子在后期想方设法进入政府、钻营权力的行为深感不安。虽然贝玑同意刊载阿莱维的这篇文章，但是他不喜欢后者文章中那种不冷不热、吞吞吐吐的腔调。因此，贝玑再次在《半月刊》上发表了他自己为支持德雷福斯运动激烈辩护的文章，同时也谴责了德雷福斯派后期的堕落。

贝玑的文章同样反驳了索雷尔发表于 1909 年的《德雷福斯式革命》。索雷尔同阿莱维一样，极度失望于当权德雷福斯派扭曲了这场运动的正直性，他真正将阿莱维的文章视为"文学杰作"，称其是"我们当代历史最重要的文献之一"[16]。借用约瑟夫·雷纳克（Joseph Reinach）《德雷福斯事件史》（*Histoire de l'affaire Dreyfus*，1908 年）的视点重新审视最初的德雷福斯运动，索雷尔此时彻底否认了他早期投身的事业，并用最严厉的词汇描述德雷福斯运动。例如，他将左拉形容成"令人尴尬的"、

"小肚鸡肠的"和"那个时代的滑稽可笑的典型"。[17]以苛刻的眼光回溯德雷福斯事件，他苦涩地总结道，德雷福斯派分子无一例外的是平庸的个体，整个事件不过是中产阶级用以钳制政府的一个手段。曾经对索雷尔而言标志着民主制度之胜利的"德雷福斯革命"，如今对他来说不过是哗众取宠的代名词，意味着腐败的、追逐私利的政客规则以及取消工人阶级动员的手段。正如他 1908 年曾经写文章说，"经验告诉我们……民主制能有效地阻挡社会主义的步伐——通过把工人阶级的思想导向一种受政府控制的工联主义。"[18]距离 1898 年索雷尔加入德雷福斯运动时所怀抱的高期望和有操守的理想，确实还有很远的路。

不同于阿莱维和索雷尔，贝玑的文章是对他过去所投身的德雷福斯事业的热情肯定。他不同意阿莱维对德雷福斯运动或那些参与其中的人的看法。他写道："我得承认，在阿莱维描绘的德雷福斯派肖像中，我一点儿也没有认出我自己。"[19]不同于阿莱维，贝玑对自己早先投身的事业没有遗憾或持保留意见；事实上，他以此为荣。他没有背叛他早年的理想，远没有如此。在他看来，是那些现在掌权的人玷污了这场运动的纯洁性，他们才是背叛者。他还对阿莱维的"德雷福斯主义的幽灵"提出异议，拒绝承认其存在，更否认阿莱维所称的、德雷福斯运动原初的"不朽"是拜其所赐。

贝玑近期转向宗教的趋势也明显影响了他的文章。例如，他坚持原初运动的精神纯洁性，据他所言，那是犹太教、基督教以及法兰西神秘主义的极点。这种阐释，连同他对德雷福斯派运动变质、堕落为一种功利主义与机会主义的政治活动的描述，是《我们的青春》的两大主题。正如他所说："一切开始于神秘主义，而终结于政治。"[20]

在《我们的青春》中，最突出的英雄人物是伯纳德·拉扎尔，贝玑称赞他是"一个卓越的人""犹太人当中乃至全世界最伟大的传道者之一"。[21]他是这样的一个人：对真理与正义的忠诚和承诺不因名利的诱惑而动摇、妥协或变质；因为拒绝以权宜取代正义，他甚至抗议法兰西最高法院 1906 年撤销了对德雷福斯的有罪判决。拉扎尔认为，无论得经过多少次庭审，德雷福斯必须是被宣判无罪，而不是被“赦免”。然而拉扎尔，这位贝玑眼中的德雷福斯事件英雄，1903 年在贫困、孤独中去世，被大多数人遗忘，他的葬礼只有几百名悼念者参加；而那些为害者，那些所谓的德雷福斯政客，而今他们手中掌握着权力，却继续背叛拉扎尔躬体力行的德雷福斯派精神。这些卑鄙之人的所作所为，不仅悍然不顾德雷福斯派的精神，更是与他们本应遵循的、最基本的法律体制相矛盾。

贝玑的愤怒主要指向他昔日的朋友让·饶勒斯。得益于他的政治能量、雄辩的口才以及他作为议员的权力，饶勒斯成为“共和国真正的主宰”。正是饶勒斯，独自将他的专横与统治强加于这个国家；正是饶勒斯，被贝玑斥之为反爱国主义、反基督教者；也正是饶勒斯，这位昔日曾经投身为德雷福斯声张正义之运动的人，如今却通过他卑鄙的政治手腕，玷污德雷福斯事业的纯洁性与本真性。

也许有人会质疑贝玑关于德雷福斯运动和早期德雷福斯派的浪漫的神秘主义观点。他们终究不是贝玑所想象的那种灵魂纯洁的人。相反，他们完全是异质纷呈的人群，为各种各样的动机驱使而集结在一起。但是，没有人会怀疑贝玑捍卫他的过去的热切之心，通过重申他的德雷福斯派和共和派的“资质”，他同时也回绝了右翼民族主义者试图将他拉入己方阵营的诉求。也许贝玑与巴雷斯同样鄙视第三共和国的政客们，然而对于巴雷斯而言，法兰西被饶勒斯及其他人威胁，因为这帮人是政治上的左派，而贝玑则剑指政客们的腐化、专制以及蛊惑民心。如德律蒙所称，贝玑也不是“一名前德雷福斯派”。不同于索雷尔和阿莱维，贝玑始终自豪地做一名绝不妥协、绝不后悔的德雷福斯派。

知识分子与祖国保卫战（défence de la patrie）

1905—1914 年间，战争的问题主导了政界。法德之间敌对升级，面对日益逼近的战争威胁，工人国际法国支部的社会主义者们对于时局的主张产生了分歧，有三种主要的派别。首先是盖德派，他们宣称任何单纯“反战”的政策都是无意义的、危险的。他们认为，战争是资本主义不可或缺的一部分，因此，唯一可以消除战争的途径就是为推翻资本主义而奋斗。其次是以古斯塔夫·爱尔威为代表的“革命的反爱国”潮流。这股趋势由工人阶级中日益滋长的反军国主义所激发，更因法国政府动用军队镇压罢工达到白热化。如前所述，爱尔威主张通过预备役军人罢工与工人起义来反对任何的宣战行为。第三种主张是饶勒斯提出来的。饶勒斯同意盖德派关于资本主义内里包含着战争之萌芽的观点；但是，他主张无产阶级可以、也应当利用人数上的优势来阻止战争。

1907 年，在斯图加特举行的第二国际代表大会全体一致通过了一项提议，声明社会主义者应当“用一切他们认为最适当的手段阻止战争”。1914 年 7 月 14 日，工人国际法国支部全国代表大会投票决定，一旦宣战，则必须在同一时间、在所有交战国家组织工人总罢工。1914 年 7 月 28 日，距萨拉热窝弗朗茨·费迪南大公（Archduke Franz-Ferdinand）遇刺一个月之后，奥地利对塞尔维亚宣战。8 月 3 日，德国对法国宣战。8 月 4 日，德国入侵中立国比利时，英国决定加入俄法联盟，共同抵抗德国和中欧的势力。于是，一场前所未有的、最血腥、最具毁灭性的战争拉开了帷幕。然而，饶勒斯面对战争的爆发会采取何种反应我们永远不会确切知道了。7 月 31 日，也就是法国参战的几天前，他在巴黎被一个民族主义狂热分子拉乌尔·维兰（Raoul Villain）暗杀。

神圣联盟（The union sacrée）

如前所述，从 19 世纪 90 年代以来，法兰西一直因紧张的意识形态及政治上的冲突而四分五裂，这使得共和国的支持者和反对者彼此对立，也使得左右两派的激进分子相互争斗。这些争吵往往伴随着极端的情感，偶尔也诉诸暴力。然而，一旦战争爆发，这些各式各样的主角们立即摒弃异见，在“神圣联盟”的大旗下集结于保卫祖国的事业。罗曼·罗兰（少数几位将起来反对战争的知识分子之一），在他 8 月 5—7 日的日记中写道，现在是众口一词地支持战争——甚至在那些天主教徒与社会主义者当中也不例外，尽管他们有充分的、基于道德或者意识形态的理由反对战争。[22] “神圣联盟”一词是法兰西共和国总统雷蒙·普安卡雷（Raymond Poincaré）创造的，8 月 4 日，即战争爆发的第二天，总统在面对群情激昂的众议院发表演讲时称：“战争已经开始，法兰西……所有的儿女都会英勇地保卫她，面对敌人，这一抗战的神圣联盟将牢不可破……”[23]

简而言之，“神圣联盟”意味着各类个人和团体为着保卫国家而进行的一轮集结，或一次聚会。因此，联盟的黏合剂是爱国主义。“神圣联盟”代表了一种普遍被接受的共识，即个体之于其所在的民族共同体——如今再度遭受来自境外的威胁——的从属关系，优先于个体之于其他特殊领域的或地方性的从属，不管这种从属是政治性的，还是意识形态性的或精神性的。有一种普遍的看法是，法兰西再度充当了好斗的德意志民族的牺牲品，这种认识强化了这类爱国的情感。正如众议院议长保罗·德夏内尔（Paul Deschanel）1914 年 8 月 4 日在提及国内政治分歧时宣称，“现在还有反对者吗？没有，这里只有法兰西公民”。[24]

对绝大多数人来说，保卫国家的号召不会带来政治或意识形态问题。但政府为了防止出现任何可能的倒戈，仍然采取了一些行动。比如，1914 年 8 月 2 日，政府因为急于确保得到教会及其会众的支持，撤消了宗教组织必须经过申请才能注册的法令。然而，教会并没有忘记瓦尔德克-卢梭政府、特别是孔布政府时期通过的所有反宗教的法令，教会强调，他们对卫国战争的支持不应当被遗忘。1914 年 10 月 24 日，卡农·普兰（Canon Poulin）在巴黎的圣心大教堂（Sacré Cœur）宣称，

> 我们响应祖国团结的号召集结在一起，然而并不是完全没有惊恐战栗，我们犹记着那些施加于自身的伤害。但至少，我们慷慨赴约，别无所图。我相信，胜利的那一天，这一切将会被铭记。[25]

现在工人们的活动大多数情况下也是围绕着保卫祖国的事业，尽管 8 月份之前他们曾威胁要以大规模的罢工来回应宣战。饶勒斯去世了，盖

德病了，爱德华·韦朗（Edouard Vaillant），巴黎公社元老，确立了他在社会主义阵营中的领导地位。8月2日，他宣布，面对外敌入侵，社会主义者将承担起他们对于祖国、共和国以及国际社会的责任。至于保卫国家和国际事业之间可能出现的冲突，并没有被提及。两天后，莱昂·儒奥（Léon Jouhaux），劳工总联合会的领导人，在饶勒斯的葬礼上承诺支持保卫祖国。同一天，工人国际法国支部的议会小组投票支持战时信贷，支持紧急状态法令，支持限制言论与集会自由。爱尔威，这位从前激进的反军国主义者、反爱国主义者，从1912年开始即主张法德和解的人，而今他声称自己是最坚定的爱国者。到了月底，社会主义者的高级领导盖德与马塞尔·桑巴加入政府部门。现在，几乎所有的社会主义派别都支持抗击德国侵略者的战争，并声称战争的胜利将意味着和平的胜利、社会主义的胜利。尽管如此，还是有一小部分聚集在《工人生活》（*La Vie ouvriere*）刊物周围的革命工团主义者，由皮埃尔·莫内特（Pierre Monatte）与阿尔弗雷德·罗斯默（Alfred Rosmer）领导，仍旧坚持战争只不过是资本主义追求利益的另外一些手段，工人阶级不应该卷入这样一桩"事业"。然而，大部分工人阶级准备积极行动、响应战争的号召，这无疑粉碎了"工人没有祖国"的断言，也表明工人们事实上比大多数人想象的更爱国，且深深地融入了法国社会。

"法兰西行动"的民族主义者们显然无条件地支持战争的召唤。实际上，"法兰西行动"之所以能顺利扩张，原因之一就是它一直以来对国家安全的关注。特别是在1911年第二次摩洛哥危机和1912—1913年巴尔干战争之后，"法兰西行动"的主要行动目标，就是促使法国民众着手应对战争的准备工作，并且把那些它所认为的叛徒揪出来。同时，"法兰西行动"还致力于加强军方的势力；它认为，一支强大的军队能够为夺回阿尔萨斯-洛林地区扫清障碍，也是重建法国在欧洲之领导地位的根本。虽然断言"法兰西行动"渴望战争，这可能是错误的，但是，它一贯强烈地反对国际和平主义的代言人饶勒斯，在"法兰西行动"看来，国际和平主义只会危害法兰西，削弱她抵抗德国的决心。虽然在1914年夏，尤其是莫拉斯强烈谴责饶勒斯是叛国者、德国间谍，但是无论是莫拉斯本人，还是“法兰西行动”，皆未直接参与暗杀饶勒斯的行动——然而暗杀者似乎深受莫拉斯及其他“法兰西行动”作家宣泄的反饶勒斯情绪的影响。毫无疑问，饶勒斯的暴死令“法兰西行动”的成员为之欢欣鼓舞，值得注意的是，“法兰西行动”组织很快感到有必要发表一份声明，澄清它自身并没有介入刺杀行动。

莫里斯·巴雷斯与“神圣联盟”

知识分子们几乎全体一致地支持“神圣联盟”。莫里斯·巴雷斯现在是众议院的成员，他也是率先宣布他将投身于保卫祖国之事业的知识分子之一。战争爆发时，巴雷斯已年届五十，但当他对众议院宣布“我应征入伍”（Jem’engage，也可理解为“我承诺”）时，他剩下的话被大声的欢呼淹没了。然而，他完整的话是，“我承诺，在整个战争期间，我将每天写一篇文章”。（‘Je m’ engage à écrire, la guerre durant, un article par jour.）散文家、小说家亨利·德蒙泰朗（Henry de Montherlant）是1917年接受战争动员的，他认为巴雷斯的动机杂糅了虚荣心，渴望“在场”、渴望他“每日的在场”被大众关注，以及为民族战争效力的真诚的使命感。[26] 战争结束之后，巴雷斯的文章以《伟大战争编年史》（*Chroniques de la grande guerre*）为名出版，共十四卷。巴雷斯对保卫国家之事业的投入，使得他修正了他在德雷福斯事件中所信奉的“成为一个法国人”必须符合的、排外的、狭隘的定义。如今，他搁置了他早先的偏见和仇恨，转而倡导对“民族”进行更宽泛的界定。他认为，法兰西民族可以包括天主教徒、共济会成员、新教教徒、社会主义者、共和主义者、反共和主义者，甚至还包括犹太人——所有为保卫祖国而集结在一起的人们。

巴雷斯坚信，战争是一种再生力量，它将给法兰西民族、法兰西精神注入她急需的活力，使得法兰西夺回她作为欧洲的领导国家应有的地位。起初，巴雷斯对这场战争抱有乐观的、甚至是必胜的态度。他极力主张，国家应当将政府与军队领导人身后的精神力量联合起来，投入这场伟大的战争，他相信这样可以使法兰西很快就见到胜利的曙光。巴雷斯爱国主义的号角始终鼓吹法兰西军人的勇气与献身，直至1918年停战协定签署，以致罗曼·罗兰称他为大屠杀的夜莺，让·盖埃诺（Jean Guéhenno）称他为民族的送葬者。然而，到1915年，巴雷斯已经变得不那么乐观了，战争越持续，巴雷斯越清醒地意识到现实的灰暗，至少私下是这样，此前他对战争的那种抒情的、形而上的观念已逐渐消散。除了写他的文章，巴雷斯还为士兵及他们的家人提供了一些实际的支持。比如，他多次考察前线、领导并赢得了一场旨在为前线士兵装备钢盔的运动，他提议设立战争十字勋章，并获得通过。1916年，他还提议将每位阵亡士兵的选举权转交给他们的妻子或者母亲。

夏尔·莫拉斯与“神圣联盟”

考虑到巴雷斯不同于莫拉斯，他从未否定过共和主义本身，他是如何尽可能地支持共和国的，这一点是显而易见的，尤其在普安卡雷（Poincaré）执掌政府机构之后更是如此。普安卡雷是一名爱国者，同巴雷斯一样，也来自洛林地区。可是莫拉斯呢？他对共和主义的憎恶与他的激进的君主专制主义密不可分，然战争爆发之后，政府内阁是如何组成的对于莫拉斯而言已不重要，只要政府承诺保卫法兰西、战胜德意志。1914年8月他写道：“昨天我们还有必要呼吁，警惕那些可能会削弱我们抗敌意志的威胁，现在，敌人已经在那里了，让我们一心只系战争的胜负。”[27]几个月后他再次重申，胜利是唯一重要的事。[28]这种对政治体制的妥协引来了不少《法兰西行动日报》的读者抗议，他们批评报纸越来越向共和政府靠拢。正如普安卡雷1917年观察指出，自从战争开始后，都德（Daudet）与莫拉斯“忘记了对共和国以及共和主义者的仇恨，唯独心系法兰西”。[29]对德自卫战进一步巩固了如今的“法兰西行动”作为右翼民族主义代表以及无可争议的法兰西君主主义大本营的地位——自1905年法兰西行动创建以来就一直致力于此。由此，“法兰西行动”将乘着战争的东风，大幅提升它的声名及影响力。

如果说因外敌入侵而发酵的爱国主义是“神圣联盟”背后的推手的

话，那么人们轻易捐弃前嫌、团结在爱国主义的周围，以及旧的政争似乎完全被遗忘，这总归有点令人惊奇。部分原因是人们普遍认为战争将迅速结束。事实上，并非从前的针锋相对被弃置或者遗忘，它们只是在战时被搁置，而大多数人又以为战争只会持续几个星期、最多几个月。但是，与此同时，出于对保卫祖国事业的共同支持，一些派别的核心人物不吝赞美他们从前的敌人。比如，古斯塔夫·爱尔威对戴鲁莱德的回忆就不乏溢美之词，他还称颂莫拉斯与莱昂·都德（Léon Daudet）这两位“法兰西行动”的旗手为“优秀的爱国者”。爱尔威从反军国主义者转变为热诚的爱国者，他于 1916 年将他的刊物《社会主义战争》（*La Guerre sociale*）更名为《胜利》（*La Victoire*）。莫拉斯则赞扬了爱尔威以及社会主义议员巴尔特（Barthe）。宣战的第二天，德雷福斯派领导、人权联盟创始人约瑟夫·雷纳克即申请加入爱国者联盟。

反德雷福斯派的民族主义者如巴雷斯、共和派民族主义者如贝玑、保皇派如莫拉斯、社会主义强硬派如盖德和瓦扬[30]以及激进的反爱国、反军国主义者如爱尔威，现在都全身心地投入到保卫法兰西的事业中，而小说家阿纳托尔·弗朗斯，这位以 69 岁高龄申请入伍服役的德雷福斯派，在为《小巴黎人报》（*Le Petit Parisien*）撰写爱国文章。显然，抵抗德意志的领土扩张主义和帝国主义，保卫法兰西的领土完整，已成为举国上下共同的承诺。然而，他们捍卫的“价值”是什么？“法兰西”又代表了什么？他们反对的“价值”是什么？“德意志”又代表了什么？

法国政治领域的各派人士一致认为，法兰西是德意志无端侵犯行为的受害者，实际上，“神圣联盟”的本质就在于它保卫法兰西的承诺。正如贝克尔（Becker）与奥杜安-鲁佐（Audoin-Rouzeau）观察指出：

> 许多天主教徒以及民族主义者厌恶共和国，但是，他们也不会因为他们对政体的厌恶而牺牲整个国家；社会主义者厌恶战争，但是如果国家处在威胁之下，他们的和平主义也不会演变为拒绝保卫他们的祖国；工团主义者们厌恶军队，也曾宣称他们没有祖国，然

而危机降临时，他们的行动与其他所有政治团体、宗教组织以及普通民众并无二致。[31]

对于莫拉斯及其他右翼阵营的民族主义者而言，战争的罪魁祸首并非是德国领导人，而是德国和德国的民众，他们生性好战，是天生的扩张主义者，有些人就是恶魔的化身。而且，一个统一的、富有侵略性的德国不仅对法国，乃至对整个欧洲都构成一种威胁。前德雷福斯派雅克·班维尔（Jacques Bainville），也是一名记者、历史学家和散文家，后期他转变立场，成为“法兰西行动”的领导人。1914 年 9 月，他声称，两百多年来，普鲁士一直是恶魔的化身，它在毒害着整个欧洲。在“法兰西行动”看来，如果恢复君主制是复兴法兰西的关键，那么，同样可以肯定的一点是，除非统一的、中央集权的德意志单一民族国家被拆解，代之以一个联邦制的德国，类似德国 17 世纪中期的国家形式，否则法兰西将永无宁日。

左派并不认为德国和德国人民是战争威胁的根源，直到战争爆发前夕，他们一直崇奉国际主义。对于左派来说，问题不在于德国人的性格或德国这个国家的本性。左派认为，问题的根源是多方面的，在于德国的统治阶级、德国的军事机构或德国的侵略、扩张政策，这使得他们将更多的谴责指向“德意志帝国主义”和“德意志军国主义”。左派力图将他们战前的国际主义与 1914 年后爱国的民族主义缝合在一起，以德雷福斯派的价值观——真理、正义与理性以及大革命的价值观——自由、博爱与平等为准绳，来引领这场抗击德国的战争。他们相信，战争之火的确可怕，但是，亦可能从中生长出希望，即：一举摧毁德意志军国主义。

很多知识分子不止一次地提出，法兰西等同于法国大革命的价值，甚至等同于大革命本身。例如，米歇尔·维诺克（Michel Winock）援引法国大革命研究专家、索邦大学教授阿尔方斯·奥拉尔（Alphonse Aulard）的研究——这位教授在战争期间将 1793 年的法国爱国士兵与战壕中的普通法国士兵（les poilus①）作比较，维诺克因此得出结论，“对于左派知识分子来说，1914 年标志着发起于 1792—1793 年的反独裁专制之革命战争的一个新阶段”。[32]

关于战争反复被提起的一个主题是，法兰西作为“文明”的捍卫者对抗德意志“野蛮主义”。例如，阿纳托尔·弗朗斯在《小巴黎人报》撰文，比较勇敢、睿智的法国士兵与德国“野蛮人”。又如，1914 年 8 月，哲学家亨利·贝格松（Henry Bergson）在伦理和政治科学院的一次会议上谈道：

> 我们抗击德国的战争正是一场文明对野蛮的战争。每个人都已经意识到这一点，但我们学院也许更有权威来阐述这一点，这在很大程度上是哲学、伦理学与社会学研究的议题。因此，指出德国本身存在的野蛮与犬儒主义、德国对一切正义与真理的蔑视以及它所倒退回的一种原始生存状态，这不过是学院履行它自身的科学使命。[33]

诗人纪尧姆·阿波利内尔，1914 年作为志愿者入伍，1918 年因战后爆发的流感殁于巴黎，他同样将法兰西等同于文明，1916 年他在写作中称：

> 即使在战争期间，睿智、开明的法兰西仍然追求她文明的使命。这种使命自然而然地传承自古希腊和罗马，因为法兰西是最有创造力、最具适应性以及最温和的民族。[34]

1914 年 10 月，《时代》（*Le Temps*）刊登了德国文艺界与科学界 93 名领军人物联名签署的《对文明世界的呼吁》[35]（‘Appeal to the Civilised World’）。这份简短的声明反驳了他们眼中的敌对言论，称那些言论都是“谎言与诽谤，是我们的敌人企图玷污德意志的荣誉”。声明否认了一些

① “poilus”一战中法国士兵的绰号，原意为毛茸茸的。——译者注

针对德国的指责，例如，它否认德国是战争的元凶，否认德国“入侵”中立国比利时，否认德国军队“蹂躏了鲁汶”，否认德国无视国际法和国际公约发动战争。宣言的影响巨大，且立竿见影。它使得它的法国对手狂怒不已，引发了他们连珠炮式的反击与强烈的谴责。美国、葡萄牙与西班牙的知识分子随即也加入谴责的行列。1915 年 3 月，一百名法国的艺术家、科学家和作家联名签署了一份抗议宣言，包括老牌反德雷福斯派知识分子如巴雷斯与德比西（Debussy），前德雷福斯派如克莱蒙梭与阿纳托尔·弗朗斯等均在上面签名。大量的时间、精力和墨水投入了反驳德国人的声明——这份被斥之为“战争初期德国发布的、最具诋毁性的文件”。[36]

德国人的声明宣称，德意志将会“以一个文明之国（笔者的强调）的方式，继续将战争进行到底”，而且，声明中清晰表述了德国文化与德意志军国主义之间的密切联系（“如果没有德国的军国主义，德国的文化早就消亡了”）。这促使法国知识分子展开他们自己的研究，考查德国军国主义与德国文化/文明之间的关系，随即他们毫不迟疑地断言，德国野蛮主义的根源就在于德国的文化（Kultur）。战前曾令许多法国知识分子着迷的德国文化，如今被他们“发现”，其实质是普鲁士扩张主义的智力工具和文化武器。比如，1914 年 12 月，贝格松对德国的历史和哲学发起双重攻击，声称在他看来，德国哲学仅仅是用来转化成理念，而这些理念从根本上来说就是“永不餍足的野心，必将被傲慢扭曲”。[37] 这一观点得到了埃米尔·布特鲁（Émile Boutroux）的附和，这位德国哲学研究专家曾于 1914 年春在柏林举办讲座，题目是“法国和德国的思想：互利互惠、相得益彰”。仅一年后，他用最具恶意的词汇痛斥德国文化，他宣称，除了别的事物之外，“上帝也成了一个被德国人挪用的概念，就像他们掠夺自然资源、肉体或精神能量一样随意征用”。[38]

现在许多法国知识分子声称，泛德意志主义以及作为其根基的德国优越的信念，早在约翰·戈特利伯·费希特（Johann Gottlieb Fichte）的作品中已初现端倪，尔后又被黑格尔进一步发展。战争爆发前，在某些领域曾被誉为德国文化、智力以及科学上的“进步”的那些成就，如今被视为德国为建立其在欧洲的霸权之阴谋的一部分。德意志加诸于法兰西的影响，如今被认为是禁锢了法兰西文化的发展。但这种对德意志文化之“真实”本质的发掘和揭露，给了法兰西重申其作为欧洲主流文化势力的机会。例如，在音乐领域，卡米尔·圣-桑（Camille Saint-Saëns）利用战争（的机缘）全盘抵制德国现代音乐，尤其是瓦格纳的音乐，截然不同于早些时候法国人对瓦格纳的狂热，尤其是象征派诗人们。还有一些作家此时声称瓦格纳厌恶法国、鄙视法国，他的戏剧隐藏着一种“十足的野蛮主义”。他们还抨击德国音乐的过度涌入阻断了法国音乐天才们自然地生长，使法国最有才华的作曲家们作品寥寥，籍籍无名。那些拒绝参加这类反德意志的运动，或者不愿加入保卫法兰西音乐联盟（Ligue nationale pour la défense de la musique française）的少数作曲家——比如莫里斯·拉威尔（Maurice Ravel），很快就发现自己被边缘化了。

然而，对于德意志文化（Kultur）的猛烈抨击也存在一些问题。首先，德意志文化到底是什么？其次，那些如今不顾一切地反对德意志文化的知识分子，如何解释早先在大战前，他们对德国文化即便不是热情追捧，却也是相当认可呢？那份德国文化艺术界93人签名的宣言在结尾陈词处表达了坚守歌德、贝多芬以及康德精神的决心，这一点遭到法兰西学术界的反驳，他们中有些人声称，“歌德在精神本质上是法兰西的，另外一些则认为贝多芬是佛兰芒人。”[39]相比之下，哲学家康德的情况复杂一些。他的著作显然是天主教和保皇派知识分子不能接受的，然而，他对法国大革命的景仰、对个人自治的推崇以及他的基于个人权利的道德观，均与法国共和派的观点相契。于是，康德的崇拜者提出了“两个德意志”的理论：1870年之前是两个德意志共存，此后近代（即邪恶的）德意志摧毁了另一个——那个以康德哲学为精萃的德意志传统。[40]

对许多法兰西知识分子而言，这场战争是关于人类文明的两种敌对观念之间的一次历史性碰撞、一场生死较量。战争的一边是法兰西——文明的守护者；一边是德意志——灌注了“科学的野蛮主义”以及纪律造就强权的信念，信奉力量与组织、机械化不可分割，强权凌驾于其他一切之上。因此，德国知识分子显然是不具备任何道德可信度的敌军代言人，他们满嘴谎言，他们联名签署的《对文明世界的呼吁》否认德国士兵曾经杀害比利时人，否认德国士兵在并非绝对必要的情况下毁坏比利时的财产。不仅如此，在法国知识分子看来，德国知识分子暴露了他们自身只不过是德意志军国主义驯服的宣传机器。法国人正在为之战斗、为之守护的价值观，既包括右派信奉的法兰西天生优越的信仰，也包括认为存在着某种必须被摧毁的、德意志侵略本能，还包括法兰西为了维护共和主义、革命的价值观而在整个欧洲战场上奋斗的信念。就后者而言，这些目标与某种对“纯粹”知识分子的活动描述颇为相似；换言之，为了真理和正义而战，这意味着法国知识分子可以避免面对这样一个尴尬的事实，即，与他们的德国同仁一样，他们的作为亦是为了本国政府的战争努力而做的宣传。

罗曼·罗兰:《超脱于混战之上》（‘Au-dessus de la mêlée’）

当然，也有一些人（得承认仅是极少数）对法国知识分子乐意、且热衷于支持全民备战感到惊恐——这明显丢弃了作为知识分子应有的批判能力。在那些敢于打破“神圣联盟”之压倒性舆论的法国知识分子中，最为著名的一位是罗曼·罗兰。

罗曼·罗兰在巴黎高等师范学校学习历史，并获音乐史博士学位，之后，他加入了巴黎高师的教职行列。1896 年，正是在巴黎高师任教期间，他从可靠渠道获悉德雷福斯是无辜的。罗兰哀叹没有一个如维克多·雨果这样身份的人愿意站出来为德雷福斯辩护，为他的抗争发起号召。然而，当随后左拉这样做的时候，罗兰却退出了，他解释道，这是为了保持自己的独立性。1910 年，因试图对自己拒绝站队的行为进行辩解，罗兰发表声明称：“我认为，无论发生什么，（党争）都将危及正义的事业，因而也使祖国（patrie）面临被毁灭的危险，如此，这二者中的任何一方都将荡然无存。”[41]虽置身于争斗之外，但是，罗兰很清楚地意识到了这一事件的戏剧性潜质。1898 年 5 月 18 日，他的一部以 1793 年为时代背景的戏剧《狼》（*Les Loups*）上演，戏剧里包含了一场敌对的论争，剧中两个人物就军队的角色与正义和爱国主义的重要性展开了辩论。此剧的上演伴随着掌声和嘘声，还有观众抛掷的物品，毫无疑问，观众读懂了戏剧的暗示。此剧仅上演了一场就停演。

1903—1912 年期间，随着四卷本长篇小说《约翰·克里斯朵夫》（*Jean-Christophe*）的发表，罗兰赢得广泛的赞誉，取得了关键性的成就。在写作《约翰·克里斯朵夫》期间，罗兰对法德之间维持长久和平的可能性表现得越来越悲观，比如，1905 年他曾预言未来五六年间两国将爆发一场战争。[42]事实上，在 1912 年出版的《约翰·克里斯朵夫》最后一卷中，他谈到在欧洲大陆上阴燃的星星之火，即将形成燎原之势。

战争比罗兰预言的晚三四年，战争爆发时，罗兰居住在瑞士，在那里他一直驻留到冲突结束。他因健康状况以及年龄（他出生于 1866 年）的关系，得以免于被征召，然而，从 1914 年 10 月到 1915 年底，其间罗兰除了在山上度过三个月之外，一直在日内瓦为国际战俘组织（International Agency for Prisoners of War）做志愿者。

罗兰对战争爆发感到彻底的绝望。他内心最恐惧的事终于变成现实。他相信法德之间的战争注定是一场悲剧，不仅对于他所尊崇的这两个伟大文明的国家而言是场悲剧，对整个欧洲而言亦是场悲剧。正如他在日记中所写：

> 我感到窒息，我简直想去死。生活在这些发狂的人类当中，眼睁睁地看着文明的毁灭，这太恐怖了。这场欧洲战争是几个世纪历史以来最大的一次灾难，是关于人类友爱的最神圣希望的破产。[43]

与法、德其他同时代的知识分子不同，罗兰拒绝盲目地、毫无保留地支持他的国家。这主要出于三个方面的原因。首先，罗兰定居在瑞士，与席卷法国知识分子圈的爱国主义狂热保持了一定的距离。其次，罗兰

（在此阶段）又一次发觉到，因性格特质，自身很难投入这种大规模动员起来的事业。正如他在日记中所写：

> 如同在德雷福斯事件之中一样，我再一次发现自己与其他人疏离。我正在试图弄明白为什么我会像这样，从哪里得来的这宿命，使得我总是无法投入到任何重大的集体性活动当中？[44]

最后，也是最关键的原因，虽然法国是罗兰的祖国，但在他所处的那个时代，他的视野是惊人的、欧洲性的。罗兰曾经在罗马学习，写过关于法国、意大利及德国音乐的文章，还曾为贝多芬、托尔斯泰与米开朗基罗写过传记。此外，虽然《约翰·克里斯朵夫》的某一部分叙述了同名的男主人公对充斥德国社会的拜金主义与庸俗感到幻灭，但罗兰始终对法国流布的“恐德症”极度反感，对那种早在战前就被“法兰西行动”及其他右翼民族主义组织大肆宣扬的“复仇精神”极度鄙夷。这部小说其实浸透了法德和解的精神，以至于一位德国的批评家评价这部小说在促进法德和睦事宜上，其贡献比任何会议、宴会以及铺张的活动要大一千倍。[45]

1914 年 8 月底至 12 月，罗兰写了八篇文章在《日内瓦报》（*Journal de Genève*）上首发。其中第三篇文章的标题《超脱于混战之上》，也是随后以小册子出版的这一系列文章合集的标题。第一篇文章是写给德国剧作家格哈特·豪普特曼（Gerhart Hauptmann）的一封公开信，豪普特曼是《对文明世界的呼吁》一文的签名者之一，罗兰的文章写于 1914 年 8 月 29 日，发表于 9 月 2 日。在此文中，罗兰赞扬了德国人民在知识上的成就及其在道德上的伟大，坚定地与那些认为德意志等同于“野蛮”的法国人保持距离，与此同时，他坚持认为，德国当前的政策及其执行手段是“罪恶的”。罗兰尤其谴责德国侵略“高贵的比利时”，主张豪普特曼及其他德国精英知识分子应该竭力抗议这一暴行。罗兰宣称，若不如此，则说明德国精英知识分子只不过是德国专制政府的工具。

在他的第二篇文章中，罗兰继续阐释有关知识分子的责任的主题，他大声疾呼反对那些放弃了作为知识分子追寻真理的本职、转而视捍卫国家荣誉不受任何指摘为首要职责的人。在《超脱于混战之上》一文中，罗兰认为战争对所有国家而言都是一场悲剧。拜那些没能够阻止战争的教会及社会主义人士所赐，如今德国、英国与法国的年轻人正在忙着相互残杀，连带着卷入这场杀戮的是这“三个伟大的西方国家”从他们遍布全球的殖民地招募的士兵。欧洲的知识分子们一直在狂热地支持各自国家的战争行为，而背弃了他们作为知识分子的责任。正如罗兰在日记中提到的、作为他对贝格松所抨击的“德意志野蛮主义”的回应，“这样的话语是贝格松这样身份的人说的吗？在政治热情的名义下，纯粹理性就可以任由践踏吗？”[46]在《超脱于混战之上》一文中，罗兰呼吁欧洲的精英知识分子拨开战争的阴云，重新发现真理——虽然这微弱的声音被听见的希望极其渺茫。这是作为知识分子的责任，罗兰号召他们“以前所未有的宽广博大的胸襟超越一切偏见和国族间的仇恨，让城市的围墙接纳全世界所有自由的、友爱的灵魂”。[47]

虽然罗兰厌恶战争，且反对战争，但他并不认为德国与法国应当平等地分摊战争的责任。他认为尽管法国、德国、英国与俄国都有帝国主义的倾向，但他特别指出普鲁士的帝国主义，这种“专横的野蛮主义”是“自由的死敌”，紧跟其后的是俄国的沙皇制。[48]罗兰的文章可能在中立国的读者当中引发了深远的回响，但在英国的反应是毁誉参半，而在法国则遇到了一边倒的极端敌视。虽然罗兰受邀为《人道报》（*L'Humanité*）写稿，且10月26日的报纸称他为“公开、有力地抨击帝国主义的法国知识分子”[49]，但是大部分报纸（对他）的反应相当负面，且充满敌意。研究法国大革命的历史学家阿方斯·奥拉尔（Alphonse Aulard），在报纸上公开抨击罗兰是“亲德派”，罗兰指责奥拉尔在左翼和右翼报纸上煽动一场论战来反对他。[50]其他报纸的文章也在不断地指责罗兰热爱德国、是德意志文化的辩护者，抨击罗兰企图在法国的土壤里植入德意志的特性与价值观。罗兰还遭遇了各式诋毁，人们说他为他的

“德国朋友”遭受的痛苦悲叹，而此时法兰西士兵为了对抗德国的野蛮主义正在付出生命的代价；他搪塞敷衍、拒绝保卫他的祖国；还有，他制造了“知识界的不谐之音”。

《超脱于混战之上》在法国报界与知识分子圈引发猛烈抨击，与此同时，罗兰在法国也获得了一些支持，但是大体上局限于《人道报》的一两个友好的记者，以及一些小规模的和平主义和无政府主义团体。此外，尽管罗兰的立场在中立的国家得到了不少支持，但他却遭到了包括小说家赫伯特·乔治·威尔斯（Herbert George Wells）与剧作家乔治·萧伯纳（George Bernard Shaw）在内的英国知识分子的猛烈抨击——虽然哲学家与数学家伯特兰·罗素同情他的立场。随着战事持续到1915年，罗兰也被来自于法国报界的攻击搞得极度沮丧，他有理由相信，自己的观点被系统地扭曲和误传了。这一切使得他面临四面楚歌的处境，而没能够阻止这场看上去无休止的死亡与毁灭的“狂欢”更是加深了他的绝望。

惨烈的战争意味着城镇和城市遭受重创，意味着数以百万计的战争伤亡者。当一些仍待在巴黎的知识分子们——比如莫拉斯和巴雷斯，以巴黎为堡垒、鼓动军队前进，另外一些人则怀着不同程度的热诚应征入伍、奔赴战场，其中不少人很快或不久之后便战死沙场。比如，正当罗兰在《超脱于混战之上》中写到他的好友们即将死亡的时候，其中之一——夏尔·贝玑在马恩河战役第一天便战死了；哲学家恩斯特·勒南（Ernst Renan）的外孙、德雷福斯派埃内斯特·普西卡里（Ernest Psichari），1914年8月死于比利时。还有我们前面提到的诗人纪尧姆·阿波利内尔，在战争末期的行动中受伤，随后死于1918年的大流感。

也有一些参战的知识分子平安归来，其中包括在英国军队中担任联络官和翻译的历史学家安德烈·莫鲁瓦（André Maurois），人道主义者、和平主义者、哲学家阿兰（Alain，即埃米尔·查特 Émile Chartier）以及作家乔治·迪阿梅尔（Georges Duhamel）等。阿兰在入伍之时已经46岁，他后来解释自己的行为时说道：“我往往需要和其他人一起受苦，才会感到（对自己）满意。”[51]迪阿梅尔因受过专业的医疗训练，在部队的医疗队服役四年，他根据自己在凡尔登的经历创作了两部著作：《殉道者的生活》（*La vie des martyrs*）和《文明》（*Civilisation*），分别于 1917 年和 1918 年出版，后者荣获龚古尔文学奖。

然而，与第一次世界大战最为相关的法国作家当推亨利·巴尔比斯（Henri Barbusse），这得益于他根据自身战争经历创作的、震撼人心的小说《火线》（*Le feu*），《火线》荣获 1916 年的龚古尔文学奖。1914 年 8 月，41 岁的巴尔比斯志愿参军时，他已经是一位声名在外的诗人、小说家和记者，出版了 3 本著作，包括一本印象派诗歌集《烈火》（*L'enfer*），出版于 1908 年，入围龚古尔文学奖提名。巴尔比斯作为步兵在阿图瓦（Artois）与庇卡底（Picardie）前线度过了 11 个月，至 1917 年因伤病退伍，此期间他曾在战报中被提名表扬。

起初巴尔比斯因健康和年龄方面的原因得以免除兵役。但是，他正好属于那类选择参军打仗的、反军国主义的社会主义者，因为他认为人类普遍价值的化身——法兰西正在进行一场与其宿敌——象征着军刀、军靴和皇冠的德意志军国主义及帝国主义的殊死战斗。正如 1914 年 8 月 9 日他在《人道报》发表的一封公开信中所说，“如果我献出了我的生命，如果我怀着欢喜的心情上战场，那不仅仅是作为法兰西公民，而首先是作为一个人”。[52]

巴尔比斯最初的热情很快就消退了，军事指挥部门的无能浇灭了他的幻想，而巴黎报界对战争之恐怖的称颂和美化更让他十分愤怒。他有实地的战争经验，所以他认为那些新闻报道不仅是对前线真实生活的刻意扭曲，更是对那些实实在在经历战争的人们的背叛，这些英勇的人们在令人难以想像的残酷处境中尽最大努力让自己存活。1915 年，随着战事进入可怕的消耗阶段，巴尔比斯认定，唯一可能的正面结果是，人们是如此地厌恶战时生活、厌恶关于战事的报道，以至于人们再也不想要战争。他曾经相信这是一场以人道之名发动的神圣战争，到 1916 年，他在前线的经历早已瓦解了他早先的信念。如今他认为，对于这场大屠杀，法国与德国都难辞其咎，他还决定创作一部小说，描写前线生活的残酷现实。

这部小说就是《火焰》，1916年8月至12月在《作品》（*L'Œuvre*）杂志连载，成书于1916年12月出版。以巴尔比斯的个人经历为素材，小说详细展现了一队前线战士的生活与死亡，被评述为“在唤醒人们对战争的恐惧的同时，高扬着博爱的旗帜。”[53]这部小说是对战争实况的深刻揭露，它剥去了巴雷斯及其他一些人基于爱国主义的宣传鼓动编织的光晕和幻象，真实描绘了前线战士遭受的恶劣处境。而且，巴尔比斯坚持在小说中以普通战士的口吻讲述战争，除此以外没有别的视角。这种现实主义的态度和对真相的担当，为他赢得了“战壕中的左拉”的雅号。在《火焰》中，战争意味着：

> 令人崩溃的、超出人类承受极限的损耗，置身于齐腰深的水中，（周围是）烂泥、脏物以及令人作呕的污秽。它还意味着腐烂的面孔、残破的肢体以及再也辨不出人形的尸身，漂浮在贪婪的大地上。[54]

小说以鲜明的反战寓意结尾，号召来一场世界革命。这部小说成了畅销书，至1918年11月销量已达25万册，在法国上下赢得广泛的赞誉，并荣膺1916年的龚古尔文学奖。它在德国和奥地利广被传阅——尽管被官方列为禁书，英国的战争诗人西格弗雷德·萨松（Siegfried Sasson）与威尔弗列德·欧文（Wilfred Owen）高度评价此书，列宁也认为这是一部非常重要的作品。当然，不出意外，它也引起了一些负面的回应，尤其是在右翼民族主义者当中。龚古尔文学奖的评审之一莱昂·都德（Léon Daudet）声称这是一部邪恶的作品，它只能助长敌人的气焰。巴雷斯断言此书会降低军队的士气，而“法兰西行动”则一如既往地宣称巴尔比斯是一名德国间谍。

1918年11月11日11时，停战协议生效，四年的杀戮终于划上句号，留下一个血肉模糊、饱受摧残的法兰西——但总归是位于“胜利者”

之列。然战争一结束，“神圣联盟”即开始瓦解。20世纪20年代，在法国风起云涌的政治运动主要有民族主义、和平主义、超现实主义与共产主义，历史舞台见证了战后法国知识分子围绕这四种政治运动展开的缠斗。

第三章 20世纪20年代：法国知识分子与和平主义、共产主义、超现实主义及民族主义

法兰西：胜利，但是基于何等代价？

虽然法国作为战胜国之一，从这场历时4年的战争中脱身而出，然战争中的人员伤亡和物质损毁给法国社会带来的毁灭性影响是难以估量的。应征入伍的法国士兵有16.5%（超过130万）死在战场上，相比之下，德国和英国死亡士兵的比例分别为9.8%与5.1%。总而言之，这意味着每6名法国士兵中就有1名没能归来，但如果统计20至25岁这个年龄群体的话，法国士兵的死亡比例则高达1/3。此外，超过300万法国士兵受伤，其中有100万伤势严重。据估计，在1915—1919年间，法国出生人口数比没有战争的时期下降了150万，这加剧了法国本就相对不足的低出生率。1918年，法国人口数为3,500万，对比德国，已达6,300万。考虑到人口赤字的问题，法国在1920年通过立法对堕胎行为加重了处罚，并且禁止推广节育措施。

法国在参战之前是一个富庶的国家，经此一战，元气大伤。许多战役都是在法国本土进行的，导致了超过800万英亩的土地化为荒漠，成百上千的村庄被夷为平地。许多交通基础设施，例如公路、铁路以及运河被破坏，许多工厂被摧毁。1914—1918年间，税收几乎没有增长，这意味着法国不得不依靠借贷来维持战争消耗。法国由此主张，作为他们眼中的侵略者德国，至少应当承担法国（和比利时）的经济重建费用以及供养60万战争寡妇、75万孤儿再加上300多万受伤士兵的公共开支。

同时，法国还主张德国必须解除武装并被限制在莱茵河的对岸。1919 年凡尔赛会议的核心议题是战争赔偿与安全问题，但直到 1921 年 4 月才达成最终协议，规定德国必须支付 320 亿美金的战争赔偿，其中法国将收到仅仅超过一半的样子。美国和英国都希望看到废墟中的德国尽快复苏经济，重新成为一个资本与商品的市场；相反，曾在一个世纪内就两次遭德意志入侵的法兰西则希望，为了自身安全，德国必须在政治、经济与军事上维持弱势。因此，法国主张德国废除军备。结果，德国军队规模被削减到 10 万人，并被剥除了海军和殖民地，阿尔萨斯-洛林地区也回归法国。法国同时控制了萨尔煤田，虽然莱茵兰地区仍属德国，但被非军事化，并被协约国临时地占领。

1914—1918 年的战争给个体以及整个民族的心理皆带来了巨大创伤，无论是战斗人员还是平民，皆如此。即便是那些没有经历战壕地狱的人们，他们身边也一定有家庭成员或朋友亲历过。对于受过教育的中产阶级而言，战争严重打击了他们对理性和发展之必然性的自以为是的信念，而这些在战前是占主导的意识形态。在德雷福斯事件至 1914 年之前，知识分子参与政治基本只局限于国内舞台；在战争结束后的十年间，国内政治问题变得不那么重要。在知识分子们的论争中，典范性的议题主要围绕三个因素展开——战争、战争的余波以及对于德意志和共产主义的持久恐惧。随着战争结束，此前持相反意识形态立场的人大体上遵守的“休战协定”亦被终结。法国社会分裂为四大主要阵营——和平主义、共产主义、超现实主义和民族主义，知识分子在其中扮演了重要的角色。

和平主义是战后兴起的一股重要的社会运动，鉴于战争中的大屠杀而创办，主要是依托一些退役军人团体，包括共和国退伍军人协会（Association républicaine des anciens combattants，简称 ARAC），由雷蒙·勒费弗尔、保罗·瓦扬-库里耶和巴尔比斯共同创立的，巴尔比斯担任了协会的第一任主席。巴尔比斯同时还是发起“光明”（Clarté）运动以及创办同名刊物的重要人物之一。对共和国退伍军人协会的活动以及对“光明”运动的考察，将揭示和平主义运动在战争落幕之初对俄国十月革命的复杂态度，而其他左派知识分子对俄国革命的反应也将得到检视。

超现实主义脱胎于达达主义运动。达达主义运动于1916年在瑞士发起，短短几年内，一些法国知识分子即厌倦了达达教条式的虚无主义，他们自我命名为“超现实主义者”，随即开始就超现实主义与革命的关系、超现实主义与马克思主义的关系展开论争，由此来裁夺他们对新成立的法国共产党应当采取何种态度。

战后，传统右派民族主义者呼吁建立一个强大的法兰西，以抵御来自德国的、常年潜在的威胁，并阻挡来自俄罗斯的、他们视之为新威胁的布尔什维克主义。当和平主义者与超现实主义者在争论俄国十月革命以及应该对十月革命采取何种态度之时，在右翼民族主义者当中，这样的论争被视作多此一举。在他们眼中，布尔什维克主义是一股危险的势力，对他们所珍视的一切——祖国、家庭、西方文明——都构成了巨大威胁。在他们的概念里，布尔什维克主义在欧洲的胜利甚至意味着文明将要终结。

如果说20世纪20年代见证了法国知识分子活动进一步的政治化——譬如在法国对鲁尔区的占领以及摩洛哥的里夫战争等问题上法国知识分子之间的冲突白热化，那么，这一时期同样也引发了对于这种政治化趋势的强烈反弹。1927年，朱利安·本达出版了《知识分子的背叛》[1]这部具有开创性意义的著作，在书中，他批评了那些他认为背叛了自身历史使命的知识分子，他指责这些人置保卫共和价值之重任于不顾，转而拥抱派系、种族或者民族的事业。

和平主义与革命

但凡读过1914—1918年法国士兵恐怖经历描述的人们，一定不难理解为什么战争一结束，数以百万的退役军人，

虽然仍葆有爱国热情和对共和国之忠诚，却转而无条件地狂热支持和平。他们当中有差不多350万主要来自法国乡村或小城镇的

人加入了各类退役军人组织。通过这些组织，他们存续着战壕中的精神、死去的战友的回忆，以及对战争的痛恨。[2]

亲身经历战争，他们从中得出的教训是，现代战争是超级恶魔，人类应当竭尽全力确保第一次世界大战成为der des der（“最后的最后”的缩写），即一场终结所有战争的战争。然而，和平主义者在战后发起反战运动的同时，还必须面对一个激进的新动向，即1917年的俄国十月革命。他们该对布尔什维克采取何种态度呢？这些布尔什维克领导了1917年的革命，于1918年签订了《布勒斯特-立陶夫斯克和约》（Brest-Litovsk），如今更是使自身成为俄国的新主人。俄国到底发生了什么？这些又与法国战后和平主义运动如何相关？

俄国革命

当俄国卷入战争时，她还是一个君主专制国家，主要由沙皇、军队、教会、秘密警察、贵族和官僚来支撑；农民占人口的绝大部分。法国与德国的社会主义者们都没能够组织起一个阶层抵挡战争的威胁和战争的来临（见第二章），而在俄国，1917年，在卷入这场不得人心的战争的第三个年头，沙皇政体走到了崩溃的边缘。1917年2月[3]，不断的游行示威催生了一个从国家杜马选取的临时政府。杜马是沙皇在1905年革命之后不得不退让、批准组建的代表大会。1917年的二月革命在伦敦与巴黎方面看来都是值得肯定的，英国和法国政府更倾向于同进步的保守派打交道，而不是庞大落伍的独裁体制。与此同时，他们还认为，实行议会民主制有望强化俄国继续对抗德国的决心。欧洲其他国家的社会主义者们也欢迎二月革命，他们认为这是一场中产阶级的革命，将为俄国本土的社会主义运动提供生长的空间。结果，虽势力不大然立场坚定的革命布尔什维克党拒绝接受1917年二月革命收获的“资产阶级民主”。1917年4月，从流放地返回的列宁主张将临时政府的权力移交给苏维埃（工人与士兵委员会），并要求中止俄国的参战。列宁提出，基于俄国的实际情况，以及俄国作为帝国主义链条最薄弱之一环的位置，意味着1917年2

月的“资产阶级”革命可能转变成一场社会主义革命。正是出于这种信念，列宁与布尔什维克们发动了1917年10月[4]的“无产阶级”革命。

因此，与马克思的预期相反，第一场社会主义革命没有发生在英国或德国这样的工业化国家，而是发生在俄国，一个工业化基础贫弱、工人阶级势单力薄的国度。十月革命之后，在俄国，或者更准确地说，在俄国的城市，尤其在彼得格勒（圣彼得堡），权力首次由苏维埃来把持。在与其他政治团体合作了一段时间后，布尔什维克党开始强调它高于一切的权威，宣称只有一个强大的中央集权机构才能应对俄国参战引发的一系列问题，才能捍卫革命、深化革命，使之免遭内战的威胁。1918年起英国与法国开始军事介入、支持俄国的反革命武装势力，布尔什维克政党更加强化了这一论调。

虽然在法国，攻击布尔什维克与俄国革命的报纸和评论文章很快就出现在民族主义的媒体上，但左派与和平主义者们大体上欢迎俄国的革命，尽管二月革命之后马塞尔·加香（Marcel Cachin）和马吕斯·穆泰（Marius Moutet）曾代表工人国际法国支部访问俄国，对列宁和布尔什维克持怀疑的立场。十月革命后，工人国际法国支部领导人、《人道报》在俄国的通讯记者夏尔·拉波波尔（Charles Rappoport），也表达了对布尔什维克的担心与反对意见，虽然其他左翼社会主义领导人——包括后来成为斯大林主义强硬的批评者的鲍里斯·苏瓦林（Boris Souvarine）——支持俄国革命。

许多左派人士抱怨，很难确定俄国到底发生了什么，主要原因有两点，即1917年十月革命事件本身的复杂性和缺少准确的事件信息，而战时审查制度和反布尔什维克主义宣传更是加剧了信息的匮乏，尤其是在1918年3月俄国单方面与德国签订《布勒斯特-立陶夫斯克和约》之后。正如乔治·索雷尔1918年8月写道：“遗憾的是，我们未能获取足够的资料，因而未能给法国民众呈现一个有关布尔什维克的大致清晰的形象。”[5]尽管如此，虽然缺乏准确的信息——或者也可能得益于此——俄国革命迅速成为许多和平主义者与社会主义者眼中具有重大象征意义的事件。[6]

首先，它代表和平。毕竟，假如布尔什维克没有单独与德国签订和平协定、退出战争呢？布尔什维克与和平主义没有交集，且和平协议的签定从根本上来说是一种政治实用主义，而这些，和平主义者们似乎并不在意。但是，许多和平主义者们在意的，是布尔什维克用以巩固其权力的暴力手段。对于罗曼·罗兰这类知识分子来说，这一理由就足以使他们远离布尔什维克的实践；而另一些人则设法为这一问题开释，比如，将其归结为对战争或贫困的应对手段。1919 年，《锻造》（*La Forge*）杂志上一篇文章的作者写道，那些让数百万人卷入这场战争杀戮的人，如今必须接受审问、付出代价。虽不能认同布尔什维克的暴力行径，然文章作者最后总结道，“面对战后的贫困肆虐，我们唯一所能做的就是尊重它、接受它”。[7]

其次，俄国革命似乎显示，除资本主义和封建主义之外，还有另外一种选择，这使得乐观主义情绪开始高涨。比如，革命家维克多·塞尔日（Victor Serge）在谈到革命的早期情形时宣称：“我们处在无穷的希望中。”[8] 塞尔日此后继续在法国编撰小册子和文章，专门致力于争取左派知识分子到布尔什维克主义阵营。

再次，布尔什维克喜欢将他们自身与法国的雅各宾派相提并论，尤其是在他们最为激进的时期，而这正是一个能在法国引起共鸣的议题。比如，1920 年 1 月，历史学家阿尔贝·马蒂耶（Albert Mathiez）比较了布尔什维克与 1793 年公共安全委员会的专政，他指出，此二者皆是内战与外部侵略催生的产物。事实上，马蒂耶认为，“布尔什维克仅仅是完善了雅各宾派的举措……俄国革命者们有意识地刻意模仿了法国革命者们的行径。他们都被相同的精神所鼓舞；他们在相似的环境滋生的相似的问题中摸索前行。”[9] 其他人则强调新俄国的民主本质。鲍里斯·苏瓦林在他 1919 年出版的《布尔什维克赞美》（*Eloge des bolcheviks*）一书强调新俄国的民主性是如何通过她的政治、社会、经济、法律以及知识分子政策体现出来的，是如何通过她对待世界上其他国家和地区的态度体现出来的。[10]

罗曼·罗兰

毫不意外，罗曼·罗兰这位战争时期主要的和平主义者，战后继续在推动和平的运动中一马当先。早在1918年，罗兰就写了一篇文章《为了一种普适的文化》（'Pour une culture universelle'），其后更名为《为了一种国际主义的精神》（'Pour l'Internationale de l'esprit'）。为了调解那些交战国之间针锋相对的思想和意识形态，罗兰在此文中呼吁创办影响遍及全世界的评论和刊物，为形成一个世界范围内的（而不仅仅局限于欧洲）知识分子网络打下基础。罗兰期望通过这个全球性的知识分子圈传播超越于希腊-拉丁语世界的人道主义理念。他希望如此这般，反过来推动一种普适性文化的形成，将"分散着的人类心灵的财富"汇聚在一起。[11] 1919年6月26日，《人道报》刊登了罗兰撰写的文章《呼吁：知识分子自豪的宣言》（'Un Appel : Fière Déclaration d' intellectuels'）[12]，此文也称作《精神独立宣言》（'Déclation de l'indépendance de l'esprit'），得到了约四十名欧洲知识分子（其中一名来自美国）的支持，包括阿尔伯特·爱因斯坦（Albert Einstein）、贝奈戴托·克罗齐（Benedetto Croce）、亨利·巴尔比斯、亨利希·曼（Heinrich Mann）、斯蒂芬·茨威格（Stefan Zweig）、伯特兰·罗素与赫尔曼·黑塞（Hermann Hesse）等。

这份呼吁旗帜鲜明，是国际主义的、反战的，且弥漫着浓烈的形而上学人道主义色彩。这也是一份对大部分知识分子的谴责，这些知识分子在战争时期任"他们的科学、艺术以及他们的理性受政府的调遣"。[13] 文章宣称，他们如此这般的做法事实上助长了这五年的杀戮和破坏，也粉碎了"人与人之间的理解和友爱"。[14] 这份知识分子联名书敦促他们的同仁放下之前的错误（宣言谨慎地避免了指名道姓），倡导"重建我们的博爱联盟——一个比此前所有联盟更为牢固、更为可靠的新联盟。"[15] 宣言坚称知识分子不应捍卫某一派别的利益，而应当"献身于精神"。知识分子的使命是去引领人们，用博爱精神去联结全世界的人们，唯有博爱精神能够战胜盲目的、无理性的冲突。毫无疑问，宣言反对任何基于不同种族和民族来分解世界的企图。“我们不认可各个‘民族（the peoples）’，我们认可的是‘一个民族（the People）’——唯一的、普遍的……包含所有人类在其中的，所有兄弟皆平等。”[16]

罗兰公开抗议德国镇压斯巴达克思军团起义，他认为这表明“德国的保守派、君主主义、军国主义又卷土重来了”，然他同时也强调，“部分责任在于英国和法国不得当的、前后矛盾的政策”。[17]罗兰还谴责德国的社会主义者们倒向政府、打压无产阶级，他号召大家联合工人、团结工人。

罗兰起初是支持俄国革命的，为什么他很快就对其敬而远之？主要原因有三：第一，他不赞同列宁和布尔什维克坚持的刻板的党纪。他所信奉的国际主义类型，特别是其对“人道”与“心灵”的理想主义承诺，意味着他不再会投身于那类声称是为了某一特定阶层之利益的事业，也不会支持那些声称为了国家的事业。第二，罗兰反对布尔什维克用以解决问题的那些他视之为过度唯物主义、过度讲究实用与技术性的手段，在他眼中，这类行径等于否认了谦逊的理念以及所有精神性和人道主义之类的东西。罗兰写于1920年的有关列宁的著述认为，列宁的伟大之处在于他的勇气、信仰以及对自己是正确的坚信不疑，但是，罗兰又补充道，“他没有足够的人道意识”。[18]

罗兰与列宁及布尔什维克之间最根本性的分歧在于暴力问题。罗兰不能原谅布尔什维克为了推动他们的革命事业而采取的那些在他看来野蛮的、残酷无情的手段，更不用说他会支持布尔什维克发动一场反帝国主义的世界革命——布尔什维克们自己也承认这场革命将会涉及相当多的暴力和冲突，而这正是罗兰深恶痛绝的。对于理想主义者罗兰来说，战争是愚蠢的失常，是一种病，是对文明的背叛；对于革命者列宁而言，战争是国际资本主义竞争无可避免的结果。罗兰认为，战争将会毁灭最高级的文明与文化；列宁则坚信，战争所摧毁的只不过是深度腐朽的、堕落的制度，它将开启一个基于平等和正义的新秩序。“罗兰想要和平，而列宁呼唤革命。”[19]下一节我们考察罗兰与巴尔比斯在1921—1922年的论战（见下文第 80—84 页）时，将回顾罗兰关于俄国革命的观点。

亨利·巴尔比斯

如前所述，1917 年亨利·巴尔比斯和雷蒙·勒费弗尔、保罗·瓦扬-库里耶、乔治·布吕耶尔（Georges Bruyère）一同创立了共和国退伍军人协会。与其他退伍军人组织一样，共和国退伍军人协会作为一个压力集团，致力于维护那些参战士兵以及战争幸存者的利益。它也有自身的政治诉求，尽管一开始其诉求的表达似乎不甚明了。协会的成立宣言于 1917 年 11 月发表在《人民》（*Le Populaire*）杂志上，宣言中谈到，建立一个“伟大的同盟——联合所有法国民主的、共和的、社会主义的公民”[20]，致力于重建法兰西的民主文明。共和国退伍军人协会很快——用两位法国左派历史学家的话说——就成了一个“青年革命激进分子的滋生地，这些青年人并没有参加过战前的社会主义或者工团主义运动”。[21] 勒费弗尔与瓦扬-库里耶就是这些青年人当中的典型例子。

雷蒙·勒费弗尔和保罗·瓦扬-库里耶皆来自巴黎的富裕家庭，二人都曾是索邦大学的学生。同样，他们皆因经历“一战”的战场而变得激进，成为坚定的反战积极分子。从 1918 年起，瓦扬-库里耶数次因写作反军国主义的文章入狱。1920 年，他的反战著作《革命或死亡》（*La Révolution ou la mort*）出版。

1919 年 6 月，共和国退伍军人协会的通讯汇集成一本名为《对战争宣战》（*Guerre à la guerre*）的小册子发表，其时恰逢凡尔赛和约的签订。共和国退伍军人协会照样还是作为一个压力集团开展活动，在 1919 年 9 月的大会上，协会重申了维护退伍军人物质利益的承诺，兹时协会声称其成员已超两万名，分支机构达 300 家。然而，此时协会已将反战的斗争与谋求社会正义的斗争纳入阶级斗争的范畴，视其为反资本主义、反帝国主义的国内、国际斗争的一部分。虽然共和国退伍军人协会坚持，它将继续保持独立于其他政治组织之外，但是，它显然已从“纯粹”的和平主义转向革命的反军国主义。作为这种转变的一部分，协会如今开始支持俄国革命，批评凡尔赛和约，并谴责对俄国和匈牙利的外部干涉。

共和国退伍军人协会日益倒向国际主义的另一个表征是国际退伍军人协会的创立，巴尔比斯担任了国际退伍军人协会的总书记，在1920—1927年间国际退伍军人协会举行了五次国际大会与多次小型会议，直至其停止运作。虽然从1919年起，巴尔比斯已经远离了“纯粹的”和平主义，但他还是愿意在那年6月的时候，在罗兰的《精神独立宣言》上签名（见上文第72页）。

1919年5月，在共和国退伍军人协会日益鲜明地反对资本主义、反对帝国主义的同时，巴尔比斯宣布在《人道报》发起一个全新的“光明”（Clarté）运动，这一运动是出于“对战争的憎恶，对战争中经历的那种无时不刻的恐惧以及身体（被损毁）之惨状的憎恶，它渴望将反抗旧秩序的意识转化为行动”。[22]“光明”运动最初由雷蒙·勒费弗尔与保罗·瓦扬-库里耶于1916年6月首倡，随即巴尔比斯开始参与，其目标转而定位为一场国际知识分子反战运动。尽管这一运动与罗兰一个月后发起的“为了国际主义精神”运动不无相似之处，但罗曼·罗兰谢绝了参与邀请。虽然罗兰的决定部分源于自尊心和占有欲，但不可否认的是，罗兰设想的、战后所需要的那种知识分子反战组织的类型与巴尔比斯所设想的存在明显的差异。

当罗兰在1916年底被动员加入“光明”运动时，他远没有被那一长串首倡“光明”运动的知识分子名单打动，相反，他感到吃惊的是，诸如剧作家埃德蒙·罗斯唐（Edmond Rostand）以及比利时象征主义诗人莫里斯·梅特林克（Maurice Maeterlinck）之类的知识分子被任命为筹备指导委员会成员。罗兰不愿意与这类文学人物共事——无论他有多出名，罗兰认为，如果一位文学家背弃了他作为知识分子的使命而支持战争，那么他就是有罪的。当1919年“光明”集团成立的时候，罗兰认为它带有太多巴黎小圈子的味道，过于聚焦在媒体和剧院的空间。事实上，罗兰认为“将如此多异质性的人群组织在一起十分危险”。[23]巴尔比斯致力于建立一个基础广泛的、折衷的运动，一个我们今天可以称之为“进步知识分子”的阵营；然而罗兰倾向于“小规模、联结紧密的组织，拥有坚定的、毫不妥协且忠于事业的成员。”[24]罗兰认为由巴黎来运作所有活动是一个错误，他认为应该去中心化，让每个国家都有自己的成员与组织。尽管巴尔比斯1919年6月再度拜访罗兰，罗兰却仍旧拒绝加入该组织。从个人层面来说，他对这个倡议的反感因勒费弗尔的参与而加剧了——勒费弗尔1917年8月在瑞士拜访罗兰时给他留下了一个不好的印象。

1919年10月，在“光明”运动宣布成立的5个月之后，它的第一期评论——同样命名为《光明》的刊物面世，内容包括组织的章程以及国际筹划指导委员会28名成员的名单。在1919年12月，巴尔比斯出版了一本小手册，名为《深渊中的光：“光明”组织追求的是什么》（*La Lueur dans l'abîme*：*Ce que veut le groupe Clarté*）。透过这本小册子，巴尔比斯与罗兰观点的不同之处更为明晰化了。罗兰仍然认为和平主义本质上是一个道德范畴的问题，然而，可以确定的是，此时巴尔比斯对于战争的看法已经转向一个更加唯物主义的、马克思主义的立场。因此，当罗兰继续阐扬崇高的道德理想、继续对任何组织的任何政治承诺保持谨慎——因为那将使个体丧失其身份和自主性，巴尔比斯则越来越相信，有必要建立一个高效的、广泛的集体组织，以便提出具体的、改变人们状况的诉求。正如法国知识分子、历史学家尼科尔·拉辛（Nicole Racine）所指出的那样，巴尔比斯如今鼓吹“权利与责任平等、所有人的工作平等以及以俄国苏维埃路线为代表的、以单一的劳工阶级取代现有的阶级体系。”[25]巴尔比斯开始深信，仅仅谴责战争是远远不够的。他认为应该深究战争爆发的潜在原因，他现在认为这个潜在原因就是国际资本主义。尽管巴尔比斯意识到他的计划与新成立的列宁主义的第三国际相似，尽管他也被俄国革命所鼓舞，但他仍然相信可以通过和平劝说的方式实现一场激进的社会变革，而诉诸武力并不是必须的。1920年，法国共产党成立，“光明”组织的发展以及巴尔比斯所坚持的、组织必须独立于其他政党的主张都面临挑战。现在，我们将转向这个法国左派历史上的关键性时刻，之后，我们将回顾20世纪20年代后期“光明”运动的演变以及巴尔比斯与罗兰有关俄国革命的论争。

工人国际法国支部与俄国革命：法国共产党的成立（1920年）

停战协议的签订巩固了“胜利之父”（Père la Victoire）乔治·克莱蒙梭的政治地位。虽然克莱蒙梭随后没能够说服英国和美国“德国必须付出代价”，即德国应当被拆解、法国其他的要求也应当被满足，但是，他很顺利地获得了议会对于凡尔赛和约之妥协的批准。“公众舆论认为，考虑到眼下的情况，没有人能比克莱蒙梭做得更好了；因而他的政治地位仍然十分稳固。”[26] 1919年11月的议会选举中右派格外地成功，这得归咎于动荡不安的社会形势，另一方面也因为右派们对“神圣联盟”精神的利用以及他们煽动布尔什维克恐怖的能力。此外，还有一个原因是克莱蒙梭在保守派选民中十分受欢迎——尽管许多左派人士十分厌恶克莱蒙梭。[27]其实克莱蒙梭在他的同僚中也远非称得上受欢迎，同僚们不喜欢他压倒一切的独裁主义作风，他们当中许多人还对他的反教会主义十分不满。当克莱蒙梭意识到议会选举团不会选举他当共和国总统时，他退出了政坛，回到他的故乡旺代省（Vendée），9年之后在那里去世。最终当选总统的保罗·德夏内尔（Paul Deschanel）也很快迫于自身健康问题下台，同年9月亚历山大·米勒兰（Alexandre Millerand）取代他成为总统。

1919年的选举结果令工人国际法国支部的社会主义者们十分失望。虽然与1914年相比，工人国际法国支部的得票数略有上升，但是，工人国际法国支部的议员数量却从1914年的102下降到68，部分的原因是选举制度的改革。在竞选活动中，工人国际法国支部发现他们自己不仅被抨击为“国际主义者”——在这个民族主义仍为主导性的社会情绪的时刻——且被指责为“对德国手软”，而此时战争年月滋长起来的好斗性使得法国民众乐见一个被碾压、被羞辱的德国。雪上加霜的是，在许多选民的眼中，国内的局势动荡与国外的布尔什维克是关联在一起的。

一旦战争结束，许多工人便不再觉得有义务抑制自身的诉求。战后失业率激增，战时经济正缓慢地转向以和平时期日常需求为导向的经济，从前线返归的士兵发现他们很难获得一份工作。通货膨胀日益严重，商品价格飞涨，而与英美签订的货币协定意味着法郎实际上的贬值。激进主义与革命主义广为流布。劳工总联合会不断涌入新的加入者，会员人数接近百万。他们中很多人是青年激进分子，支持布尔什维克革命，支持库尔特·艾斯纳（Kurt Eisner）1918年11月在慕尼黑企图武装夺取政权的革命，支持1919年1月斯巴达克思军团起义以及同年3月贝拉·库恩（Bela Kun）在匈牙利领导的革命。1920年初，工人国际法国支部的成员人数已从1917年的4万激增至约13万，在其内部，激进派和革命派坚持的主张，往往令它的温和派惊愕不已。

工人国际法国支部内部的激进主义不断膨胀，反映了整个国家的激进主义急剧抬头。1920年2月，铁路工人举行罢工。面对第二次罢工，米勒兰总统威胁将罢工者强征入伍。为了换取社会和平，政府于1920年4月23日通过了一项旨在推出八小时工作制的法令，然而，大约一周后，在传统的五一劳动节期间，巴黎还是发生了警察与工人之间的激烈冲突，至少有1名工人在冲突中丧生。虽然当局曾试图禁止这场罢工，但还是有大约15万人参与。整个巴黎布满了街垒，罢工风潮波及全国，革命者在其中喊出了“向苏联看齐”的口号。虽然抗议活动没有如革命者们所期望的那样发展为一场全国性的大罢工，但5月10日，就在劳工总联合会领导人竭尽全力地控制这场运动的情形下，仍有成千上万的工人参加了罢工。根据查尔斯·索尔文（Charles Sowerwine）的研究，“1919至1920年间共发生了3,926起罢工，参加人数达240万之众，可以说1919至1920年见证了激进主义——如果不是革命精神的话——已成燎原之势。”[28]这一时期，工人与政府相互对垒，而在工人运动内部，改革派与革命派针锋相对，正是鉴于这种混乱的局势，1920年12月工人国际法国支部在图尔召开代表大会，讨论是否加入列宁于1919年3月在莫斯科创立的第三国际。

早在1920年2月，工人国际法国支部在斯特拉斯堡（Strasbourg）召开的大会上，即重申了致力于阶级斗争的承诺，认识到第二国际的失败，并投票表决通过了与新成立的第三国际建立友好关系的提案。6月，马塞尔·加香重访俄国，这次是和安德烈·弗罗萨尔（André Frossard）一起，工人国际法国支部支持他们参加了7月的第三国际第二次代表大会，此次会议在彼得格勒（Petrograd）开幕，随后移师莫斯科，一直持续到8月。7月，共和国退伍军人协会创始人之一的雷蒙·勒费弗尔从法国开溜、出现在这次大会上，他的关于呼吁建立一个真正的革命政党的演讲给会众留下了深刻的印象，包括托洛茨基（Trotsky）。托洛茨基将他视为未来法国共产党领袖的不二人选。可惜勒费弗尔在经挪威返回法国的途中，所坐的轮船在北极的摩尔曼斯克（Murmansk）地区沉没，他本人葬身大海，时年仅30岁。如果说弗罗萨尔返回法国后对他在俄国的所见所闻持保留意见的话，加香此时已完全折服于布尔什维克，表现出一个新的“皈依者”特有的热忱，尽管加香此前曾是“神圣联盟”的狂热支持者，且曾在1918年写过一些极度尖锐的、针对布尔什维克的文章。弗罗萨尔与加香从莫斯科带回了一个文件，是关于加入第三国际所必须具备的9项基本条件。8月26日，《共产主义简报》（*Le Bulletin communiste*）刊登了加入第三国际的18项基本条件，到了9月，这一标准又上升到21条。[29]

1920年圣诞节这一天，工人国际法国支部在图尔市（Tours）召集了一次特别会议，会议议题就是讨论是否加入第三国际，争论主要围绕三项展开提案。第一项提案是加香与弗罗萨尔提出的，他们主张无条件加入第三国际。第二项提案由中间派让·龙格（Jean Longuet）与保罗·富尔（Paul Faure）提出，他们虽然赞同布尔什维克革命，却不赞成第三国际章程第12条中详尽具书的集权的、纪律严明的列宁模式，他们倾向于建立一个由不同政治团体组成的、拥有更广泛之基础的组织。换句话说，他们希望工人国际法国支部在保持自身之独立性的前提下加入第三国际。最后是莱昂·布鲁姆提出的反对加入第三国际的提案。经过四天的讨论，以大多数的赞成票通过了加香-弗罗萨尔提案，但中间派和右派反对这一决议。工人国际法国支部分裂，大部分的成员离开，成立了法国共产党，《人道报》现在成为法共的机关报。

巴尔比斯、罗兰与苏维埃共产主义

在法国共产党成立前不久，巴尔比斯已得出结论——“国际共产主义”是建立新世界秩序的途径。在1921年出版的《齿间之刀：写给知识分子》（*Le Couteau entre les dents : Aux intellectuels*）中，巴尔比斯公开摒弃了他早期所信奉的和平主义，因为他此时坚信，如果要摧毁旧制度，暴力手段是必要的。“如此，巴尔比斯，当初偏理性的知识分子、和平主义者、理想主义者，逐步接受了第三国际的学说，与19世纪的理性和平主义决裂。”[30]

虽然个人的政治立场发生了转变，巴尔比斯仍坚持“光明”运动及其同名刊物的政治独立性。比如，1920年7月巴尔比斯写道，“真正的社会主义是第三国际的精神”[31]，且1920年10月他又在《人道报》发表声明称，社会主义的责任要求工人国际法国支部加入第三国际，但是，他坚持，应当允许“光明”运动及其刊物成为分属不同政治派别的、反战进步人士的舞台和集结处。巴尔比斯的观点与一些少壮派不一致，包括瓦扬-库里耶。瓦扬-库里耶观点更为激进，甚至有宗派主义的嫌疑，他在1921年2月紧随巴尔比斯之后宣称，“光明”运动及其刊物是“国际主义革命教育的中心”。[32]一些领导成员将“光明”运动定位为亲布尔什维克，在此压力之下，不少和平主义者离去，《光明》停刊。1921年11月，一份新的刊物开始出现，多少有点引人混淆，其刊名也叫《光明》。起初是双月刊，随后改成月刊。与早前的同名刊物比，新的《光明》杂志“政治性”更强，其刊登的一些文章对中产阶级文化和政治发起了革命的批判。虽然巴尔比斯最初担任了编辑职务，但他对于刊物狭窄的关注面感到不适应，很快，他便远离了这份他称之为“不过是一份小型共产主义评论”的刊物（1922）[33]。尼科尔·拉辛总结道，“‘光明’运动从来就没有超出计划、纲要和宣言的阶段”，她补充道，“有人可能会说，‘光明’运动在法国的特殊贡献，是为来自不同背景、不同传统的知识分子们提供了交流的平台，它将不同的因素汇聚一起，融为一炉，形成了早期的共产主义政党。”[34]1921年12月至1922年4月期间，正是在《光明》杂志上，巴尔比斯发表了大力抨击罗兰的文章，二人之间的交锋被视为战后最重要、最激烈的论争之一。[35]

前面我们曾提到，罗兰起初支持俄国革命，但随后他迅速转变了立场，原因在于契卡（Cheka，秘密警察）的恐怖行径，另一方面也因为交战双方在内战中的残忍暴行。在工人国际法国支部加入第三国际的会员资格这一问题上，罗兰拒绝站队；他对欧洲各地——柏林、巴伐利亚、匈牙利——暴发革命的支持态度，也与他对那些镇压起义之手段的憎恶和震惊再匹配不过。事实上，俄国、德国以及匈牙利的血腥事件就发生在第一次世界大战后如此短短的时间内，这使得罗兰认为欧洲注定要走向毁灭。现在他转向了亚洲的哲学与宗教，在印度神秘主义者罗宾德拉纳特·泰戈尔（Rabindranath Tagore）学说的影响之下，他决定在森蒂尼盖登（Santiniketan）建一所国际大学①，致力于传授宽容的价值观。他还被甘地的"非暴力"主义所吸引，将甘地看作是文明的唯一救星。他与甘地建立了私交，从而为这位印度圣人撰写了传记，于 1924 年出版。

1921 年 12 月 2 日，《光明》登载了一篇文章《另一半职责：关于罗兰主义》（*L'Autre moitié du devoir*：*A propos du rollandisme*），这是巴尔比斯炮轰罗兰的第一篇檄文。据巴尔比斯的一位传记作者所言，巴尔比斯相信：

> 在图尔代表大会一年之后，选择你的阵营，不仅仅是在两种政治形态之间做出选择，而是在真理和救赎，与错误和过去之间做出抉择。这一决定必须是公开的行为，你必须全身心地投入其中。[36]

巴尔比斯认为知识分子负有两项使命——摧毁旧制度和建立新秩序。在巴尔比斯看来，罗兰完成了知识分子角色的前半部分使命——抨击旧世界，然而现在，他回避了建设新秩序的要求。知识分子应该着手从事

① 此处疑作者笔误，国际大学系泰戈尔创立，罗兰曾协助筹款。——译者注

有关社会运作的科学分析，比如“光明”运动规划中提出的“革命的社会几何学”的那类创见。巴尔比斯认为，既然资本主义的本质就是少数人对多数人的无情压榨，因此，反对借助任何形式的暴力，代之以托尔斯泰（Tolstoy）和甘地的名义呼吁某种含糊的道德重建，无疑宣告了罗兰及其追随者的无能和冷漠。“光明”运动不主张无理由的、不必要地使用暴力，然而，罗兰主义者未能抓住一个事实，即为了维护统治阶级的利益，资本主义社会本身就设定在暴力的基础之上。暴力问题必须被具体地提出，而不应该止步于模糊的、抽象的、道德的层面。比如，被剥削者运用暴力自我防卫——对抗那些曾经将欧洲拖入战争、且在将来仍可能这样做的人，这是合法还是非法？

罗兰在回复巴尔比斯的一封信中嘲讽后者革命的“社会几何学”是伪科学、伪理性主义。罗兰否定了马克思的理论及其在俄国的实践，他认为，在俄国，人道、自由、真理、正义等基本的价值理念已经被践踏在脚底。罗兰完全不同意巴尔比斯所声称的——革命暴力将会被证明是必须的、短暂的，相反，他担心以革命之名义进行的镇压将始终存在于布尔什维克的统治中。因没有收到巴尔比斯的回复，罗兰便安排在一些报刊上发表这封信［1922年1月《自由艺术》（*L'Art libre*），随后2月份的《国际评论》（*Rassegna internazionale*）、《人民杂志》（*Le Journal du peuple*）以及《民族》（*The Nation*）］。然而，罗兰的信件的确出现在2月1日的《光明》上，且附有巴尔比斯的短篇评论。罗兰1月21日即收到了这篇短评的信件稿。在信中，巴尔比斯指责罗兰对他所声讨的罪恶束手无策，他还指责罗兰没有成为一个革命者，低估了共产主义和俄国革命的重大意义。

罗兰在1922年2月的《自由艺术》上发表了他的回击。对于巴尔比斯专横地划定谁是革命者、谁不是革命者，罗兰感到很愤怒，他表示，革命并非某一个政党的私产，相反，它是“一所向所有期望人类变得更快乐、更美好的人们敞开大门的房子。”罗兰拒绝因“革命”之名放弃他的行动自由，因为，在他看来，这样做会损害个人的诚实与正直，即便

——在巴尔比斯看来——这使得罗兰处于低效的状态，他的声明也更像是在放空话。罗兰继续支持甘地的非暴力不合作，并就巴尔比斯称其背弃知识分子之责任的指摘给予回击。他抛出一个基本问题，一个此后几十年知识分子仍在争论不休的问题，作为二人论战的结束，他写道：

> 我对你们说，我的作家同仁们，特别是那些说自己处在先锋位置的人们，你们真的相信艺术家、科学家与思想家当下的责任……在 1922 年是投身于革命吗？或者，你们难道不认为，服务于人类——革命也同样——的最佳途径，正是保持你们完整的思想自由吗？即便这是有悖于革命的——如果革命不能够尊重自由最不可或缺的元素——也同样如此。[37]

巴尔比斯在这场交锋中的第三篇、也是最后一篇文章发表在 4 月 1 日的《光明》上，在文中，他再次批评罗兰对俄国革命的消极态度，批评罗兰没有认识到俄国革命的重大意义，同时，重申了自己对于暴力的看法。在文章发表的那天，罗兰写信给巴尔比斯，表示他不愿意继续这场争论。数日后，巴尔比斯回信同意他的建议。这场特殊的论战到此结束。但是，从那时起，法国知识分子就一直在继续争论——知识分子应当保持超然于争斗之外、以捍卫“纯粹”的普适价值，还是弄脏自己的双手、介入当下的政治斗争？是否可以为着希望加快拯救人类的步伐而做出妥协？或者，做出这种非常的妥协是否不可避免地玷污了知识分子全体的事业，以及让做出妥协的知识分子永远地丧失了自身的独立性？如果某人同意暂时接受这种不可接受的妥协，那么这“暂时”是多长时间的“暂时”？又究竟准备接受多少的妥协——在这目的决定行事方式的旗帜之下？

1923 年 1 月，在德国未能履行战争赔偿之后，以雷蒙·普安卡雷为首的法国政府，在大多数法国议员以及比利时和意大利的支持下，派出法国军队的两个步兵师和一个骑兵师占领了鲁尔地区。如果德国政府仍然不支付赔款的话，法国将接管并开发鲁尔区的矿业及工业，自行谋利。法国军队遇到了来自德国工人的“消极抵抗”（比如罢工、怠工），并很快延伸为一场遍及整个莱茵兰地区的铁路大罢工。普安卡雷政府报之以开除大约 1,500 名的德国铁路工人，补充进 12,000 多名法国和比利时的矿工。法国共产党反对这一侵占举措，并呼吁法国军队对德国工人保持亲善。法国警方迅速袭击了法国共产党的总部和《人道报》的办公楼，将法共领导人拘禁在康复监狱（Santé prison）。法国政府的这一系列行径促使巴尔比斯加入了法国共产党，他宣称：“既然我拥护他们（法国共产党）的主张，我也应该与他们一同赴难。”[38]据报道，他还说：“也许我不加入对法国共产党而言更有助益，但是现在，所有的斗士都被捕入狱……已经不是站在一边的时候了。”[39]

尽管罗兰与巴尔比斯之间有分歧，但二人皆在一份回应保罗-邦库尔（Paul-Boncour）法案的声明上签名，这份声明先后刊登在 1927 年 4 月 20 日的《自由言论报》（*Libres Propos*）和 1927 年 5 月 15 日的《欧洲》（*Europe*）上。保罗-邦库尔法案详细规定了“战时一般的国家机构”，并且在 3 月以压倒性票数获得通过。这一法案在广大知识分子当中激起强烈反应，他们抗议“有史以来第一次（规定），战时所有的独立思考、所有的言论自由将被禁止，单纯的思想自由也将被抑制。”[40]共有约 160 名知识分子在这份声明上签字，除了罗兰与巴尔比斯，其他签名者还包括哲学家阿兰[41]、作家乔治·迪阿梅尔、先锋派作家让·科克托（Jean Cocteau）以及作家让·盖埃诺。此外，还有一份来自巴黎高等师范学院 54 名学生的单独的名单，在其中我们找到了学生让-保罗·萨特与雷蒙·阿隆的名字。这份宣言提醒我们，反军国主义与和平主义依然是能够动员知识分子群体的重要议题，诚如我们将在下一章所看到的，和平主义在下一个十年之中，仍然是一种重要的意识形态思潮。

从达达主义到超现实主义

1916 年兴起于苏黎世的达达主义运动以及在其基础上派生的超现实

主义运动，皆萌芽于第一次世界大战。如果说和平主义者们是基于对战争的憎恨被动员起来的，共产主义者们汲汲于摧毁他们视为战争之罪魁祸首的资本主义与帝国主义，达达主义运动则是针对战争的一种总体性的、不妥协的、虚无主义的文化反应，不容忽视的是，它还针对滋生战争的文化与社会环境。战争是疯狂的，因为它摧毁人类的生命和财产，然而，这种疯狂却是由以自身之理性为荣的社会造就的；战争是野蛮的，数百万人在其中惨遭屠戮，然而战争的主要参与者却是那些自诩为文明卫士的社群。这些社群为自身在科学的名义下取得的进步感到骄傲，然而第一次世界大战正是应用这类科学的一个可怕例子。战争表明，主要的参战方所声称的、构成他们道德指南的那些价值观尽数倾颓，无论是传统民族主义价值观下的祖国、家庭、宗教和荣誉，还是共和价值下的自由、博爱、正义与平等，抑或是社会主义珍视的阶级团结，一切皆如此。所谓的“祖国”已被摧毁，几乎没有一个家庭在这场战争中无人丧生。所有参战国都宣称上帝站在他们这一边，个人可能在为荣誉而战，而战争本身绝不是一项光荣的事业。自由，数百万被强制征召入伍的士兵何来自由？那些普通人——来自德国、法国、英国的士兵，拼了命地互相残杀，此情此景，何堪“博爱”？哪里有什么阶级团结？至于正义与平等，在这场骇人听闻的苦难、死亡与毁灭的狂欢中，正义在哪里？唯一与“平等”扯得上边的，是那些不幸的士兵所遭受痛苦的平等——无论来自德国、法国，还是俄国、英国。但是，即便（有人）因此将达达运动理解为浸润了理性——它自身激烈反对的——它本质上是以一种自发的、无政府主义的、毁灭性的姿态挑衅整个欧洲文明。

达达主义运动的根据地在苏黎世的“伏尔泰酒店”，就在列宁被流放时曾居住过的那条街上，达达主义的许多文化事件皆在这里登场，包括“立体主义舞蹈”，由打字机、水壶、拨浪鼓和炖锅锅盖共同演奏的交响乐，音诗（无意义的音节拼凑而成）以及由不同的噪音、且往往是不同的语言同时朗诵的诗歌，等等。达达主义运动的领导人特里斯坦·查拉（Tristan Tzara）有一张创作诗歌的“配方”：把从报纸上剪下的字装进一个袋子里，再将这些字取出来，按取出的顺序记下这些字，即组成一首诗。1918年12月查拉写出了他的《达达主义宣言》：

> 所有愤慨的产物——所有可能发展为一种对类属之否定的厌恶就是达达；竭尽所能地挥拳抗议——为一切破坏性的行动，这就是达达……废除逻辑……是达达；……废除记忆是达达；废除历史是达达；废除财产是达达；废除未来是达达；绝对毋庸置疑的、如同信仰上帝一般——对所有即时的、自发的作品，这就是达达。[42]

安德烈·布雷东，法国超现实主义运动日后的创始人，被这份《达达主义宣言》深深折服。出生于1896年的布雷东没有参与1914年的“神圣联盟”大潮。1915年，布雷东被征召入伍，次年，他在南特的军队医院服役，邂逅了兹时正在那里治疗的雅克·瓦谢（Jacques Vaché）。虽然布雷东在瓦谢1919年自杀之前仅见过瓦谢五六次，但是瓦谢不容妥协的、对社会的反叛以及对战争的憎恶给他留下了毕生难忘的印象。尽管瓦谢从来不是一名达达主义者，然这并不防碍他被描述成“达达主义的完美化身”，[43]他的自杀行为更是助长了他的声名。布雷东曾经在一个神经—精神病学中心工作，通过一本晚近出版的关于精神分析的著作，他逐渐熟悉了西格蒙德·弗洛伊德（Sigmund Freud）的无意识理论，这成为超现实主义者践行自动写作的理论来源。

1919年1月，瓦谢自杀的几个星期之后，布雷东急切地写信给查拉，几个月后又再次写信，热切地告诉查拉他是多么地使自己想起瓦谢。1920年1月，查拉抵达巴黎。兹时的首都巴黎，达达主义声势渐显，来自德国（当时的）达达主义画家马克思·恩斯特（Max Ernst），来自美国的曼·雷（Man Ray），恶名远播的法国画家、雕塑家马塞尔·杜尚，还有布雷东及其同伴们疯狂的艺术活动，尤其是诗人路易·阿拉贡与菲利普·苏波（Philippe Soupault）的加入，这一切使得巴黎奠定了它作为战后达达主义运动之中心的地位，这种地位因查拉的到来进一步得到巩固。

1919 年 3 月，由布雷东、阿拉贡、苏波创办的一份先锋文学评论《文学》出版了第 1 期，到 1920 年 5 月第 13 期出版的时候，即查拉抵达巴黎四个月之后，《文学》杂志已旗帜鲜明地与达达主义站在一起。在达达主义一系列（23 篇）的宣言中，有一篇阿拉贡所写的即刊载在这一期的《文学》杂志上：

> 不再有画家，不再有作家，不再有音乐家，不再有雕塑家，不再有宗教，不再有共和派，不再有保皇派，不再有帝国主义者，不再有无政府主义者，不再有社会主义者，不再有布尔什维克，不再有贵族，不再有军队，不再有警察，不再有国家，受够了这一切愚蠢的东西，不再有，不再有，不再有，不再有，不再有。[44]

虽然早期在伏尔泰酒店上演的一系列“达达事件”激起了人们深深的厌恶和愤怒，然而现在，新奇感开始消散，人们事实上已开始欣赏达达主义的活动，并且试图去“理解”这项运动，以便与其产生共鸣。与此同时，布雷东也开始尝试在达达主义的活动中注入一些使命感。1921 年 5 月，布雷东与阿拉贡发起了一场对极端民族主义者、反德雷福斯派——巴雷斯的模拟审判。这个“法庭”有适当的建构，由布雷东主持，苏波、阿拉贡在其中充任审判员，特里斯坦·查拉与新近加入达达社团的皮埃尔·德里厄·拉罗谢勒担当证人，本杰明·佩雷（Benjamin Péret）则扮演一个不知名的德国士兵。尽管查拉同意参与进来，然而他是反对布雷东的提议的，他认为，这个活动将体现人道主义准则——而达达主义的核心是没有任何准则，也不代表任何事物。查拉试图将这场“审判秀”演变为一项达达主义活动，但是布雷东和他的支持者们坚持将这次行动定位为一场对人的控诉，对那些代表了他们所鄙夷的一切事物的人的控诉。至此，布雷东与阿拉贡已经对达达主义的这种悲观的态度，这种即便喧闹、却漫无目的的行事感到厌倦，久而久之，布雷东逐渐走到了查拉的对立面。1921 年底，布雷东和他的支持者，特别是阿拉贡、保罗·艾吕雅（Paul Eluard）、马克思·恩斯特和佩雷，组成了早期的超现实主义团体，与达达主义并存了短暂的一段时间。然而很快，超现实主义者们便组建了自己的运动。1924 年 10 月，他们创办了一份新的评论杂志《超现实主义革命》（*La Révolution surréaliste*），杂志卷首语是布雷东撰写的著名的《超现实主义宣言》（*Le Manifeste du surréalisme*）。

超现实主义

"超现实主义"一词由诗人纪尧姆·阿波利内尔首创。根据布雷东的说法，阿波利内尔定义超现实主义只是一个即兴的词汇创作，但是布雷东与其他法国的"超现实主义者"们大大拓宽了这个词汇的含义，这从布雷东 1924 年的《超现实主义宣言》中对"超现实主义"的定义可见一斑：

> 超现实主义（Surréalisme），名词，阳性。纯粹精神的无意识行为，通过它拟表达真正发生在精神世界中的东西，用口头语言、书写或者其他任何方式，听从心灵的指引，不受任何理性思考的控制，亦摒弃任何美学的或道德的考量。
>
> 百科全书词条：哲学。超现实主义是基于对更高层面的真实的信仰，即对某些此前被忽略的情感、记忆的关联的信仰，对梦想之万能的信仰，对放任自由的、漠不关心的空想的信仰。它倾向于最终摧毁所有其他的心理机制，并在解决人生最重要的问题上取代这些心理机制。[45]

布雷东在战时接触了弗洛伊德理论，结合他在野战医院听闻伤员神智昏迷时喃喃自语的直接经历，促使他决心投身于解放人类的心灵和创造精神，将后者从逻辑与理性的令人窒息的、压抑的囚禁中解脱出来。超现实主义应该超越真实；它将建立一种新的、自由的方式来感知世界、存身于世界，正如一位达达主义和超现实主义的作家所说，"（超现实主义）应当被认为是确立了无意识、梦境以及幻想在艺术中的首要地位”。[46]

虽然超现实主义者超越了达达主义，但是，他们延续了达达主义者孜孜于嘲讽、触犯众怒以及炮制丑闻的作派，这一点从他们发布的名为《死尸》（*Un Cadavre*）的小册子中明显可以看出——这本小册子上满是对刚去世的阿纳托尔·弗朗斯的嘲讽和鄙视。小册子出版于1924年10月18日，也就是《超现实主义宣言》发表的三天之后。

阿纳托尔·弗朗斯是一个在政治上很难定位的人物。出乎很多人的意料——包括莱昂·布鲁姆[47]，弗朗斯在第一份支持德雷福斯的请愿书上签名，他是法兰西学院为数不多的、在请愿书上签名的成员之一。因他支持德雷福斯，他的反对者给他起了一个“阿纳托尔·普鲁士”的绰号，但是他仍旧继续为德雷福斯的无辜而抗争，撰写了多篇文章抨击反犹太主义，如上文所述，他还在左拉的葬礼上致悼词。他在19世纪末20世纪初大学普及运动中也十分活跃。[48]在战争初期，弗朗斯就撰文提出，法国人应该大度地看待对德战争中的胜负问题，这个观点引发了蜂拥而至的愤怒邮件及抗议，许多反对者甚至往他的住所投掷石块。他于是改变了策略，转而撰写对比野蛮的德国人与英勇、睿智的法国士兵的文章。此举将他扳回到知识分子的主流——“神圣联盟”中，并收获了民族主义者的支持，但显然不包括罗曼·罗兰。巴尔比斯坚持邀请阿纳托尔·弗朗斯加入“光明”运动，这也在某种程度上导致了罗兰拒绝支持巴尔比斯发起的这项动员。（见上文第75—76页）

就在法国共产党成立之前五个月，弗朗斯撰写了一篇支持列宁与布尔什维克的文章刊登在《人道报》。很快，法共为了提高自身的信誉，开始称弗朗斯为他们阵营中的人。目前尚不清楚阿纳托尔·弗朗斯是否曾经加入共产党，总之，很可能他并没有加入。虽然如此，1921年，当弗朗斯荣膺诺贝尔文学奖时，《人道报》（现为法共机关报）发表了一篇文章，称“阿纳托尔·弗朗斯是我们的一员，他的荣誉为我们的党增添了光辉。”[49]直到1922年，法共仍然赞颂他为革命的朋友。1924年4月，当弗朗斯庆祝自己八十岁大寿时，《人道报》发表了文章，祝愿这位法兰西艺术界与思想界德高望重的老者健康长寿。

尽管阿纳托尔·弗朗斯可能已经被法国共产党所接纳，然而作为超现实主义者、作为法兰西学院成员的弗朗斯，仍然保持着在这一法共所厌恶的文学机构中的典范地位。正如布雷东此后指出的那样：

> 弗朗斯象征着一切我们所鄙夷的事物的原型。从人性的层面看，我们认为他的态度是最可疑和最可鄙的……他做了为赢得左派和右派的掌声所必需做的事。在荣誉和自我满足感面前，他彻底腐烂了。[50]

如果说达达主义者似乎视政治如无物，早期的法国超现实主义者则认识到政治对于他们的意义以及彼此的关联性。超现实主义者们可以摆出骄傲的姿态，与刺杀了“法兰西行动”主要人物莫里斯·普拉托（Maurice Plateau）的热尔梅纳·贝尔东（Germaine Berton）合影，但他们发现，共产主义的政治理念对于他们的口味而言，还是太保守了。他们对于现今人们称之为“政体变更”的事情毫无兴趣。相反，他们鼓吹一种精神的革命、精神的解放，将自我从因循守旧和追求体面的枷锁中解放出来。正如罗伯特·S. 肖特（Robert S. Short）指出，“他们将形形色色的反社会行为——犯罪、吸毒、自杀、疯狂，称之为人类自由与解放的诸种表现。”[51]如此，他们提议给那些已经破坏了社会秩序的囚犯以自由，给那些已经开始“自我解放”——自行突破社会视之为正常的范畴——的精神病人以自由，给所有将自我从一切西方社会禁忌中解放出来的人以自由。尽管他们虽然与东方宗教多少有些共鸣——实际上对其所知甚少——但是，在欧洲，他们却是激烈的无神论者，斥责天主教会，甚至用从教堂偷来的圣物装点自己的厕所。他们反对民族主义、反对战争，正是这方面的坚持，使得他们在1925年参加了反对法国军事介入摩洛哥里夫地区的运动。

里夫战争

从1912年起，摩洛哥被划分为两个区域，南部的法国保护区和北部的西班牙保护区。在西班牙势力范围内的里夫地区，阿布杜勒·克里姆（Abd-el-Krim）领导了一场民族解放运动，击溃了西班牙的军队，于1924年宣布成立一个独立的共和国。1925年4月，阿布杜勒·克里姆的军队向法属控制区挺进，发起了一系列的暴动。鉴于此，法国政府向摩洛哥增派了30多万士兵。

早在1924年秋季，法国共产党即已开始支持叛乱者，1925年5月，一个反对摩洛哥战争的、全国性的行动委员会成立，法国共产党和共和国退伍军人协会以及其他的一些组织皆参与其中。巴尔比斯撰写并散布了一篇文章，题为《致知识工作者，你们是否谴责战争?》（'Aux travailleurs intellectuels. Oui ou non，condamnez-vous la guerre?'），许多反战的知识分子在这篇文章上签名。此文于1925年7月2日以《知识工作者与无产阶级联合反对摩洛哥战争》（'Les Travailleurs intellectuels aux côtés du prolétariat contre la guerre au Maroc'）[52]为题，发表在《人道报》上。

文章揭露了发动这场距一战结束仅7年的战争的帝国主义根源，谴责了战争双方犯下的暴行，抨击法国政府倚赖审查来掩盖冲突的真相。文章支持所有民族决定他们自身之未来的权利，呼吁政府立即停止杀戮、商定一个公正的停战协议，呼吁国际联盟介入。[53]签名支持巴尔比斯的人有《光明》编辑委员会，维克多·塞尔日，20名左右的超现实主义者，包括布雷东、阿拉贡、苏波、诗人保罗·艾吕雅和本杰明·佩雷，一个新成立的共产主义小组——哲学家（Philosophies）的四名成员，即诺贝尔·居特曼（Norbert Guterman）、亨利·勒费弗尔（Henri Lefebvre）、皮埃尔·莫安琦（Pierre Morhange）和乔治·波利兹（Georges Politzer）。7月11日，《人道报》又刊载了另外两份支持此文的知识分子名单，其中包括罗曼·罗兰，罗兰的评论杂志《欧洲》早已声讨过这场战争。超现实主义者参与这场和“光明”集团共同倡议的反殖主义运动，显示了他们日益政治化的倾向。在此之前，超现实主义者与“光明”已在阿纳托尔·弗朗斯之去世一事上站到了一起。当超现实主义者发表他们的小册子《死尸》（见上文第89页）的时候，一份“反弗朗斯手册”[54]也出现在《光明》杂志上（1924年11月15日），文章指责阿纳托尔·弗朗斯为叛徒、沙文主义者，称他是一个在共产主义的诸神殿中没有立足之地的社会民主党人。正是因为《光明》对弗朗斯的攻讦，巴尔比斯与瓦扬-库里耶（此二人当时均已加入法国共产党）从杂志离职。

如同罗兰1919年6月的《精神独立宣言》引发了来自民族主义知识分子的暴烈回应，巴尔比斯1925年的这篇文章也同样如此。5天之后，一封写给战斗在摩洛哥的法国士兵的公开信出现在《费加罗报》的头版，标题为《站在祖国这一边的知识分子》（‘Les Intellectuels aux côtés de la patrie’）[55]。与他们对支持德雷福斯请愿的回应以及对1919年罗兰文章的回应一样，这份签名的公开信否认了巴尔比斯文章之签名者自称代表法国知识分子发声的权利。《费加罗报》文章中的176个签名，大部分来自大学教师及自由职业者（德雷福斯事件的另一阙回响），但是，也包括保罗·瓦莱里（Paul Valéry）、佛朗索瓦·莫里亚克（François Mauriac）、前德雷福斯派达尼埃尔·阿莱维以及两名“法兰西行动”的主要成员亨利·马西斯（Henri Massis）和雅克·班维尔，前政府首脑雷蒙·普安卡雷也在其中。签名者希望借此显示“绝大部分的学者和作家仍然站在祖国这一边”[56]，原始名单发布于7月7日，紧接着7月8日、10日和12日连续推出了其他愿意支持这份声明的知识分子名单。除了作为一份强有力的、法国传统民族主义的宣言外，这份声明的另一个有趣之处在于，保守的、右翼的学院知识分子和作家第一次愿意称他们自己为“知识分子”。这个曾被他们用作侮辱德雷福斯派同仁的词，如今变得更为普适，被持有不同观点的知识分子使用，被用来指称那些在政治问题上公开立场的、来自各个政治派别的知识阶层的男士和女士。

《费加罗报》刊登的这份联合声明指出，那些在巴尔比斯文章上签名的人“没有发现他们有必要为代表俄国知识分子之精英的成千上万人发声，而这些人惨遭布尔什维克屠夫折磨、处决已达六年之久”。声明继续指出，他们厚颜无耻地歪曲法兰西在非洲履行的那些慷慨无私的、充满人道精神的神圣职责。通过支持那个带领着强盗军队的野心家、那个已经威胁到法兰西文明计划的投机者，这一小撮法国人正好给德国和其他国家以借口散布虚假的、反法兰西的宣传。声明末尾宣称，对那些为了“文明与和平”而战斗在摩洛哥的士兵们表示支持和敬佩。

超现实主义与共产主义

法国共产党与超现实主义者对阿纳托尔·弗朗斯的不同评价，更重要的是，超现实主义者阿拉贡与共产主义者让·贝尼埃（Jean Bernier）之间的论争，阻止了法共与超现实主义者在这时候的进一步合作。阿拉贡-贝尼埃论战源于阿拉贡在《死尸》中提及“老态龙钟的莫斯科”（‘Moscou la gâteuse’），并在此后将俄国革命等同于一次“内阁改组”。

但是，超现实主义者与法共之间的这些争执并没有妨碍超现实主义者与“光明”集团中激进的共产主义者会合。正如我们所看到的，二者在里夫战争和阿纳托尔·弗朗斯问题上的立场相当相似。“光明”集团的成员们对超现实主义者、尤其是对布雷东非常敬佩，《光明》杂志也已刊登了超现实主义者保罗·艾吕雅的一些诗歌。与此同时，布雷东对于俄国革命的兴趣与日俱增，比如，他对托洛茨基撰写的列宁的传记印象极深，并在《超现实主义革命》杂志上发表了相关评论。然而，光明运动与超现实主义者之间友好的主要原因，是二者在1925年法兰西的知识界和政治领域所拥有的地位。

在“光明”运动短暂的、疾风暴雨般的历程中，它丧失了大量的读者和支持者，集团本身迫切需要革新。与之相反，超现实主义者正不由自主地陷入与达达主义者相似的命运——他们越来越受欢迎，冒着变得时髦、安全、体面的风险，因而也正在丧失他们的激进色彩。布雷东希望右翼民族主义者切切实实地攻击他们，以为他们的左派身份背书，然而——徒劳。[57]因此，超现实主义者们欢迎“光明”运动提供的政治优势，而“光明”则希望超现实主义的活力、激进与声名为集团自身及其刊物注入新鲜血液。

布雷东与阿拉贡1921年都曾考虑加入法国共产党，然而直至1925年

10 月，“光明”集团与超现实主义者才举行首次官方联席会议，他们的联合声明以《第一次革命和永远革命》（‘La Révolution d’abord et toujours’）为标题，刊登在《超现实主义革命》十月号上。文章的主要特质可以归结为，支持列宁及社会主义革命，恶意的反爱国主义腔调（“祖国这一概念使我们感到厌恶，这是最卑劣的、最无哲学内涵的概念”），拒绝被奴役的工作，以及憎恶中产阶级的价值观。20 世纪 20 年代前期，超现实主义者们可能在向共产主义靠拢，但他们还没有准备加入共产党，至少还没有直接加入。然而他们也不准备仅仅作为法共的追随者。他们坚持自己对革命的观点，将革命视作彻彻底底的——不仅要横扫现有的经济和社会秩序，还要革新观念体系（‘l’ancien régime de l’esprit’）。超现实主义者认为他们自身比法国共产党更激进，仍然希望保持自身的自主性。正如他们的成员之一、人类学家米歇尔·雷利斯（Michel Leiris）1925 年 10 月声称，他们应该“与法共并行不悖地开展活动，避免与其直接冲突，但保持相当的独立性。”[58]

超现实主义者视自身为激进派。他们首要的是介入美学领域，推动超现实主义艺术——他们视之为法兰西唯一真正的革命艺术——以及摧毁所有不着眼于促进革命的知识分子活动。但是，超现实主义的另一个野心——系统地阐述共产主义理论及实践、推动服务于革命的艺术——却并不受法国共产党的欢迎。退一步说，法共可能赞成《第一次革命和永远革命》中的一些观点，对超现实主义者的反叛精神普遍抱有好感——虽然是用一种屈尊俯就的方式——但是，与此同时，法共也对超现实主义者的个人主义、中产阶级背景怀着警惕，对他们未能扎实地掌握理论，尤其是马克思和列宁的“经济法则”表示担心。

超现实主义者与法共之间试探性的、间或紧张的友好关系离不开超现实主义者与光明集团早期的接触。比如，《人道报》文化版的编辑、“光明主义者”（Clartéist）马塞尔·傅立叶（Marcel Fourrier）就定期刊发超现实主义者的文章。然而从 1926 年初开始，一方面是超现实主义者与法共之间的重大差异，另一方面是超现实主义者与“光明”之间的分歧，越来越成为超现实主义者与法共之间进一步合作的阻碍。这些分歧点源于俄国革命的日益僵化和法共的布尔什维克化，法共有意识地模仿独裁、专制、集权的苏维埃共产党。双方争议的一个问题是关于“进步知识分子”以及革命文艺的定义和功能。处在这些论争的风口浪尖上的人物是巴尔比斯，这位先前的和平主义原教旨主义者，自 1923 年起已是法共的正式成员。

1925 年 10 月号的《光明》在发表超现实主义与“光明”运动之联合声明《第一次革命和永远革命》的同时，还附载了一份道歉，就发表双方皆曾在其上签名的、巴尔比斯反对里夫战争的《呼吁劳动者》（*Appel aux travailleurs*）致歉。文章引言声称，“光明”运动的积极分子们是不由自主地在巴尔比斯文上签名，后来他们基本不赞同文章中的许多内容，尤其是请求政府协商一个公平的停战协议以及呼吁国联介入等内容。文章还提到，“我们不能满足于那种……狭隘的抗议，它将我们与那些列宁称之为社会主义叛徒的人，与那些我们视为革命之敌人的知识分子混同为一类”。[59] 在 1926 年 1 月号《光明》杂志的一篇文章中，马塞尔·傅立叶［兹时正准备与皮埃尔·纳维尔（Pierre Naville）共同担任杂志编辑］指责巴尔比斯“思想混乱”，批评他的“中产阶级和平主义”以及他对“理性法则”的执着。

法国共产党绝不会让超现实主义—“光明”联盟来界定它的文化政策，也不愿让一群目无纪律的小资产阶级反叛与一部分激进的法共成员联合起来，破坏法共在知识分子中招募同路人以及维护这层网络关系的政策。法共高层支持巴尔比斯并任命他为《人道报》的文学编辑，他的关于文学与艺术的见解遍布《人道报》的版面达数月之久。就在他被任命后不久，这位小说《火焰》的作者即阐发了一种关于艺术的理念，这种理念与法共领导层倡导的理念惊人的相似，即一种“大众的、健康的、年轻的、活泼的、明朗的，给人启迪、给人支撑的”[60] 艺术，与超现实主义和“光明”运动的观点大相径庭。巴尔比斯赞美理性、以非难的态度提及“无意识”让超现实主义者大为光火，他对保罗·克洛代尔（Paul

Claudel）、让·科克托以及阿纳托尔·弗朗斯等这类被超现实主义视为反动分子的人们的赞赏也大大激怒了超现实主义者。

1925 年秋，超现实主义者与“光明”集团之间的会面激增，他们筹划推出致力于革命的联合出版物，拟命名为《内战》（‘La Guerre civile’）。然而，法共的政治部门批评“光明”集团发起创建《内战》杂志没有获得他们的首肯，结果，《内战》从来都没有成为现实。此计划的流产可能是几种因素共同导致的：法共领导层的反对，对于《内战》应当以何种面目出现缺乏清楚的认识（核心成员知道他们不希望杂志变成什么样，而对于杂志应当是什么样的却不甚明了），“光明”集团同情托洛茨基的迹象以及布雷东不愿意放弃超现实主义的独立性，等等。正如伊恩·伯查尔（Ian Birchall）曾指出的那样，超现实主义者与“光明”集团频繁会面的时候，法共对于知识分子的态度，正从一个相对开放的时期（比如马蒂内担任《人道报》主编的时期），转变到一个非常独断的时期，此时莫斯科的路线主导了一切，知识分子的不同意见差不多被视为非法。不少 20 年代中期为共产党吸纳过来的知识分子，离开了共产主义、转向不同的阵营，有些人追随托洛茨基，有些人成为工团主义者，有些人则回到了工人国际法国支部。[61] 1926 年 6 月，皮埃尔·纳维尔与马塞尔·傅立叶成为《光明》杂志的共同主编。纳维尔这位曾经的超现实主义者，承诺将使杂志成为“工人阶级的真正的武器……切切实实地投入无产阶级的斗争。”[62] 1928 年，他加入了托洛茨基主义的反对派，仍由他担任主笔的《光明》杂志，则成为一份托洛茨基主义评论，更名为《阶级斗争：共产主义反对派的理论月评》（*La Lutte des classes*：*Revue théorique mensuelle de l'opposition communiste*）。

在担任《光明》杂志的联合主编几个月之后，纳维尔出版了一本名为《知识分子与革命：超现实主义者可以做什么?》（*La Révolution et les intellectuels* ：*Que peuvent faire les surréalistes* ?）的小册子，对有关超现实主义政治的论争起了很大的作用。书中，纳维尔这位前超现实主义者，批评了他自己在 20 年代中期曾经理解、认同过的超现实主义对于革命政治的态度。

在纳维尔看来，超现实主义已经从单纯的无政府主义转向自觉的革命，但是，只要他们仍然极其依赖中产阶级，他们就注定无法在推翻资本主义的斗争中发挥作用。纳维尔反对那种主张精神解放应优先于从实质上推翻资本主义的超现实主义观点，他认为，超现实主义者应当丢开那些他视之为反革命的政治面向，即超现实主义者们的个人主义以及他们对科学技术的鄙视。纳维尔相信，超现实主义者们面临一个选择——成为真正的革命者，或继续带着他们任性的形而上学政治、炮制解放思想的方案。

布雷东以一本题为《正当防卫》（*Légitime Défense*）的小册子作为回击，一方面反驳纳维尔，一方面抨击法共某些方面的政策，尤其是法共对巴尔比斯提倡的有关文学和艺术观点的支持。布雷东斥责巴尔比斯即便不是反动派、至少也是一名保守分子。虽然布雷东总体上支持共产党，但他还是批评法共拒绝承认和接受一个事实，即超现实主义者们，即便是仍然决定致力于马克思主义未涉及的心理学问题，可终归是马克思主义的信徒。布雷东还形容《人道报》“不值一读”“幼稚”，根本不配做它所自称的——一份教育工人阶级的报纸。在这种形势下，布雷东提议，超现实主义者作为革命者，不应当谦卑地接受共产党的政治路线，而应当从党外为制定一种革命的文化政策做出贡献。布雷东驳斥了纳维尔所提出的、超现实主义者面临的“选择”，称其为假两难推理。他不明白为什么超现实主义在他所称之为“内部生活”领域的工作不能继续，因为，在他看来，这种工作是推动权力由中产阶级向无产阶级转移的一个关键，绝不与超现实主义对法共和第三国际的支持相矛盾。

超现实主义者们很快收到了法共对《正当防卫》的愤怒回应，法共的政治局在超现实主义者再次攻击巴尔比斯之后，早已决定从1926年春开始禁止超现实主义者在《人道报》发表文章。如今，超现实主义者们对于他们作为党外革命势力运作的有效性越来越缺乏信心，并开始认真考虑加入法国共产党的问题。比如，在1926年11月，布雷东宣称他赞成

“无条件入党”。[63]但是，他又补充道，他计划同时作为超现实主义者开展活动，与他共产党员的活动并行，且尽他力所能及地避免被驱逐出党。他还表示，他准备推翻《正当防卫》，停止一切可能被视为与党的政治纲领相悖的公共示威和游行。[64]1927年1月，包括布雷东、阿拉贡与艾吕雅在内的5位超现实主义者加入法国共产党的申请获批。超现实主义者们希望，他们的入党申请将证明自身已与无政府主义的过去告别，他们对共产主义信仰与使命的虔诚能够让法共满意。经历了一段时间的推诿和犹豫，这5份申请终于获得了批准。为什么法共在布尔什维克化的阵痛中，要接受超现实主义者的入党申请，以及超现实主义者在法共又经历了什么，这些我们将在下一章进行讨论。

民族主义

本书讨论的盛行于20世纪20年代的第四种、也是最后一种意识形态思潮是民族主义。兴起于战争期间的民族主义组织“法兰西行动”正处在声势空前的境况。打着“神圣联盟”的旗帜，“法兰西行动”曾经发起过一场史无前例的爱国主义运动，而今，它继续坚持以捍卫法兰西利益为核心。在战后的形势下，法兰西的利益被解读为确保德国变得衰弱、再也无从对法国构成威胁，同时，确保自身做好准备、抵抗布尔什维克主义的新威胁。事实上，紧随着一战以及俄国革命而来的是席卷整个战后欧洲的起义、革命、叛乱以及社会动荡浪潮，而“法兰西行动”声称自己是唯一能够抵挡这些大潮冲击的坚固堡垒。

民族主义者中的部分强硬派坚持，对祖国的捍卫不仅包括反击他们视之为阴谋论的、源自莫斯科的国际主义，还包括反对和平主义者们误导性的、有害的国际主义。1919年，在罗曼·罗兰发表国际主义、和平主义的呼吁《精神独立宣言》约三周之后，《费加罗报》刊登了右翼人士的回应，题为《给知识界的同仁》（‘Pour un parti de l’intelligence’）。[65]罗兰的宣言上有近50位来自欧洲（一位来自美国）的知识分子签名，而这份《给知识界的同仁》也有约50名右翼知识分子签名，包括夏尔·莫拉斯与亨利·马西斯，所有人均为法国公民。如果说罗兰的宣言是一份旗帜鲜明的国际主义和人道主义的声明，那么《费加罗报》发表的这份回应文章则表达了毫不妥协的、保守的民族主义立场。

《给知识界的同仁》一文开篇即宣称，法兰西在战争中的胜利将开启“宏伟的发展前景”。签名者们强调，他们首要关注的，是“法兰西的需要和国家的重建”，但是，他们声称，这样做只不过是为了实现法兰西的职责——“捍卫人类的精神利益”。在他们看来，所有的签名者均为法国人，这意味着他们是作为一个整体的“文明的捍卫者”。不同于那些被民族主义者抨击为“文学的布尔什维克们”的观点，这些人认为，法国知识分子的作用在于“使自身服务于国家的利益”。这意味着，知识分子要利用他们自己（“他们”皆为男性）的智识去维护法国传统的保守派组织及其实践（包括教会），并反对那些主张法国的未来在于走工业和商业革新道路的唯物主义者。他们相信，他们倡导的策略将确保法国继续作为强者、继续葆有她作为“文明捍卫者”的自信，从而有足够的力量抵御一切来自国内、国外的威胁。

前文提到，1919 年 11 月立法选举之后的众议院已经被“国家阵营”（*Bloc national*）把持，但是，议会中对“法兰西行动”抱有好感或本身是它的成员的，仍有约 30 位。尽管“法兰西行动”在议会所占的席位数量相对有限，然而，它作为整体的民族主义意识形态标准的承担者，其地位稳固如从前，而且，随着它在战争期间就一直颂扬的反德主义、爱国主义以及保守主义之声势日益壮大，它的地位甚至得到了提升。此外，莱昂·都德在议会中格外强势的存在，也为“法兰西行动”的份量增添了砝码。

作为作家阿尔方斯·都德的儿子，莱昂·都德自幼成长的家是整个巴黎文化圈的一个据点，包括哲学家恩斯特·勒南、小说家居斯塔夫·福楼拜（Gustave Flaubert）、居伊·德·莫泊桑（Guy de Maupassant）、左拉以及画家莫奈（Monet）、勒努瓦（Renoir）和瑟拉（Seurat）等都是他家的常客。都德本人与维克多·雨果的孙女有过一段短暂的婚姻。

他本身作为一个小说家，于 1889 年加入反犹主义联盟，1899 年成为法兰西祖国联盟的成员。1905 年，他加入“法兰西行动”，并于 1908 年 3 月，当《法兰西行动》变更为日报时，被任命为主编。在战后的议会中，都德大肆宣扬“法兰西行动”的反德主义纲领，坚持主张德国必须付出代价。同时，他大力抨击米勒兰政府的内政部长泰奥多尔·施特格（Théodore Steeg）——因为后者的德国血统，都德还声称反教会主义是一种德意志的政策——法兰西行动的一部分主张即为取消所有针对天主教会、宗教秩序以及天主教学校的措施（参见第二章）。1922 年 1 月，正是都德，在很大程度上导致了一年前担任总理的阿里斯蒂德·白里安（Aristide Briand）辞职。都德指责白里安对德国的态度过于和缓，没能敦促德国及时支付所有的战争赔偿。正如 1922 年 1 月《时代》上的文章所说，“有人可以批评、厌恶或者钦佩都德先生，但无人能否认，他相当有势力。”[66]

当都德在众议院这个正式的政治舞台上坚持己见的时候，莫拉斯正在试图竞选保罗·德夏内尔去世之后、法兰西学术院空缺的席位。作为作家、记者与文学评论家，莫拉斯享有极高的文学声望，正如韦伯指出，“莫拉斯每出版一部新书，往往成为一桩文学事件。”[67]然而，莫拉斯 1923 年竞选法兰西学术院席位被视为一项政治举动——这无疑是正确的。正如法兰西学术院院士阿纳托尔·弗朗斯的评论：“他的竞选行为显然是政治性的，是经过深思熟虑后确立的目标，这是一位党徒希望在法兰西学术院插上自己的旗帜。我将不会用自己的选票回应他。”[68]讽刺的是，“法兰西行动”发动的、针对莫拉斯的主要对手塞勒斯坦·若纳尔（Célestin Jonnart）——两位候选人当中较弱的那位——的攻击可能给莫拉斯帮了倒忙，都德为他做的那些空洞浮夸的助选活动也同样如此。更不用说若纳尔胜选之后，“法兰西行动”的激进分子将一头驴装扮成学术院成员，在拉丁区游行，他们的报纸给那些没有投票给莫拉斯的人重制选票。“法兰西行动”的这些滑稽表演，导致了莫拉斯的延迟当选（他最终于 1938 年当选），很有可能也是另外一名出自“法兰西行动”阵营的候选人、历史学家路易·贝特朗（Louis Bertrand）在一个月后竞选学术院失败的主因。

都德在促成白里安辞职以及白里安的继任者、前共和国总统雷蒙·普安卡雷（与莫拉斯颇有交情）上台这件事情上起到的关键作用，无疑助长了“法兰西行动”在政界、报界以及官僚机构当中的影响力。“法兰西行动”的声威随着1922年贝尼托·墨索里尼（Benito Mussolini）在意大利的掌权，更是如日中天。从那时起，来自或敌或友的报纸上的文章，同样在指出“法兰西行动”与意大利法西斯主义的相似之处。“法兰西行动”成员确实公开表示希望都德效仿墨索里尼，掌握巴黎的权力，就像领袖[①]（Il Duce）在罗马所做的那样。诚然，“法兰西行动”与意大利法西斯主义之间有许多相似之处：他们都反社会主义、反布尔什维克，反对民主主义、反对议会民主制，推崇秩序、等级制和纪律。但是，它们之间也存在重大的差异：虽然“法兰西行动”有时出于策略方面的考虑，会贬低它的保皇主义计划的重要性，然它仍是一种君主主义的、民族主义的运动，拥有由知识界、文化界男士主导的、理性的纲领；相反，意大利法西斯主义则一边倒地反理性、反智识。此外，“法兰西行动”主张地方分权，而墨索里尼则坚持中央集权国家的必要性。

1923年9月，法国占领德国鲁尔区8个月（见前文第83—84页）之后，德国人放弃了消极抵抗的策略，施特雷泽曼（Stresemann）政府原则上接受支付战争赔偿。然而，1923年11月，希特勒在慕尼黑企图政变，紧接着是针对主张与法和解的一些德国左翼人士的攻击和暗杀，这些无疑都是激进的德意志民族主义复苏的不祥之兆。

1923年，莫里斯·巴雷斯——法国保守派民族主义者的元老，因心脏病突发去世，法国为他举行了国葬，仪式盛大、典礼隆重。停战之后，这位“大屠杀的夜莺”在法国各地的胜利庆典上醒目地出现，1919年6月凡尔赛和约的签订仪式上也有他的身影，紧接着的7月14日，他又出现在庆祝胜利游行的司令台上。虽然在战争期间，莫里斯民族主义的排

① 原文为“Il Duce”，意大利语，“领袖”的意思，被法西斯分子用于特指墨索里尼。——译者注

外程度可能有所缓和，但是他仍是一名资深的保守派爱国人士，且作为民族主义阵营的代表在1919年11月的选举中当选为议员。当莫拉斯和"法兰西行动"成为民族主义右派的政治主导时，巴雷斯可能是主流右派中令人尊敬的那一部分人之一，即使在去世之前两年，他仍然是一位举足轻重的人物，兹时达达主义者还对他进行了"审判"（见前文第87页）。1923年，他支持法国侵占鲁尔区，同时继续不遗余力地反对法国政府实施任何对德柔化的政策。

1924年5月，左翼联盟在立法选举中大获全胜，比之民族主义阵营的228个议会席位，社会主义者和激进派组成的联盟赢得了327席。加斯东·杜梅尔格（Gaston Doumergue）取代米勒兰成为共和国总统，而爱德华·埃里奥（Edouard Herriot）则取代普安卡雷成为政府首脑。新政府下令从鲁尔区撤军，批准了道威斯（Dawes）计划。这意味着德国重新开始支付法国的战争赔偿——虽然在具体条件的协商上与民族主义者们的要求相去甚远，他们甚至指责此举为卖国。数月之后，围绕里夫战争，保守民族主义知识分子还发动了反对自由民族主义及左派知识分子的运动。（见前文第91—92页）

民族主义在整个20年代始终是一股强大的意识形态思潮，"法兰西行动"则是它主要的掌舵者。然而，1926年12月，"法兰西行动"遭受了重大的挫折，它被梵蒂冈点名批评，这标志着"法兰西行动"的发展告一段落，其影响力扩散的阶段亦告以终结。作为一个无宗教信仰者，莫拉斯因天主教会所代表的东西而分外珍视它。在莫拉斯看来，教会作为一个全国性的、等级制的机构，是法兰西历史和法兰西文明不可分割的组成部分，正是因为教会的存在，法兰西才得以保有其原初的底色。其实，莫拉斯的新异教主义与实证主义曾使他在1914年有7部作品被列教会禁书目录——虽然教皇庇护十世同情"法兰西行动"，决定制止发布禁令。与此同时，"法兰西行动"凭借它猛烈发起的反自由主义、反现代主义、反民主主义、反议会主义、反犹太主义以及反布尔什维克主义的运动赢得了法国天主教成员——尤其是那些传统的、原教旨主义的会众，上至红衣主教和大主教、下至普通会众——的大力支持。

战后，随着“法兰西行动”声誉日隆，它的影响力也辐射至法国天主教会之内，其表现之一是越来越多的天主教神学院学生、牧师和教师或加入“法兰西行动”，或订阅了他们的出版物。然而，“法兰西行动”的影响渗透法国天主教会，尤其是“法兰西行动”在年轻教众当中的影响力，[69]很快引起了天主教会，尤其是自由派人士的惶恐。比如，1926年1月，历史学教师、天主教法国青年会副主席乔治·比多（Georges Bidault）发起了一轮针对某些团体的攻击，其中，积极在年轻天主教徒中招募会员的“法兰西行动”首当其冲。比多本人是坚定不移的和平主义者，他支持法国与德国和解。此外，同年8月，波尔多大主教、枢机主教安德里厄（Andrieu）指责“法兰西行动”的“无神论、不可知论和反基督主义”。[70]尽管安德里厄的发难存在着一些事实错误，但9月教皇庇护十一世仍表示了对其的支持，而“法兰西行动”则信誓旦旦地以对教会之教义的绝对服从来回应此事。然而，“法兰西行动”很快相信，教皇被亲德势力操控，这使得双方的立场日趋强硬。这种敌对的状态在1926年12月15日达到顶点，这一天，教皇警示发布，考虑到“法兰西行动”的问题，警示规定，“天主教徒尤其禁止追随那些将党派利益置于宗教利益之上、使宗教臣服于政党的派别；同样，天主教徒也禁止支持或订阅他们的出版物”。[71]

12月24日，莫拉斯和都德回应，强调“法兰西行动”是唯一能挽救国家的力量，封杀“法兰西行动”事实上等于给法兰西致命一击，而且，尽管极其不情愿，但他们仍会将祖国置于教会之上。[72]教皇庇护十一世随即公开了1914年的原始教令，禁书目录中莫拉斯的作品赫然在列；同时公布了第二个教令，将《法兰西行动》日报列入禁书目录。莫拉斯与都德报之以措辞尖刻的长篇攻击性演说，声称他们是阴谋的牺牲品，而教皇庇护十一世则是罗马教廷历史上最亲德的教皇。他们大声疾呼，任何执行教皇之定罪的法兰西神职人员，都将成为共和国政治警察的鹰犬。但是，为什么教会过了这么久之后才谴责“法兰西行动”？根据雅姆·麦卡尼（James McCearney）的说法，天主教会日益意识到“法兰西行动”对他们队伍的渗透，“法兰西行动”与法国天主教内部反自由派的联盟尤其引起了教会的警惕。教会意识到，这种保守的、反自由主义的联盟，已严重威胁到了教皇期望扩大教会影响力、尤其是海外影响力的策略：“莫拉斯捍卫的教会并不是教皇庇护十一世心目中期待的天主教会。教皇庇护十一世比他的任何一位前任都更希望教会的影响力扩散至欧洲大陆之外。”[73]在澳大利亚和美国这种教皇庇护十一世期望增强天主教会之角色和影响力的地方，“莫拉斯所鼓吹的一种拉丁独有的、基本上是非民主的天主教观念，岂止是荒唐——它简直就是个怪物”。[74]

朱利安·班达与《知识分子的背叛》

纵观 20 世纪 20 年代，“知识分子”作为纯粹的德雷福斯派斗士、作为真理和正义之捍卫者（比如贝玑）的定义明显转向了。正如我们所见，即便在德雷福斯事件时期，当一些德雷福斯派知识分子组建了普适性的、表面上无关政治的人权联盟时，另一些反德雷福斯派知识分子（尽管他们并不接受被称之为“知识分子”）则活跃在民族主义和反犹太主义阵营中。我们可以回顾一下，在德雷福斯的案件得到解决之后，贝玑与其他同仁目睹德雷福斯派的事业被挟持、被政治化，深感愤慨。在第一次世界大战期间，几乎法国所有政治派别的知识分子皆致力于为一切抗战力量提供不加批判的支持——除了罗兰之外，当战后罗兰试图创建一个基于普遍主义和无党派原则的国际性组织时，他的知识分子同仁们（特别是巴尔比斯）的政治自信在日益上升，他本人迅速地被边缘化了。随着“法兰西行动”巩固了其在法国民族主义组织中的领导地位，随着法国共产党成立、随即臣服于莫斯科，随着超现实主义抬头，知识界的立场日益公开的政治化，知识分子并不倾向于捍卫普世价值观，不倾向适用于崇高事业的理念，而更愿将自身与某种地区性的事业或某种特别的组织和运动捆绑在一起。

《知识分子的背叛》一书即是对这种趋势的一种抗议，该书由前德雷福斯派、历史学家和哲学家朱利安·班达（Julien Benda）所著，出版于1927年。如果将班达的书看作是对罗马教廷谴责“法兰西行动”的一种回应，那恐怕错了，因为，班达至少在此书出版三年前就开始着手写作，且在1925年的一次访谈中，班达谈及如今人们只有两种信仰——国家与阶级，并提到“知识分子的背叛”。[75]在班达看来，知识分子的背叛不是指他们没能在公开场合发表意见，比如，他赞许地举了伏尔泰为卡拉斯抗争以及左拉参与德雷福斯事件为例[76]，因为投身于这些活动是为了真理和正义。班达担心的是“对当代知识分子之政治热情的鼓励”[77]。所谓的“政治热情”，班达指的是：种族狂热，例如排外主义、反德主义、反犹主义；阶级狂热，尤其是马克思主义，但也包括他所说的“中产阶级主义”（bourgeoisisme）——中产阶级借以确定他们自身作为一个阶级，来对抗他们视之为威胁的阶级；爱国狂热，比如民族主义和军国主义。

班达认为，当代知识分子“推崇一种对于特殊事业的忠诚，而贬斥普适性的情感”[78]。在他看来，知识分子应当为自由、正义与真理摇旗呐喊，而不是在阶级、种族或国家利益的驱动下，追随某项特殊的事业。知识分子不应成为某一政党的成员，因为这会限制他们思考和分析的自由，损害其独立性。其实，知识分子的角色之一，就是在真理与正义的大旗之下，揭露那些凭着天花乱坠的许诺欺骗、窃取民众支持的政客，揭露那些以国族利益为名、践踏个人权益的统治者。

班达的吁求是徒劳的。20世纪30年代将见证法兰西危机加剧、紧张局势不断升级、几近陷入内战的一幕。随着意大利法西斯主义巩固其势力，随着德国纳粹攫取国家权力以及西班牙共和政府遭受右翼民族主义势力重创，至30年代末，法兰西三个邻国的政权皆被极右翼势力接管。1929年华尔街大崩盘导致的经济危机加剧了法国国内的紧张局势。在这种混乱不安的时代氛围下，知识分子们变得比以往任何时候都更具政治热情，他们各自被动员起来，聚集在共产主义、反共产主义、法西斯主义、反法西斯主义以及和平主义的旗帜之下。现在，让我们将注意力转向这波谲云诡的30年代。

第四章 法西斯主义、反法西斯主义、共产主义、反共产主义以及和平主义

1929 年 10 月的华尔街大崩溃引发了资本主义历史上最严重的危机。但是它的连锁反应直至 1931 年、1932 年才延及法国，远远滞后于——比如说，英国或德国。事实上，1929 年和 1930 年是两次大战之间法国繁荣期的最好年头。1926 年，随着左翼联盟（Cartel des gauches）——又一个反教权的、中左派的联盟——在大选中获胜，一度坍颓的法国政府重新执掌起权力。随着前共和国总统普安卡雷重新掌政，急剧贬值的法郎停止了继续贬值，并于 1928 年实现了币值的稳定，虽然法郎价值只相当于战争刚结束时的 1/5。尽管对于那些拥有固定利率贷款、债券以及保险单的人来说这是一次沉重打击，但是，这也意味着，“那些原先外逃的资金又回流至国内市场。那些昨天还在寻求外币的人，而今在不惜代价地谋求法郎。”[1] 汇率相对偏低但稳定的法郎也刺激了法国的旅游业，来法旅游的外国游客数量激增。

1929 年，战后重建工作的启动带来了许多行业的复兴。工厂和矿山都在开足马力地生产。1924—1929 年间，法国工业产出的增长率比欧洲任何其他地方都要高（年平均增长率 4.7%），在 1929 年更是达到顶峰，此后直至 1950 年才再次恢复这一增长纪录。交通设施得到完善，比如，一些铁路运输线的电气化以及港口的扩容和现代化改造。从 1913 年以来，法国国内生产力提升了近 40%，失业率几乎可忽略不计。尽管农业方面的进步不尽如人意、农村人口迁移仍在继续，[2] 然而，在整个 20 年代，农业生产力还是略有提高。

在华尔街大崩溃之后不到一个月，以安德烈·塔迪约（André Tardieu）为首的法国政府宣布实施“繁荣政策”。塔迪约这位与战前的一些商业丑闻有染的政府首脑决定在法国推行现代化，通过大规模的国家资本投入来升级工业、发展农业，同时提振贸易、医疗以及教育。与此同时，塔迪约不失时机地指出，其他国家对于法国人在全球性的经济衰退中得以独善其身的路径都十分佩服。他把这归结为法国的社会结构和谐、当局及时采取的必要措施，以及“法国人民天生的谨慎，他们的适应能力、自制力和勇气”。[3]

如果说法国人普遍对他们的经济形势感到乐观，那么政府也在采取措施给国民以军事上的安全感。1930 年正式生效的杨格计划（Yong Plan）启动了战争赔偿的偿还日程（将持续至 1988 年！），1930 年 6 月法国从莱茵兰地区撤军，这是法国意图寻求与德国之间的和平的一个明确信号。然而，法国对她东部邻国的恐惧挥之不去，使得议会在 1930 年批准修建一条有史以来最为宏大的防御线。这条以塔迪约的国防部长名字命名的马其诺防线，沿德法边境绵延 150 多英里，包含 7 英里宽的防御工事。在陆地上，任何来犯的德军地面部队都得越过铁丝网、碉堡、地雷以及数排固定在混凝土中的铁矛，与此同时，经受大火力重型武器的轰击，这些重型武器架设在混凝土和钢筋加固的铁穹上，组成了碉堡的主体。距地面防御工事 60 英尺左右的地下，布置了一条复杂的网络，有沟渠、营房、沙坑、医院甚至电影院，以便一旦德国再次意图西进，即可容纳法国的卫兵。尽管总参谋长韦冈将军（General Weygand）称赞这条防御线使得法兰西可以不用花费巨额精力来保障国土安全，然而，“很清楚的是，‘法国长城’是防御主义教条的超级碑刻，防御主义教条在二战前的喧嚣程度，并不亚于进攻主义狂热在一战前的广为流布”。[4]

在 1930 年，法国上下弥漫着一股颇为自得的情绪，人们普遍相信，本国已成功地避免了国际资本主义金融危机的恶果，而且，很快也将不用惧怕德国任何的军事侵犯（马其诺防线将于 1936 年投入使用）。这股自鸣得意的调子一直持续到 1931 年 9 月，随着英镑贬值、英国脱离金本位制，其他国家紧步后尘，法国人的幻景破灭了。法郎此时的价值被高估，法国出口货物的价格过高，到 1931 年年底，法国的工业生产值下跌了 20%，失业率飙升，失业人数从 1929 年的几近为零，到 1932 年已超过 27 万人，到 1934 年更是高达 34 万。银行歇业，旅游业崩溃，农产品价格暴跌。大萧条最终波及法国，在 30 年代余下的年月里，法国被一场持续不断的危机所裹胁，时不时地濒临爆发全面内战的边缘。正如皮尔·布朗东（Piers Brendon）指出："大萧条给法国社会施加了日益沉重的压力，且最终，转化为第三共和国无法承受的重荷。它摧毁了人们对资本主义的信心，激发了一批极端主义运动，开启了一个'仇恨的年代'。"[5]

损失最惨重的可能要数那些小土地所有者、小店主以及小企业主，他们既是雇主，又是工人。迄今为止法国社会的此类阶层，在很大程度上还是排斥极左或极右的极端主义运动，把自己的信任连同选票交给维系现状的共和政府，而如今，他们深感怨恨和绝望。

塔迪约的保守主义联盟政府在 1932 年的大选中被击败，从 1932 年到 1934 年，操持政务的是以激进党为首的、软弱的共和政府部门。这些政务部门集宗派主义（拒绝与他们以往的盟友——社会主义者合作）、拘慎、无能（完全没能理解、更谈不上应对危机）于一身，却有着"靠欺骗来维持一个政府系统"的惊人本事。[6] 如此，人们对政府的绝望情绪在这场日益恶化的危机下迅速蔓延，演变为对整个政治和共和议会民主制的彻底失望。

社会动荡加剧，一边是右翼的"法兰西行动"反共和宣传咄咄逼人，一边是左翼的共产党在煽风点火。极右翼组织此时期获得了新生，且为自身谋取了日益增长的政治筹码，比如拉罗克上校独裁主义的"烈火十字架"（Croix-de-Feu，成立于 1927 年）。小店主和小商人也走上了街头，如同一战退伍军人、学生、农民及公职人员所做的那样。法国共产党组织了一场从里尔到巴黎的反饥饿游行，与此同时，矿工和纺织工们也举行了罢工。反犹主义更加泛滥。1933 年底爆发的斯塔维斯基事件（Stavisky Affair），给这些日益升级的怨憎和愤怒情绪提供了一个发泄口。

斯塔维斯基丑闻与1934年2月6日之夜

塞尔日-亚历山大·斯塔维斯基（Serge-Alexandre Stavisky）是一名俄籍犹太人，1898年来法，1920年加入法国国籍。他是一名资深毒贩、剧团经理兼警方线人，有一些身居要职的朋友。1927年他因诈骗罪被捕，但他想方设法将审判推延了19次——足见其能量之大。1933年底败露的丑闻包括他在巴约纳市的市政信用担保之下，发行数百万法郎的债券。他得到了腐败的警察和政府官员的帮助，包括巴约纳市长和议员，他甚至还用出自一名内阁部长之手的信件来推广这项投资。很快有人又指出，那位早年下令推迟诈骗审判的司法部门负责人，正是总理卡米耶·肖当（Camille Chautemps）的连襟。丑闻败露后，斯塔维斯基失踪，1934年1月8日被发现时，他已经死亡。虽然官方认定是自杀，但人们普遍认为他是“被自杀”——为了保护他的那些在政治机构中处于高阶的朋友们。

“法兰西行动”在他们领导的反对政客的运动中高呼“打倒窃贼”的口号，现今又加上了“惩办暗杀者”的号召，他们的支持者几乎每天晚上集结在波旁宫外，高喊口号。1月底，肖当辞职，总统勒布伦（Lebrun）召回达拉第（Daladier）组建政府班子。勒布伦是在前总统保罗·杜梅（Paul Doumer）于1932年5月6日被一名精神状况不稳定的俄国人暗杀之后接替其成为总统的。1934年2月6日的下午，达拉第尝试寻求议会的信任，在经历了大喊大叫、互相侮辱，乃至大动干戈——因此导致会议被迫数次终止——之后，达拉第终于在当天晚上取得了议会的支持。然而，在议会之外，数千巴黎市民，在一些团体（主要是右翼和极右翼组织）的鼓动下，聚众街头。[7] 为了赢得社会主义议员的支持，达拉第解雇了以极右翼倾向闻名的巴黎警察署署长让·夏普（Jean Chiappe），此举进一步激怒了右翼和极右翼分子。

2月6日晚见证了示威者与军队支持的警方之间的暴力冲突。一道道路障迅速竖起来，警棍一次次地挥向示威者，示威者则朝这些“法律和秩序的机器”猛掷投掷物。反过来，对付示威者的就变成了警方的实弹齐发。汽车被焚烧，消防队员被召唤来，而此时，右翼和极右翼团体的组织者们正试图将他们各自的队伍连成一个整体朝议会大厦进发……据官方对此事的调查报告称，有15人丧生（其中14人是右翼和极右翼的示威者），1435人受伤。[8]议会民主制遭受了严重的打击，但它存活下来了。尽管达拉第已经取得了议会的支持，但他还是在第二天辞去总理职务，接替他的是加斯东·杜梅尔格。

1934年2月6日的事件是20世纪30年代政治两极化进程的一个转折点。对于右派而言，这一事件证明了（如果需要证明的话）议会民主制的破产。政府不仅腐败无能，现今它竟然发展到下令军队向法国民众开火。因警觉到希特勒的上台已导致了整个政治气候的转向，故左派这一方，将此次对议会的进攻企图看作一场法西斯主义者未遂的政变，并将其与墨索里尼在罗马发动的游行相提并论。2月8日，工人国际法国支部发起了一场示威游行，反对“法西斯主义反动派企图夺取政权，毁掉工人和大众享有的自由”。此时的法共仍然谨守共产国际于1927—1928年为满足所谓“第三阶段”需要制定的宗派主义、孤立主义的政治纲领——“阶级对抗阶级”[9]。考虑到“阶级对抗阶级”的纲领宣称社会主义的领导者们背叛了工人阶级，已沦为资产阶级（为法西斯主义扫平道路的阶层）的工具，因此法共拒绝社会主义者提出的联手的呼吁，于2月9日独自组织游行就不足为奇了。

法共呼吁“粉碎法西斯主义和资本家的血腥专制”。它提出，像“烈火十字架”之类的极右翼团体应当被解散，同时，它又抨击激进党和社会主义者勾结、预备成立一个“全国保守派和法西斯主义的联盟”。在随后与警方的冲突中，6名示威者丧生。在法共为2月9日的游行发出倡议之后，工人国际法国支部将他们的抗议活动推迟至2月12日，这一天也是一场大罢工正在进行的日子。这一天还有一个令人始料未及的、突然而至的动向——法共领导人决定动员他们的势力，与社会主义者一起行进。此举标志着法共“阶级对抗阶级”的政策开始转型，转向支持建立联合阵线，即一种工人阶级的政党联盟。

法国知识分子与苏联 1930—1934 年

安德烈·纪德

当法国共产党正在遵循它的宗派主义的、“阶级对抗阶级”路线的时候，斯大林在忙着使他的竞争对手们边缘化，他在继续为自己谋划通往苏联共产党最高权威的路。1927 年 11 月，托洛茨基与季诺维也夫（Zinoviev）被驱逐出党；1928 年，托洛茨基首先被流放到阿拉木图，随后被勒令离开苏联。1929 年，斯大林将矛头转向布哈林，布哈林被解除了他作为共产国际领导人的职务。同样是 1929 年，斯大林开始搞个人崇拜，在 1930 年 7 月举行的苏共第十六次代表大会上，斯大林使自己就任党的最高元首。然而，苏联在开始建构斯大林主义专制的同时，它也引来了一些法国知识分子的关注，其中最有名的是安德烈·纪德。

尽管纪德已经写作并自费出版《人间食粮》（*Les Nourritures terrestres*，1897）和《背德者》（*L'Immoraliste*，1902），且读者反响不错，但他真正开始成名是在 1909 年，这一年他主导创办了《新法兰西评论》（*La Nouvelle Revue française*）。虽然纪德在第一次世界大战后一度与“法兰西行动”短暂接触，但《新法兰西评论》始终是一本注重品质、兼容并包的出版物，向来自所有文学流派和文学传统的作者敞开大门。到 1920 年，《新法兰西评论》的订阅已超过 7,000，吸引了包括马赛尔·普鲁斯特、儒勒·罗曼（Jules Romains）、保罗·瓦莱里、让·波让、让·科克托和阿兰在内的一些作家。未来的超现实主义者阿拉贡、艾吕雅、苏波和布雷东也为杂志供稿。1920 年 4 月，纪德还在杂志上发表了一篇关于达达主义的短评。

从 1925 年 6 月至 1926 年 5 月，纪德在刚果旅行，他被那里的土著居民所受的剥削震惊了，他写了一篇记述他见闻的《刚果之行》（‘Voyage au Congo’），发表在 1927 年 6 月的《新法兰西评论》上。共产党机关报《人道报》对此的反应大体是积极的，因为纪德的立场与法共反殖主义的立场是一致的，尽管《人道报》批评纪德没有主张法兰西应当放弃她所有的殖民地。7 月，纪德还被莱昂·布鲁姆两度在报纸上撰文称颂，虽然，在别的媒介上，一个在刚果操办木材公司的老板指责纪德的描述太过于富有想象力。纪德的回应文章发表在 1927 年 10 月 15 日的《巴黎评论》（*Revue de Paris*）上，在文中，他谴责了那些在赤道非洲开办的法国公司可耻的压榨行为，他特别列举了进口商品高昂的销售价与其支付给当地生产者的微不足道的成本价，（法国公司）雇佣被强迫的劳工，橡胶工人令人绝望的生存处境以及他们所遭受的残酷惩罚。

纪德在刚果见证殖民剥削一事标志着他开始转向亲苏的立场，也标志着他开始了作为激进派的短暂生涯。比如，他的日记披露了他对社会正义的关注持续加强；比如 1928 年，他写道，他对诺曼底地区一些村子居民的生活状况深感震惊，同年他还写道，他没能说服一群富裕的人士相信，一位服务了 40 年的看门人理应得到一份体面的退休金。“当面对某些富人群体的时候，一个人怎能不感觉到他有一个共产主义的灵魂呢?”[10]对殖民主义深恶痛绝，亦很难认同法国的主流政治，纪德于是将他的目光转向苏联。在 1931 年期间，纪德成为一名共产主义的支持者。当年 5 月，纪德在他的杂志上提到苏联的五年计划时写道，“但最重要的是，我希望活得足够长久，以便能看到苏联的计划成功，看到欧洲国家不得不接受那些他们刻意忽视的东西……我全心全意为这一伟大的、且是全人类的事业欢呼”。[11]当年 7 月，他又写道：

> 我要大声呼喊，说出我对俄国的同情和理解。我希望我的呼声能够被听见，能够产生一些影响。我希望活得足够长，能够亲眼见证这一巨大的努力所朝向的目标实现。我全心全意地祈望它的成功，且愿意为之付出努力。看看一个国家没有宗教、一个社会没有家庭会是什么样。宗教和家庭是进步的两个死敌。[12]

纪德将他关于一个社会应当怎样建构的愿景投射在苏联身上，他不是第一个、也不是最后一个将苏联视作标杆的法国知识分子。纪德对苏联如此着迷，以致他看不清那里到底发生了什么。与罗兰一样，纪德对于苏联在建设新社会的过程中采取的一些手段深感遗憾，然他错误地认定“镇反”已成为过去。他相信，在和蔼的斯大林的领导下，苏联已从一个以摧毁旧世界的需要为主导的阶段，转向一个全方位地致力于积极的建设的阶段。作为一个同性恋者，纪德可能为“家庭价值观”所排斥，正如他被官方教会的教条式的基督教教义所排斥一样，然而纪德认同他相信将会在苏维埃共产主义实现的基督教价值观。“但是，我得声明，指引我走向共产主义的不是马克思，而是福音书。正是福音书塑就了我。”[13]

1932 年，纪德对共产主义和苏联的同情趋于公开化，这一年他支持了巴尔比斯和罗兰发起的阿姆斯特丹-普莱耶尔（Amsterdam-Pleyel）运动（见下文第 117 页）。纪德从来没有加入共产党，因为他相信那就意味着他的写作和言说皆会被“操控”（under a *diktat*）。纪德与法共于 1932 年创建的革命作家和艺术家协会（一个作家和艺术家的广泛阵线，简称 AEAR）有关联，但从未真正加入它。1933 年 3 月，纪德还主持了革命作家和艺术家协会的一次公开会议，号召抗议希特勒掌权。此外，他也多次参加 AEAR 的其他会议，并在 1933 年 7 月至 1937 年 8 月担任 AEAR 之月刊《公社》（*Commune*）的执行委员会成员。1933 年 10 月，许多报纸登载了纪德的一份纪念俄国革命的宣言；1934 年，纪德和安德烈·马尔罗为确保格奥尔基·季米特洛夫（Georgi Dimitrov）的释放同赴柏林。季米特洛夫是保加利亚共产党领袖、共产国际执行委员会成员，因德国国会大厦纵火案被起诉，尽管被证明无罪，但当时他仍被羁押在监狱。纪德成了最著名的共产主义同路人，直到 1936 年 12 月他的《从苏联归来》（*Retour de L 'URSS*）出版。《从苏联归来》以批判性的眼光记述了他当年早些时候在苏联时的见闻。（见下文第 146—149 页）

亨利·巴尔比斯与罗曼·罗兰

自从 1923 年入党之后，巴尔比斯在法共内部总有几分“我行我素者”的意味。他对任何企图限制他自由的提议一概拒绝，比如，他曾拒绝作为法共候选人参加 1924 年的选举。但他的声望是如此之高，法共一直包容他的独立姿态，容忍他趋于宗教神秘主义，容忍他与《人道报》前文学编辑马赛尔·马蒂内（Marcel Martinet）这类左派“叛徒”频繁互动。1928年7月，巴尔比斯创办了一份新的刊物《世界》（*Monde*），直接与法共左翼的宗派主义路线唱反调，与原《光明》杂志的创办宣言遥相呼应，欢迎一切来自广义的左翼阵营的稿件。《世界》的撰稿人包括非共产主义者和前共产主义者，比如亨利·德曼（Henri de Man）。德曼曾于1927年出版《超越马克思主义》（*Au-delà du marxisme*），一本关于马克思主义的修正主义批判，很偶然地触动了纪德。当法共刻板地遵循它的宗派主义路线、宣称法西斯主义的主要威胁来自社会民主主义者（“社会法西斯分子”）时，巴尔比斯坚持认为，墨索里尼和希特勒才构成最大的威胁，他提出必须建立一个广泛的反法西斯联盟。1929年，巴尔比斯协助组织了柏林的反法西斯代表大会；1932年，他创建了世界反战和反法西斯斗争委员会，被称为阿姆斯特丹-普莱耶尔（Amsterdam-Pleyel）运动（见下文第117页）；1933年和1934年，他组织了反战和反法西斯青年代表大会，1933年他在释放季米特洛夫的行动中起了重要作用；随后，他又为释放德国共产主义领袖恩斯特·台尔曼（Ernst Thälmann）四处活动，后者也是被纳粹监禁。

巴尔比斯之所以能够保持一种有限度的行动自由，是因为，总的来说，法共认为他的地位给党带来的益处，远大于他那些有点非正统（在法共看来）的行为带来的负面影响。另外，巴尔比斯得到了共产国际的掌门人威利·明岑贝格（Willi Münzenberg）的支持[14]，还得到了自1931年来掌控法共领导权的莫里斯·多列士（Maurice Thorez）的宽容对待。多列士对文化人物表现出一种尊重——只要他不感到被他们威胁，或被他们居高临下地对待。最后，更重要的是，巴尔比斯始终是斯大林的不折不扣的支持者，这一点从他1935年面世的传记作品《斯大林》中可清楚地看到。他拒绝写任何有关批判苏联的文字。巴尔比斯在他第一次访苏归来后，于1927年出版了《这就是我们对格鲁吉亚所做的》（*Voici ce qu'on a fait de la Géorgie*）一书。如弗兰克·菲尔德（Frank Field）所言，在书中，巴尔比斯描述了1921年孟什维克政府被推翻后发生的一系列事件，但“斯大林对孟什维克和布尔什维克皆采取的残酷歹毒手段，却被完完全全地掩饰了。”[15]事实上，根据菲尔德的说法，巴尔比斯对此辩称，鉴于资本主义报刊上散播的关于苏联的谎言，共产主义者们为了维护苏维埃政权使用些言语上的伎俩也是合理的。[16]

我们前面提到过，罗曼·罗兰起初同情俄国革命，但在20世纪20年代布尔什维克政权为确立及巩固其统治而采取的镇压手段使得罗兰不再支持苏联。他的注意力从欧洲转移，开始对印度哲学和宗教日益感兴趣。20世纪20年代末，他出版了印度神秘主义者罗摩克里希纳（Ramakrishna）和他的弟子维韦卡南达（Vivekananda）的传记。此外，罗兰对甘地非暴力政治活动的关注和支持也在1931年他和甘地两人会面之后达到极点。颇具讽刺意味的是，正是罗兰最终亲自见到甘地的时候，他即将放弃对甘地之理念的关注，转向一种支持苏联的立场。对于罗兰的这种大转变，弗兰克·菲尔德提供了一些解释，即罗兰“对于资本主义重新开始介入俄国的忧虑，对于法西斯主义势力上升的恐惧，以及对于甘地的非暴力政治能否应对这些威胁的日益疑虑”。[17]即便对这些解释并无异议，有人也许还会加上罗兰的信念，罗兰曾在1930年1月清楚地表述：“无论苏联可能犯下了何种错误，无论它早年的梦想可能已被打击得一败涂地，苏联仍然是欧洲不可或缺的屏障，是法西斯主义的制衡器。”[18]此外，不容忽视的是玛丽亚·帕夫洛娃·库达科娃（Maria Pavlova Koudachova）公主所扮演的角色。库达科娃是一名俄国小贵族，1921年加入布尔什维克的大业。在罗兰的朋友、俄国文学家马克西姆·高尔基（Maxim Gorki）的协调下，库达科娃1929年从俄国来到瑞士与罗兰接头，起初她拜访了罗兰几次，之后，她成为罗兰的秘书、情妇，1934年4月成为他的妻子。库达科娃还是一名俄国特工。罗兰的朋友、小说家乔治·迪阿梅尔早在1931年就确信库达科娃是受莫斯科派遣而来、身负特殊使命，目的是谋求罗兰对苏维埃事业的支持。此外，根据斯蒂芬·科赫（Stephen Koch）的说法，“莫斯科党中央的档案中收藏着数不清的文件，记录了罗兰的显要地位与他一厢情愿的信念如何被开发、被一再利用，而他还在兀自跳着‘纯真之舞’”。[19]

1932年8月，在阿姆斯特丹召开一次国际反战代表大会。大会由巴尔比斯发起，罗兰提供支持，有2200多名代表参加，主要来自德国（75人）、荷兰（458人）、英国（318人）、法国（585人）、捷克斯洛伐克（55人）、比利时（42人）、北美（37人）和意大利（35人）。与会代表的政治立场莫衷一是：830名共产主义者，291名社会党人，虽被第二国际官方抵制，仍有24名独立派社会主义者、10名异见派共产主义者参会，另有412名代表来自独立或自治的工会联盟，602名代表来自单一的革命工会（syndicats unitaires révolutionaires），58名代表来自妇女组织。[20]

大会得到了共产国际的支持，事实上，这次大会的顺利举办在很大程度上得力于威利·明岑贝格的幕后活动。共产国际如何能在直接攻击和平主义者们的同时，高效地召集这么一场反战的代表大会——而不是反“法西斯主义”？科特（Caute）提出，此举表明了“共产主义者一贯的实用主义”以及他们在政治鼓动时利用知识分子来达成短期目标的倾向。它也反映了“兹时存在于共产主义者当中的严重的怀疑、分裂和困惑”。[21]有人也许还会加上这一点：此时期“法西斯主义”这个词，如佛朗索瓦·菲雷（François Furet）的观察，被共产主义者们在“空前宽泛、模糊的语义上使用，并与资本主义国家的军国主义关联在一起”。比如，因与苏联相交甚好，墨索里尼治下的意大利绝少被提起（它的法西斯主义），而法国却被系统地描述成一个正走向法西斯主义的帝国主义国家（“en voie de ‘fascisisation’”）。[22]

巴尔比斯和罗兰署名发表在《世界》上的文章甚至根本没有提及“法西斯主义”，而文中所说的战争的威胁就是指苏联所遭受的战争威胁，只是往大一点说，引申到世界大战。比如，满洲被描述为“发动一场对苏战争的战略基地”，而中国的战争局势升温被说成是“精确地瞄准苏联”，在此文的另外一段，罗兰和巴尔比斯写道，必须发动群众“站在危难之中的苏联周围”。[23]在1932年6月21日的《人道报》上，主编马塞尔·加香承诺《人道报》将出席“世界反战代表大会”(没有提及“法西斯主义”)；在《人道报》两个月之后刊登的一篇文章中，加香更加明确地表述了“世界反战代表大会”，他写道，大会的作用“就是确认毫无保留地与苏联团结一致”。[24]在阿姆斯特丹代表大会之后，一个“世界反帝国主义战争委员会”成立，即后人们所熟知的“阿姆斯特丹运动”。

次年6月，“反战与反法西斯代表大会”在巴黎普莱耶尔厅(Salle Pleyel)举行。巴尔比斯再次身处组织的最前线，而明岑贝格则再次在幕后操劳。与会的代表中有约1/3是共产主义者，从大会上产生了一个“欧洲反法西斯斗争委员会”，它与阿姆斯特丹委员会合并，组成了“世界反战与反法西斯斗争委员会”，通常被称作阿姆斯特丹-普莱耶尔委员会。虽然委员会中有知识分子，但此委员会不同于革命作家和艺术家协会，后者专门面向知识分子。

知识分子与法国共产主义 1930—1934 年

超现实主义者

1927年超现实主义者布雷东、阿拉贡、艾吕雅和乌尼克(Unik)加入法共——佩雷已于1926年加入——的要求更为急切，他们渴望坐实超现实主义的革命者的资质，天真地认为自身将能够在党的文化艺术政策制定中发挥重要作用。然而，他们很快就沮丧懊恼地发现，法共认定，至少在开始时，推销巴尔比斯的观点——他们所厌恶的——能收获更多的政治利益。

1927年5月，布雷东出版了一本小册子，名为《一个伟大的日子》(*Au grand jour*)，小册子收录了五封写给其他超现实主义者、其他团体组织，包括“光明”和法共的信。在此，这些法共的新加入者们宣布，他们已入党，凸显了他们忠于共产党的承诺，并强调超现实主义不是一种政治倾向。他们对于法共拒绝在文化艺术这一他们擅长的领域起用他们感到遗憾，也为法共持续带着怀疑的眼光审视他们感到遗憾。这本小册子在范围更广的超现实主义运动的阵营中引发了分裂——一派希望超现实主义接受法共的正式管理，另一派则希望超现实主义保留自身的独立性。在1927年11月季诺维也夫与托洛茨基被驱逐出布尔什维克党后，曾参加莫斯科第一次国际无产阶级和革命作家代表大会的皮埃尔·纳维尔和热纳尔·罗森塔尔（Gérard Rosenthal），同样在1927年11月为托洛茨基提供支持，而《光明》杂志也重建了它"阶级斗争"（*La Lutte des classes*）的立场。另有两份持异议的共产主义杂志面世，即鲍里斯·苏瓦林和莫里斯·帕斯（Maurice Paz）主编的《逆流而上》（*Contre le courant*），皮埃尔· 莫内特与阿尔弗雷德·罗斯默（Alfred Rosmer）主编的《无产阶级革命》（*La Révolution prolétarienne*）。尽管布雷东敬佩托洛茨基，但他和其他超现实主义者拒绝在布尔什维克党内高层肆虐的政治斗争中亮明立场，事实上，他们既没有了解、也不愿意去了解斯大林是如何残酷地确立他的党内领导的。甚至连超现实主义者非常欣赏的革命诗人马雅科夫斯基（Mayakovsky）1930年4月的自杀也未能给超现实主义者敲响警钟。超现实主义者继续重申他们对苏联和第三国际的无条件支持，以及他们对促进革命的文化艺术事业的忠诚。

然而法共未能确立一套关于革命文学和艺术的清晰政策，显然甚至都没考虑到邀请超现实主义者们协助他们共襄此举，1929年年底在苏联就发生了一场重大的转折，导致第三国际的文化政策转向，以符合1928年夏正式施行的"阶级对抗阶级"政治路线。与"左派中产阶级作家"结盟的策略被突然放弃，昨天还是共产主义者热捧的英雄巴尔比斯如今遭到批判，因为他对同路者的同情，以及敌视"无产阶级"作家。[25]最后超现实主义者认为，在反对他们的宿敌的过程中，他们自身已与莫斯科连为一体，并寄希望于用这种想象的联盟给巴黎施压。1930年11月，阿拉贡与萨杜尔（Sadoul）按时参加了哈尔科夫的第二届国际革命作家代表大会。大会的目的之一是建立一个共产主义作家的国际组织，以便作家们在为工人阶级写作的过程中互相帮扶，声援革命运动和反殖民主义起义，并鼓励来自无产阶级群体的新作家们出头。由此成立了国际革命作家联盟，阿拉贡担任委员会的成员之一。

在关于“无产阶级文学”的议题上，与会代表们最初对巴尔比斯的批评尤甚于对超现实主义者的批评。《世界》被指责为“机会主义”，作为主编的巴尔比斯则因允许“社会民主派”“托洛茨基主义的代理人”以及“法西斯主义者”在杂志上发文而被批判。巴尔比斯本人被描述为“一个没能完全超越他的小资产阶级局限性的作家”，甚至沦为了“资产阶级的工具”。[26]尽管有这些“善意的”批评之声，然巴尔比斯是如此稀缺的资源、万难被舍弃，尤其是在和平会议已处于筹备过程当中的时候（见前文）。因此，虽然“离经叛道”，但巴尔比斯仍被任命为国际革命作家联盟的刊物——《世界革命文学》的主编。

超现实主义者也收到了批判性的评论，从露骨的敌意到屈尊的警告，不一而足。如果说阿拉贡在大会上的讲话多少还表现得有点维护超现实主义，那么很少有人会不对他离苏不久即与萨杜尔签署的文件感到震惊。在这份文件中，阿拉贡为他早先攻击巴尔比斯而道歉。共产党的领导层批评巴尔比斯是一回事，而阿拉贡对巴尔比斯的攻击回溯到后者还是一名反共产主义者的时候，就完全是另一回事了。在萨杜尔这一方，他为向圣西尔军校（Saint Cyr Military Academy）的一位顶尖毕业生寄去了一张挑衅性的明信片而道歉（他为此事被判入狱三个月）。另外，在这份文件中，两位作者宣布与 1929 年 12 月发表的第二部超现实主义的宣言保持距离，并否定了所有唯心主义的意识形态，尤其是弗洛伊德主义。他们致力于抓住每一个机会攻击托洛茨基主义，呼吁将那些苏联所谓的破坏分子处死，而这些人显然是苏联失败的工业政策的替罪羊。这份文件结尾处说：“我们唯一祈望的是，追随党的指示，用最有效率的方式去工作，在我们的文学活动中服从党的纪律和管理。”[27]一返回到巴黎，阿拉贡就试图撤回他先前的立场，他和萨杜尔一起，发表了一份对超现实主义者的道歉声明。超现实主义者认为这份声明既不充分、又十分含混，阿拉贡与他的超现实主义同仁们之间的分歧愈加严重。然而，这并不防碍超现实主义者们，在阿拉贡的诗歌《红色阵线》（‘Front rouge’）1931 年

7 月于《世界革命文学》上发表之后，同心协力地支持他。

阿拉贡对当前苏联的镇压行为的狂热赞颂（“处决那些工程师和医生/枪毙那些危及十月革命之成果的人/枪毙那些五年计划的破坏分子”），和对改革派的无情斥责（“枪毙莱昂·布鲁姆……枪毙那些社会民主派的跳梁小丑”），导致 1932 年 1 月他被指控煽动谋杀和煽动军队反抗。超现实主义者发起了一场捍卫阿拉贡的请愿活动，抗议诗人因其诗作而被指控，并寻求知识分子们的支持——不论他们是否赞同阿拉贡的诗。请愿书被广泛传阅，有约 300 位欧洲的作家与艺术家签名支持，包括乔治·布拉克（Georges Braque）、巴伯罗·毕加索（Pablo Picasso）、保罗·马蒂斯（Paul Matisse）、贝托尔特·布莱希特（Bertolt Brecht）、托马斯·曼（Thomas Mann）、勒·柯布西耶（Le Corbusier）与加西亚·洛尔迦（García Lorca）。对于布雷东而言，他认为既然《红色阵线》仅仅是一首诗，那么它的作者就不能对它的字面意思承担责任。

罗兰对此事的态度是，作为一名作家，阿拉贡应当对自己的文字负责并面临审判，而纪德则担心公众的关注会使得政府的立场更为强硬。纪德还质疑为何超现实主义者要求文学免于惩罚，且呼应了《人道报》采取的立场，即谴责超现实主义者在一名工人因散布反军国主义的小册子而被投入监狱时，并没有站出来表示抗议。到了 2 月，《人道报》进一步谴责超现实主义者利用此事服务于自身的目的。布雷东以一本小册子《诗歌的不幸：在公众舆论面前的阿拉贡事件》（*Misère de la poésie*：*l'affaire Aragon' devant l'opinion publique*）作为回应。3 月，《人道报》对此发表声明称，阿拉贡与布雷东的小册子没有任何关系，且完全不赞成这本小册子的内容；以阿拉贡之名所引发的骚动应当被所有共产主义者们谴责，因为这与阶级斗争的纲领格格不入。布雷东的小册子产生的冲击力因而客观上是反革命的。超现实主义者们此后再无阿拉贡的消息。布雷东与阿拉贡从达达主义时代结下的友谊就此终结。超现实主义与共产主义之间的矛盾如今日益尖锐。正如维诺克的分析：

> 在共产主义的极其封闭阶段，超现实主义被指责为一种小资产阶级的先锋派运动……在共产主义的开放阶段，超现实主义因其主张和不妥协（看看他们对巴尔比斯的敌意），成为了法共寻求建立广泛阵线联盟的一个障碍。[28]

“新生代”知识分子

在开始检视法国知识分子与纳粹的纠葛（将开启本章 1934 年之后的篇章）之前，有必要提及一些涉足法共的新生代知识分子，其中最有名的是保罗·尼赞（Paul Nizan）。如前所述（见前文第 91 页），一小部分围绕《哲学》杂志的年轻知识分子，包括乔治·波利兹、诺贝尔·居特曼以及亨利·勒费弗尔，逐渐向法共靠拢。出于对马克思主义日益浓厚的兴趣，他们在 20 年代末加入了法共，并于 1929 年创办《马克思主义评论》（*La Revue marxiste*），旨在推广革命的理念和辩证唯物主义思想。这份刊物只发行了七期。尽管如此，以哲学和心理分析见长的波利兹，坚信哲学领域的斗争是阶级斗争的一部分，仍继续宣扬“意识形态趋势（不论多么专业）与政治领域的相关性”。[29] 勒费弗尔和居特曼则致力于翻译和评介马克思主义著作，撰写马克思主义的文学评论。

在此，尼赞值得被特别提及，不仅因为他在短暂一生中（他在 1940 年 5 月的战役中丧生）的惊人产出，构成了“两次大战期间法国知识界以及社会、政治生活的一种不可替代的讲述”[30]，还因为他作为一个在法共极其宗派主义的时期致力于法共律令的知识分子，为学界提供了一个非常有用的研究案例。

保罗·尼赞曾是让-保罗·萨特在巴黎高等师院期间最亲密的朋友，他早期动荡的生涯包括 1925 年和 1926 年间加入和离开乔治·瓦卢瓦（Georges Valois）的法西斯运动组织“束棒”（Le Faisceau），加入和离开法共。他在“束棒”和法共都只待了短短几个月。1926 年 9 月至 1927 年 5 月，尼赞呆在亚丁（也门首都），从亚丁回国后，他第二次加入法共。此时法共的宗派主义与尼赞个人的摩尼教的心智结构正相契，正如尼赞的一位传记作家所述，也“为他提供了智力能量和情感安全。”[31]尼赞本人缺乏政治经验，与此同时，他又急切希望抹除他的资产阶级的过往，这意味着尼赞成了党的正统招募的一名理想知识分子。尽管他十分激进且无条件地支持党的事业，然法共领导层仍对他带有几分怀疑。尼赞1931年的《亚丁阿拉伯》（*Aden Arabie*）尖锐地批评资产阶级文化，1932年的《看门狗》（*Les Chiens de garde*）猛烈抨击维护现状的知识分子，然而这两部作品皆被法共批评为分量轻、缺乏充分的马克思主义分析，过分聚焦纯粹的语言抽象反抗、与目前的阶级斗争不太切题。不管怎样，尼赞还是在1932年的大选中被提名为法共在布雷斯（Bourg-en-Bresse）地区的候选人，兹时他正在该地区的一所公立中学教授哲学。1933年，他已经负责编辑《人道报》的一个每周文学专栏，运营该报开设在巴黎的书店，并与阿拉贡一起为党的刊物《公社》效力。

1934—1936年：法国法西斯主义[32]

20世纪30年代的法国一个显著的特点是大量极右翼团体和党派空前的活跃。得益于经济危机以及政客们的束手无策引发的民众对整个统治阶层乃至议会民主制的唾弃，也得益于民众对于共产主义的恐惧，此时期这些右翼组织的声势达到鼎盛。尽管对德国的恐惧仍在，然而这些右翼团体往往被1922年以来在意大利实施的“新型”反民主政治所启发和鼓舞——这些政策现在正被移植到德国，似乎在某些人看来，这正是应对法国社会的道德滑坡以及政治经济衰落的良方。

20世纪30年代崛起或规模急速扩张的三个主要极右翼组织是：“法兰西同心”（Solidarité française）、“烈火十字架”和法国人民党（Parti populaire française，简称PPF）。“法兰西同心”成立于1933年，由反犹太和反共产主义的百万富翁佛朗索瓦·科蒂（François Coty）创办；“烈火十字架”由拉罗克上校创建，其成员人数从1929年的5,000发展至1932年的25,000，到1935年更是突破了200,000，兹时它更名为“法兰西社会运动”（随后1936年改组为法国社会党）；法国人民党成立于1936

年，由前共产主义者雅克·多里奥创办。另外还有一些其他的极右派组织，包括青年爱国者（Jeunesses partiotes）——它的两名激进分子在2月6日的暴动中丧生，亨利·多热莱斯（Henri Dorgères）的农民阵线（Front Paysan）和约瑟夫·比尔热（Joseph Bilger）的农民联盟（Union Paysanne）。此外，还有那些出自社会主义阵营、但如今转而尊奉国家集权社会主义的典型，比如，曾在1932年创办国家社会党的古斯塔夫·爱尔威，以及因捍卫被莱昂·布鲁姆斥之为"近乎法西斯"的"新型社会主义"而被工人国际法国支部于1933年驱逐的马塞尔·德亚（Marcel Déat）。[33]尽管1934年作家皮埃尔·德里厄·拉罗谢勒已宣称自己是一个法西斯主义者，且于两年后加入了多里奥的法国人民党（参见下文第128页），然而，极右翼组织对知识分子阶层的影响多少有些受限，这一时期极右翼组织成功笼络到的、相对而言具有少许"文学"声望的、最有名的要数德里厄与罗贝尔·巴西拉奇。这些极右组织的作用在于，他们通过自身的宣传，充当了极右思潮和法西斯理念的载体，它们本身的存在及其政治表现加剧了蔓延整个法国的危机感，另一方面也刺激了许多法国知识分子前赴后继地投入反法西斯运动（参见下文"1934—1936年：法国反法西斯主义"）。

莫拉斯与"法兰西行动"

在评述德里厄·拉罗谢勒的政治立场之前，有必要简单了解一下在夏尔·莫拉斯和民族主义-保皇主义的"法兰西行动"身上到底发生了什么。"法兰西行动"一直是右翼类组织的统领，直到1926年它被罗马教廷谴责，又被梵蒂冈下令禁止教徒订阅它的《法兰西行动简报》——导致该报的订阅数减少了约一半。"法兰西行动"的致命弱点在1934年2月6日这一天暴露无遗：它有种种反民主、反共产的动员手段，然而真正到面临事件时——比如2月6日晚，"法兰西行动"的领导层却不知道如何去应对。一些激进的底层成员的街头暴力，使得"法兰西行动"失去了它的中产阶级支持者，这些人转而投向拉罗克上校的、纪律严明的"烈火十字架"。而它的一些年轻的成员或支持者则将注意力转向新起的极右翼组织，比起保皇主义，这些组织更多受罗马和柏林正在实践的新型的、“阳刚的”的反民主政治所鼓舞。“法兰西行动”坚定不移地奉行的保皇主义政策往往成为它的一个沉重负担，它的民族主义之所以受欢迎，往往更多地在于他所反对的东西（议会民主制、共济会、犹太人、社会主义、共产主义、德国），而不是它所主张的作为解决之道的复辟君主制。事实上“法兰西行动”一直毫不掩饰它对墨索里尼及其政策的崇拜，然而，当意大利法西斯承认他们从“法兰西行动”中受益良多的时候，“法兰西行动”的领导层却绝少尝试学习任何的意大利经验。意大利对于“法兰西行动”的一个主要的吸引力在于，它是法国反对德国扩张的一个潜在的重要盟友，尤其是在 1935 年 1 月萨尔区全民公决之后——在被法国占领 17 年之后，萨尔区居民投票以压倒性多数通过，重新并入德国。“法兰西行动”还积极支持了意大利入侵埃塞俄比亚的行动（见下文第 135—139 页）。

莫拉斯和“法兰西行动”没有能力突破他们自身刻板的意识形态定式来思考问题，更不用说去开创一种思维范式，这意味着，他们难以跟上自 1917 年以来剧变频生的世界政治。共产主义和布尔什维克主义显然是它不得不面对的两大威胁——因此“法兰西行动”反对 1935 年的法俄条约——然而它很少尝试做出一些对布尔什维克主义或苏联到底发生了什么的任何分析。布尔什维克试验不仅是令左派着迷的主题，它还是精通马克思主义理论的极右翼人士关注的焦点（其中莫拉斯从未对其表现出丝毫兴趣），这些人对列宁的铁血与专注十分着迷，且印象深刻。

莫拉斯和“法兰西行动”对德国表现出一种相似的、非历史的态度。对莫拉斯而言，德国因其地理位置和历史原因，应当被永久性地限制，它曾经是、将来也继续是法国的敌人，无论施行什么样的政治体系，因为这重原因，德国必须永远被严加看管。相应地，“法兰西行动”领导层对德国法西斯主义很少表现出兴趣，除了把它视作新近成立的、威胁法国的德国政体。“在 1933 年底之前，‘法兰西行动’已坚定地认为，希特勒憎恨法国，他一有机会就会将法国摧毁。”[34] 至于发生在德国境内的镇压、清洗，“法兰西行动”只是将其视作一项纯粹的国内事务，无足轻重，因为这些行为大多针对犹太人和共产主义者。“法兰西行动”反对1935年签订的法俄条约，反对任何其他与东部的联盟，在1936年3月希特勒夺回莱茵兰地区后，“法兰西行动”的这种反对立场表述得更为急切。莫拉斯宣称：法国并未做好战争准备，法国必须迅速重新武装自身、摒弃与俄罗斯的协约，建立一个与英国、意大利和比利时的新联盟。然而，这里存在一个问题，没有哪个共和政府能够将国家整合在这样一种政策下、并施行这种政策。“法兰西行动”坚决反对任何可能将法国拖入对德战争的政策，因为一个尚未在军事上做好准备的法国注定会失败。

皮埃尔·德里厄·拉罗谢勒

无论对于左派还是右派而言，1934年2月6日这一天都是一次突然的警告。对于小说家、散文家、剧作家和诗人皮埃尔·德里厄·拉罗谢勒来说尤其如此，他曾写道，他希望那一刻成为永恒。[35]这次暴乱使德里厄相信，法兰西的出路在于法西斯主义，他从1934年起就公开宣称自己是一名法西斯主义者——尽管起初他是在自己所特别定义的范畴内使用法西斯主义一词。此后，德里厄和罗贝尔·巴西拉奇一道成了知识分子在占领期通敌合作的典型，为了理清此人政治立场的发展脉络，我们有必要简要回顾一下迄今为止他所从事的政治活动。

德里厄生于1893年，一战期间他在（比利时）沙勒罗瓦作战，随后转至凡尔登，在会战之前即身受重伤。战争结束后，德里厄对战后法国（以及欧洲）的物质主义深感绝望，人们似乎已忘记了1914—1918年间的那些英雄主义、不屈不挠的奋战以及牺牲。他转向了达达主义，认同了他们的理念——生命本身即是虚无。德里厄亲历了达达主义者1921年5月发起的“对莫里斯·巴雷斯的审判”（见上文第87页），1925年之前德里厄还是一名超现实主义团体的成员——部分缘于他与阿拉贡的亲密友谊。德里厄与超现实主义决裂的原因是，他不认同超现实主义者们兹时捍卫的“新东方主义”，不认同他们极端的反爱国主义——这导致超现实主义者们无视一切地拒绝所有“法兰西”的东西。此外，他也不赞同超现实主义的政治化进程，如我们所看到的那样，这使得超现实主义在向法共靠拢。

这并不意味着德里厄回避政治。事实远非如此。但是，当超现实主义渴望成为一种国际革命运动的一分子，因之备受鼓舞、以昂扬的姿态迈向共产主义的时候，德里厄是一名悲观的爱国者。在与超现实主义者分道扬镳之前，德里厄曾发表了一篇政论文章《权衡法国》（*Mesure de la France*，1922）。在文中，他声称古老的欧洲正处在威胁中，既被反殖民主义的暴乱所裹胁，又不得不在由美苏两个超级大国把持的国际新秩序中挣扎求存。此外，考虑到单一民族国家的衰落，如果欧洲想要求存，西欧与中欧的国家必须形成联盟。“如果欧洲内部不联盟，她将自我毁灭，或被其他势力毁灭。”[36] 1928 年，当《日内瓦或莫斯科》发表时，德里厄修正了自己的分析，强调美国在欧洲经济渗透产生的影响，他认为，这使得欧洲变得易受攻击，一旦美国资本主义爆发危机，欧洲大陆则很可能被布尔什维克接管。德里厄认为，欧洲要做的是动员大众不要支持共产主义——共产主义只会导致他们服务于苏联的利益，而是去支持一种新型的、开明的资本主义模式，这种开明模式将确保在一个新型的社会里更均衡地分配财富，社会将不是基于物质主义和贪婪，而是立足于超越阶级之间的差异。

尽管华尔街大崩溃带来的连锁反应证实了德里厄关于美国经济危机对欧洲之效果的预测，然而，此事件对欧洲联盟之前景的负面影响令德里厄感到绝望，他再次呼吁建立一个欧洲联盟。1932 年 6 月至 10 月，在德里厄开展他的《欧洲民主制的危机》（‘The Crisis of the Democracies in Europe’）的巡回讲演之时，德国国家社会党在选举中取得重大突破，宣布夺得德意志国家议会的 230 个席位，这使得德里厄相信，当下欧洲的形势基本取决于共产主义与法西斯主义之间的角逐。在德里厄看来，二者之间的共性大于它们的分歧。1917 年俄国革命的爆发、1922 年墨索里尼夺得政权，以及自己所相信的、纳粹即将迎来成功，这一切使得德里厄推断，这个世界已进入革命的纪元。

2月6日的事件似乎证实了德里厄的这种预想。参与暴乱的激进分子们主要来自极右翼组织，但也包括极左派，这一事实点燃德里厄的希望——这场风暴将成为大规模动员民族主义和反议会社会主义联手对抗腐败无能的第三共和国议会制政府的开端。他相信，这将给法国重新注入活力，使她摆脱萎靡和衰朽的境况。这种对于一种新型的政治振兴运动的信仰，在1934年1月德里厄短暂到访柏林之后进一步强化了，而兹时正是希特勒执掌权力后的第二年。

示威者的行动虽导致达拉第下台，然议会民主制仍旧存在，达拉第被加斯东·杜梅尔格取代，后者迅速组建了联合政府，波旁宫的一切照旧运行。德里厄对这个结局极度沮丧。为了激活议会外围的反对运动，德里厄希望拉罗克上校的"烈火十字架"与以马塞尔·德亚为首的极右翼组织"新社会党人"结成联盟。德里厄认为，"烈火十字架"能够贡献人数，包括它的大批中产阶级会众，而"新社会党人"则能够提供理念，吸引那些不愿与第二国际、第三国际扯上关联的左翼人士。德里厄越来越相信，当前要做的是，与过去彻底决裂，尤其要放下左派认为有必要维护议会民主制的那种需求。

1934年，德里厄对法西斯的定义始于一种左翼的反资本主义的立场[37]，在1934年3月号的《新法兰西评论》上，德里厄将纳粹政体描述为反资本主义的、1917年革命的真正继承者。在1934年3月发表的另一篇文章中，德里厄写道："我开始相信法西斯主义是摧毁资本主义制度的一个必要阶段。与反法西斯者和大多数支持法西斯者的认识相反，法西斯主义并不支持资本主义。"[38]德里厄所设想的法西斯主义之主要纲领是反资本主义和反议会主义，此二者受一种混杂着民族主义和社会主义的力量所驱动，而这种力量将带给法兰西生机、活力和能量，挽回她自身。

1935年9月，德里厄二度造访德国，他与其他一些右翼知识分子一起，包括罗贝尔·巴西拉奇以及《青年的斗争》（*La Lutte des jeunes*）的创办人贝特朗·德·茹弗内尔（Bertrand de Jouvenel），获邀参加在纽伦堡举办的国家社会党代表大会。德里厄受到了热情的款待，他被介绍给德国的经济学家、政府公职人员、政治家、实业家以及演员等，还与自己喜爱的德国作家恩斯特·冯·萨洛蒙（Ernst von Salomon）一起待了一段时间。萨洛蒙不久前刚服刑满 6 年出狱——他因 1922 年刺杀沃尔特·拉特瑙（Walter Rathenau）入狱，他刺杀拉特瑙是因为后者在第一次世界大战后犯了致力于法德和解的“罪行”。访德期间，德里厄所见到、所观察到的年轻人的朝气给他留下深刻印象。在纽伦堡的大会仪式上，他为雷妮·瑞芬斯塔尔（Leni Riefenstahl）的电影《意志的胜利》（*The Triumph of the Will*）所折服。德里厄对那些仪式的宏伟壮丽惊叹不已，为他们身上洋溢着的活力、能量、喜悦、雄风而震惊。在他看来，相形之下，了无生气、愚笨不堪、每况愈下的法国已不太可能变得伟大。

在 2 月 6 日的事件发生后不久，德里厄即表达了他对“法兰西行动”的蔑视。他谴责莫拉斯拒绝拥抱时代，执意清除存在于自身及其追随者身上的一切法西斯的因子。[39]然而，提到魅力非凡的雅克·多里奥及其创建的法国人民党 PPF（Parti populaire français）——德里厄参加了该党 1936 年 6 月的成立大会——他认为自己找到了法兰西所需要的法西斯领袖和政党。德里厄的信念是，法西斯主义总是从左派当中开始，多里奥的个人背景恰恰与之完美地契合。

多里奥来自一个无可挑剔的工人阶级家庭，[40] 1920 年加入法国共产党。虽然曾在第一次世界大战中被授予英勇十字勋章，但他后来参加了法共的反军国主义运动，并因撰写鼓动军队反抗的文章入狱一年。1921 年，他参加了在莫斯科举行的共产国际第三次代表大会，在苏联参访期间，他见到了列宁。1922 年，他被任命为共产主义青年团的主席，1924 年进入了党的中央委员会。他参加了法共就里夫战争发起的反殖民主义运动（见第三章），并崭露头角、成为法共未来的接班人。1928 年，在多里奥因写了更多反军国主义文章再次入狱、被释之后，他公开挑战共产国际的“阶级对抗阶级”政策，而他的老对手、迅速晋升为党魁的莫里斯·多列士在法共内部大力拥护此政策。多里奥支持共产主义者和社会主义者合作，这使得他在党内被指责为右倾，并受到了共产国际的谴责。

在当选为众议员、随后当选巴黎北郊圣但尼市（Saint-Denis）市长之后，多里奥将其改造成自己的领地，一个共产主义实践的模范区，并在当地享有广泛的民众支持。2月6日骚乱之后，他再次呼吁左派团结一致，虽然事态发展似乎有利于他，但法共领导层指责他“违反党的纪律”。他毫不气馁地参加了法共2月9日的示威游行，在他的领地圣但尼市努力推动社会主义者和共产主义者的合作，且不遗余力地推动创办了一个由社会主义者和共产主义者联手的本地反法西斯警戒委员会——此举被法共斥责为“一桩反对工人阶级的罪行”。距2月6日暴乱四个月之后，共产国际正式放弃“阶级对抗阶级”的政策，支持倡导社会主义者/共产主义者的反法西斯联盟，这正是多里奥一直在呼吁的。正如多里奥的评论，“在1月被认定为是有罪的、机会主义的举动，到6月成了不可阻挡的、革命性的。”[41]然而，多里奥的个人主义、反权威主义以及他的拒绝服从命令（包括来自莫斯科共产国际的召唤）威胁到了法共，1934年6月，他被法共开除。尽管直到1936年他仍自称为一名共产主义者，但兹时他已在私底下承认，他想让新近成立的法国人民党成为一个法西斯主义的政党。

1934—1936年：法国反法西斯主义

2月6日的暴乱使左翼党派震惊、进而采取了行动，使得社会主义者和共产主义者同样行动起来，迎击来自极右翼的威胁，比如，法国共产党与工人国际法国支部在事发6日之后联合发动的示威游行。这场暴乱也促使知识分子被动员起来、集结在反法西斯主义的旗帜下。比如，在2月6日晚之后，安德烈·布雷东即发布了一项提议，呼吁工人阶级团结起来反对法西斯主义；3月5日，《人道报》刊登了一份请愿书《劳动者》（*aux travailleurs*），由阿兰、保罗·朗之万（Paul Langevin）和保罗·里韦（Paul Rivet）签署，呼吁建立一个无派别的警戒委员会，保卫法兰西共和国免遭法西斯专政的威胁。[42]团结的精神明确地体现在三位签名者的政治认同当中：和平主义哲学家阿兰代表了自由共和的传统，物理学家朗之万是法共的支持者，人类学博物馆的创办人里韦则是一名社会主义者。这一关于成立“警戒委员会”的呼吁最终促成了反法西斯主义知识分子警戒委员会（Comité de vigilance des intellectuals antifascists，CVIA）的成立，委员会集结了成百上千的进步知识分子，包括朱利安·本达、安德烈·布雷东、安德烈·纪德以及罗曼·罗兰。里韦和朗之万共同担任委员会主席。

然而，CVIA 并不受巴尔比斯的待见，部分原因是此时期的他仍在大力推动阿姆斯特丹-普莱耶尔运动，但也因为，他虽然支持团结一致抗击法西斯、反对战争，但是 CVIA 的成立一开始就伴随着法共内部多列士与多里奥之间的争斗，而他倾向于不偏袒任何一方。[43] CVIA 的成立宣言发表在《新法兰西评论》的 5 月号上，该宣言强调了知识分子和工人阶级团结合作的重要性。虽然法共起初将 CVIA 视作阿姆斯特丹-普莱耶尔运动的竞争对手，拒绝支持这一倡议，然而 1934 年 7 月共产主义者和社会主义者签署的联合行动协定相当于自 2 月起，虽然法共名义上还坚持着“阶级对抗阶级”的政策，但已官方许可了自 2 月发展起来的联合行动的转向。到 1934 年底，据 CVIA 会刊《警戒》（*Vigilance*）的统计，其成员已超过 6000 人。

共产国际在 1935 年 8 月正式公开转向“人民阵线”的政策。斯大林终于醒悟过来，发现在德国法西斯主义和“资本主义民主”之间存在着区别，更关键的是，纳粹主义对苏联已构成了严重的威胁。因而斯大林的新策略是结束苏联在外交上的孤立（苏联在 1934 年 9 月加入国联），向西方民主制靠拢（由此产生了 1935 年 5 月的法俄条约）。斯大林希望通过这些举措防止极具侵略性的德国扩张主义向东进犯。在“资本主义民主制”的前提下，共产主义党派如今奉行与自由派、民主派以及社会主义者合作的政策。出于对法西斯主义威胁到自由民主价值的关切，共产主义者们如今致力于在反法西斯大旗之下寻求一种联盟的政策，斯大林希望通过这一举措同时抑制反苏维埃和亲法西斯的政治势力。1935 年 7 月 14 日，人民阵线在法国正式宣告成立，在 CVIA 所秉持的反法西斯大旗之下集结了进步的知识分子，而今这一组织又扩展至工人阶级。但是，尽管保罗·里韦在1935年5月12日的市政选举中当选为议员，CIVA还是在紧张的政治局势和政治角力下陷入分裂。这种内部张力不仅在CVIA内部的知识分子当中不容忽视，而且它也是自1934年直至5年后大战爆发这期间一直困扰着左派的内部纷争的一个缩影。

CVIA号召全体劳动者表明决心，准备牺牲一切来捍卫法兰西免遭“一个好战的、压迫的政权”[44]蹂躏。从一开始，在CVIA内部就有一个共识：法西斯主义就是战争的预告，但是分歧很快就公开化——在那些奉反法西斯主义为首要任务的成员和那些以和平为上的成员之间。

反法西斯阵营中的一些人认为，爆发法西斯战争的主要威胁来自法国内部，他们的立场与最初《劳动者》的呼吁保持一致；另一些人，主要是共产党的党员及其支持者，则坚信战争和法西斯主义的主要危险来自外部，即希特勒治下的德国。不过，此二者都将摧毁法西斯主义当作首要任务。此外，还有一部分CVIA内部的人主张，和平（而不是击溃法西斯主义）必须是终极目标，乃至最后，任何结局——即便是法西斯主义，也比战争更可取。

这种根本性的分歧自CVIA成立起就一直伴随其中，在1935年11月CVIA代表大会上更是公开化了。其后不久，阿兰在写给里韦与朗之万的一封信中将这种分歧详细地表述了一番。在信中，阿兰提到了那些赞成先发制人、以战争根除军事独裁统治的人，和那些坚持寻求各种途径、以避免任何形式的战争的人。[45]尼科尔·拉辛-菲兰（Nicole Racine-Furland）很好地总结了在CVIA内部的反法西斯派和反战派的区别。

> （反法西斯派）认为舍弃任何的制裁（除精神制裁）、拒绝任何的战争，相当于助长了国外的法西斯主义，增加了战争爆发的风险；其他人（即反战派）则反对联盟的政策（比如法俄联盟）、反对打压性的制裁及其无可避免的后果：军备数量增加和战争恐慌的升级。[46]

反战派认为纳粹主义产生的根源是凡尔赛条约强加（给德国）的不平等负担，将其视作民族主义的一种极端形式，这一派代表了 CVIA 的主流意见，他们赞成与希特勒协商谈判——无论是在 1936 年 3 月莱茵兰地区重新军事化之前还是之后。因此，反战派声称阻止希特勒的最佳途径是正视德国的怨愤情绪，重新接纳德国加入国联；反法西斯派则主张上述举措远不能安抚希特勒，且将被当成一个示弱的信号，只会助长他的气焰。反战派阵营最重要的知识分子是阿兰。

阿兰，本名埃米尔·夏蒂埃，是一名哲学家、主张人道主义民主的伦理学者。一战期间阿兰曾于 1914 年 8 月以 46 岁的年龄作为普通步兵入伍。战前他一直是一名反战主义者，之所以参战，其部分原因是，如果他不这么做，则有可能被看作懦弱。此外，他也深信亲身经历这场战争，将赋予他评论战争的道德权利。他的战争经历使他进一步确认了自己的主张：战争是一种特殊的政治状态，与普通市民（及其生活）极度不相容。他厌恶沙文主义、审查制度以及虚伪的一切，痛恨对个体精神乃至肉身的残酷压榨——而这正是战争的真相。早在 1914 年底，阿兰就主张通过谈判来结束这场杀戮，1916 年凡尔登战役之后，他私下散布一份题为《致德国人民》（*Au peuple allemand*）的小册子，在这份小册子中，阿兰以未来、公平和正义之名呼吁一个伟大的和平。1917 年，他负伤返回巴黎，此时他对这场他称之为“毫无意义的大屠杀”的战争深感厌恶，成了一名更彻底的反战主义者。战后，他谴责《凡尔赛和约》的不公正，谴责法国历届政府在从德国榨取战后赔偿一事上的偏执，谴责普安卡雷政府占领鲁尔区的决定（参见第三章），主张以法德和解的政策取而代之，与德订立协约。

在 CVIA 内部，阿兰坚持认为战争是最终的浩劫，他拒绝接受战争是不可避免的。出生于 1868 年的阿兰，其欧洲视角基本上停留在 1914 年以前的政治版图上，没有意识到纳粹主义和斯大林主义已从根本上扭转了欧洲的政治格局。在阿兰看来，法西斯主义的威胁主要来自法国内部，法国国内才是 CVIA 应该着力关注的地方。因为他将预防战争放在首位，他反对法国政府采取任何可能引起柏林和罗马敌视的政策。

当反战派在担心1935年的法俄条约将加剧法德之间的紧张局势，刺激德国增加在武器装备上的“防御”开支，因而也将增加战争的可能性时，另一方面，斯大林本人对法国的这一“国家防御”政策赞赏有加，CVIA中代表反法西斯派的少数派共产党以及秘密的共产主义者们，热烈拥护该条约。他们辩称，德国民众对萨尔区回归的普遍支持以及希特勒在3月决定再度恢复军役，都清楚地彰显了纳粹军国主义和扩张主义。法西斯主义的威胁（首先是对苏联的威胁）是毋庸置疑的。进一步的证据是——如果有必要的话——1936年3月希特勒公然践踏1925年的洛迦诺条约，重新武装莱茵兰地区。在CVIA内部，反战主义者和共产主义者之间的紧张关系在1936年6月的代表大会上达到顶点，委员会中处于少数派地位的共产主义者及共产主义的支持者们辞去他们的职务，里韦退出他所担任的委员会主席之一的职务。虽然直到1939年CVIA仍在继续运作，但是1936年6月是其历史上的一道分水岭。1935—1936年间爆发的分歧，再清楚不过地“揭示了在1934年将一个广泛的联盟黏合在一起的反法西斯主义的理念，能够在何种程度上引发不同的阐释。”[47]

“国际作家”代表大会——1935年[48]

提议在莫斯科召开一次国际作家代表大会的人是威利·明岑贝格，共产国际的宣传负责人，正是他一手策划了阿姆斯特丹-普莱耶尔会议。与眼下共产主义者们遵循的广泛阵线政策一致，作家代表大会的目的是，召集反法西斯主义作家，讨论作家在社会上的角色、民族和文化之间的关系以及文化遗产的本质，等等。在大会召开的几天前，布雷东与协助组织会议的俄国小说家、记者伊里亚·爱伦堡（Ilya Ehrenburg）发生争执，导致超现实主义者们被正式驱逐出场。不过，随着曾积极筹备会议的超现实主义者勒内·克勒韦尔（René Crevel）自杀，驱逐超现实主义者的决定被撤销，他们被允许在会上宣读一篇文章。在6月24日晚间发布的这篇文章中，布雷东发起了对1935年法俄条约的攻击——尽管法共此前已表态支持——超现实主义者认为这一条约助推了“祖国”的概念

(那是他们所摒弃的),且使法国军方占了便宜(这同样是他们所不愿见的)。

大会在事实上已休会的时候给超现实主义者们提供一个夜间出场的机会,这一安排让组织者们得以从容地将超现实主义者的发言边缘化,而将闪光灯对准其他"可被接受的"作家的参与和发言上,如此一来,这一事件就被描述为一场胜利。与会的作家包括纪德、阿拉贡、巴尔比斯、安德烈·马尔罗、罗兰、保罗·尼赞以及让·盖埃诺。和鲍里斯·帕斯特纳克(Boris Pasternak)一样,奥尔德斯·赫胥黎(Aldous Huxley)与贝托尔特·布莱希特也出席了大会。为保护文化,大会决定成立一个国际作家协会,下设一个有112名成员的常务委员会,由主席团领导,主席团成员包括巴尔比斯、罗兰、纪德、亨利希·曼、托马斯·曼、高尔基、爱德华·摩根·福斯特(E. M. Forster)、奥尔德斯·赫胥黎、乔治·萧伯纳、辛克莱·刘易斯(Sinclair Lewis)、塞尔玛·拉格洛夫(Selma Lagerlöf)以及拉蒙·德·巴耶-因克兰(Ramon del Valle-Inclán)。

尽管在超现实主义者方面发生了一些麻烦,然本次大会对于法共和共产国际而言,确实是一次成功的、声势浩大的宣传。大会组织者设法将一众国际知名的作家召集到一起,其阵容令人惊叹。通过这些知名作家的出席,大会可以说是组成了一个反法西斯的文化阵线,这些作家们宣布保卫苏联、坚定不移地反对威胁到这片"工人阶级之乐土"的法西斯主义,这大大提高了共产主义者的政治地位。在大会组织者们看来,除了超现实主义者们引发的小麻烦,此次大会上唯一的不和谐音来自马格德莱娜·帕斯(Magdeleine Paz)、夏尔·普列尼耶(Charles Plisnier)和亨利·普拉耶(Henri Poulaille)提起有关维克多·基巴利契奇(Victor Kibalchich)之问题的时候,后者即我们所熟知的维克多·塞尔日(Victor Serge)。

塞尔日出生于布鲁塞尔,其父母是被流放的俄国人。1913年,塞尔日因卷入博诺(Bonnot)的无政府主义团体而入狱。1917年获释后,他首先游历了西班牙，之后来到俄国，于1919年5月加入布尔什维克党，在共产国际的出版部门效力。1922—1925年间，塞尔日居住在柏林、维也纳和苏联，为许多共产主义杂志撰稿，其中包括《光明》杂志。因为与托洛茨基过从甚密，塞尔日于1928年被捕，但随即而来的国际上的抗议声，让他几乎立马被释。1933年3月，他再次被捕并被流放到乌拉尔地区。一个解救塞尔日的委员会成立，其成员包括乔治·迪阿梅尔和罗曼·罗兰。安德烈·纪德如今已是共产主义同路人，他与苏联大使馆交涉，后者承诺将纪德的一封表达他对塞尔日之关切的信件转交斯大林。几乎与此同时，罗兰收到了斯大林的回应，斯大林允许塞尔日及其家人离开苏联。在被法国拒绝入境之后，塞尔日移居比利时。塞尔日认为，在1935年的时候，纪德尽管仍在公开赞美苏联，但已开始私底下对苏联心怀疑虑，他决定访问苏联，亲眼看看在那里究竟发生了什么（见后文第146—149页）。

1935年的大会亦标志着超现实主义者与共产主义者的彻底决裂。现在，超现实主义者们被贬斥为危险的极左异端分子、威胁破坏法共和共产国际的人民阵线。而超现实主义一方则抨击共产主义者们阐扬所谓的“祖国”的概念，讽刺斯大林主义的个人崇拜，并一致将他们自身与苏联、尤其是与共产主义者那种将一切文学矮化为亲苏宣传的企图划清界限。1935年8月30日，共产主义最忠诚的知识分子鼓手巴尔比斯在莫斯科去世，法共为他在巴黎的拉雪兹神父公墓举行了盛大的葬礼，在葬礼上，他被誉为“无可指摘的诗人、革命家以及和平的斗士”。[49]

意大利入侵埃塞俄比亚——1935年

1934年10月，法国外交部长路易·巴尔都（Louis Barthou）与南斯拉夫国王亚历山大在马赛被一名克罗地亚人暗杀，据称凶手受雇于墨索里尼。接替巴尔都的是皮埃尔·莱伐尔（Pierre Laval），他对法俄之间的友善关系十分谨慎，寻求与意大利结盟，还多少有点谋求德国之理解的意图，寄希望于以此使德国的扩张主义转向、将进攻矛头向东对准俄国。于是，1935年1月，莱伐尔访问罗马，与墨索里尼签署了一份双边协定。

对墨索里尼而言，他急于在维持奥地利独立一事上寻求法国的支持——1934 年 7 月奥地利总理道尔福斯（Dollfuss）被柏林支持的奥地利纳粹分子暗杀，此事已严重威胁到奥地利的独立地位。由于墨索里尼已计划入侵阿比西尼亚（埃塞俄比亚），与法国的友好关系此时变得格外重要。1935 年 4 月，在位于意大利北部斯特雷萨镇的马焦雷湖畔举行了一场会议，英国、法国以及法西斯意大利的政府首脑们在会上做了一个决定——联手对抗德国，但这个决定从未被施行。英法意三国都十分警惕德国，后者已决定开始重新武装、创建一支编制 36 个师（约 50 万人）的应征部队，无视凡尔赛条约的规定。

1935 年 10 月 3 日，经过数月的准备后，意大利军队入侵埃塞俄比亚。这场入侵行动的动机有点混杂：报复埃塞俄比亚 1896 年在阿多瓦战胜意大利军队；直接参与开拓意大利在非洲的殖民地，使其势力范围突破厄立特里亚、意属索马里兰、利比亚和多德卡尼斯群岛；彰显意大利法西斯主义的进攻和“雄心”；将意大利民众的注意力从本国日趋严重的问题上转移开来——这些问题部分是由大萧条引起；为意大利移民提供了一个替代性的去处——如今美国大门紧闭；为墨索里尼那欺骗性的野心——意大利应当建成一个新罗马帝国以成就领袖之荣誉。就法国方面而言，这场入侵行动带来了一个棘手的问题。埃塞俄比亚是独立主权国家，也是国联成员，意大利的入侵是对国联宪章第 16 条的公开挑衅。法国是应该捍卫国际法、与英国和俄罗斯一同主张对意制裁，还是应该维持与意大利在斯特雷萨结成的同盟，继续试探、牵制德国？

最终，与墨索里尼达成秘密交易的莱伐尔勉强同意遵从国联的制裁决定，但与此同时，他又盘算着希望“看到所实施的制裁没有能够影响意大利征服阿比西尼亚”[50]，即便当意大利的飞机轰炸、甚至采用毒气攻击埃塞俄比亚的平民和士兵时，莱伐尔仍给英国外交大臣塞缪尔·霍尔爵士（Sir Samuel Hoare）施压、以通过一项协约，即给意大利以超过一半的埃塞俄比亚领土——英国随后否决了这一条约。与此同时，墨索里尼不满法国拒绝支持他的入侵行动、不满法国曾决定投票赞成制裁（意大利），拒绝履行1935年1月的罗马协定以及三个月之后在斯特雷萨签订的协定。入侵埃塞俄比亚标志着意大利终止参与反德联盟，也标志着国联集体安全体系之理念的终结，而这正是国联存在的根本。

意大利的入侵行动引发了左派与右派知识分子之间的又一场论战。右派知识分子们又一次使用“知识分子”一词来指称他们自身，他们异乎寻常地以在《时代》杂志发表题为《法国知识分子保卫西方的宣言》（‘Un manifeste d’intellectuels français pour la défense de l’Occident’）[51]的方式，打响了论战的第一枪。该宣言发表在1935年10月4日的《时代》杂志上，而早在当年9月，莫拉斯已在《法兰西行动简报》上发起一次猛烈抨击。在一篇题为《暗杀者》的文章中，他炮轰140位抨击墨索里尼战争计划的法国代表，称他们是“和平的杀手，法兰西的杀手”。希特勒扩充军队的决定、共产主义者在5月地方选举中得手、7月14日爆发的大规模人民阵线游行示威，以及为1936年立法选举计划而组建的左翼人民阵线，所有的这一切使得右派阵营感到极度恐慌，他们发起了新一轮的反共产主义狂潮。右派以及极右分子附和德国的论调，称法俄条约是对德国的威胁，由此增加了战争爆发的可能性。他们强烈要求放弃与英国和俄国的联盟，以巩固与意大利（“法国传统的、天然的盟友”）的友善关系，以及至少要取得德国这个唯一愿意、且能够击败共产主义的国家的理解。

《法国知识分子保卫西方的宣言》出自亨利·马西斯的手笔，该宣言支持殖民主义、号召抵制有可能实施的对意制裁，64名右翼知识分子在宣言上签名，包括罗贝尔·巴西拉奇、皮埃尔·德里厄·拉罗谢勒与夏尔·莫拉斯。在这些签名者看来，实施制裁不仅会“损害西方社会的正当利益”，还会增加爆发一场欧战的风险。意大利的侵略被描述为“对世界上最落后的国家之一的文明征服”，而埃塞俄比亚则被形容成“无知部落的混合体”。那些反对意大利野蛮进犯的人则被指责为伪善，比如，拿英国举例，说她的“殖民帝国覆盖了全世界1/5的土地”，又比如，说那些人（反对者）紧守着“国家之间绝对平等的危险的谎言”，一种“假公正的普世主义，它将高等级与低等级、文明与野蛮置于同等的地位”。如果战争冲突在欧洲的“兄弟国家”当中爆发，那无异于将“全世界的安全交付给少数野蛮民族来支配”，这将不仅是“对和平的犯罪，还将是对西方文明的不可饶恕的打击”。这一檄文的要义可被视作右翼民族主义知识分子对 CVIA 的一次集体反击。或者，如罗贝尔·巴西拉奇所说的，是某种“反—反法西斯阵线”。[52]

《法国知识分子保卫西方的宣言》一经发表，儒勒·罗曼和阿拉贡就写了一篇回应文章刊发在 10 月 5 日的《工作》（L'Œuvre）上，题为《来自众多法国作家与艺术家的回应》（“Réponse de ‘Nombreux écrivain et artistes français’”），纪德、罗兰、马尔罗、尼赞以及 CVIA 的 8500 名成员在上面签名。[53]这篇稍显温和的回应文章表达了“签名者们的震惊”——看到有法国作家“认可人类之间合理的不平等，这个理念与我们的传统是如此的相悖，也对我们社群自身的众多成员构成了不小的创伤”。有人也许要质疑，如果他们真的感到震惊，那么他们当初在哪儿？在这篇回应中，德里厄、莫拉斯、巴西拉奇和马西斯被点名，但他们四位在表达他们的种族主义观点时很少有所保留。当国联的对手们公开抨击国联以及所有它所做的工作时，罗曼回应文章中的签名者们维护着它，称他们是“法国知识界的真正代表”，呼吁法国政府支持所有那些维护和平、遵守国际法的他国政府的工作。第二篇反对意大利入侵行动的宣言——《为了正义与和平的宣言》（‘Manifeste pour la justice et la paix’）发表在一些天主教的出版物上，由天主教反现代主义者雅克·马里坦（Jacques Maritain）拟稿，包括佛朗索瓦·莫里亚克在内的天主教进步知识分子在其上签名，宣言谴责了携带着炸弹、毒气和杀戮的所谓“文明任务”，反驳了那些认为国联制裁支持者为好战分子的指责。

虽然总体来看，意大利的入侵行动在知识分子界引发的反应甚于其在公众舆论界，但是它再一次暴露了知识分子群体因意识形态路线的不同而分裂到了何种程度，至少引得两个同时代的人将其与德雷福斯事件相比较。[54]事实上，知识分子的两极化在 30 年代与德雷福斯事件时期确有相似之处，但二者之间也有着重大的区别。在德雷福斯事件时期，德雷福斯派阵营基本上受共和价值的指引，而反德雷福斯派阵营则受反共和的、民族主义的价值观熏染。到20世纪30年代，因支持普遍主义价值本身而被动员起来的进步知识分子相对少了，他们或被发动起来反对法西斯主义、反对战争——此二者是对共和国、对民主传统和民主制度（这三者之间并不等同）的威胁，或被动员起来支持共产主义——共产主义无疑被视作是起源于法国大革命的传统，然上升到了一个更高的层面。而右翼阵营仍在捍卫所谓的“传统法兰西”，但如今，他们的主要敌人是共产主义，无论在国内还是在国际上皆如此。意大利入侵埃塞阿比亚使得此前一直在寻求对德报复的右翼和极右翼阵营，得以将他们自身展现为一种维护和平的力量，而将战争贩子的角色扔给了左翼阵营——尽管在左翼阵营内有着强烈的反战倾向。在这一点上，右翼非常自觉地利用了反法西斯阵营内部的根本性的分歧（前文已提及）。在何种情况下（如果有的话），追求和平的努力可以牵扯到引发战争危险的行动？正是因为无法就这一问题给出明确的答案，使得反法西斯主义/和平主义阵营深受困扰，直至1939年大战爆发。

人民阵线政府的组建——1936年

1936年6月的立法选举之后组建了人民阵线政府，知识分子界乃至法国政体的两极化趋势总体上加剧了。我们可以回顾一下那些影响了人民阵线政府之组建的“时刻”：阿姆斯特丹-普莱耶尔（Amsterdam-Pleyel）委员会的发起（1933年）；希特勒上台（1933年）；使左派震惊的、由极右翼发起的对抗法国议会（1934年2月6日）；法共参加工人国际法国支部组织的示威游行（1934年2月12日）；CVIA的成立（1934年3月）；共产党放弃“阶级对抗阶级”的政策，使得社会主义者从“社会法西斯分子”和“社会反叛者”转变成反法西斯主义的同路人（1934年6月）。1934年7月27日，社会主义者和共产主义者签订一项协定，该协定有双重目标，其一是反法西斯主义，其二是与弗朗丹（Flandin）政府（1934年11月至1935年5月）以及莱伐尔政府（1935年6月至

1936年1月）期间维持的民族统一政府作对抗。1935年5月，法俄联盟条约的签订、工人国际法国支部以及法共在地方选举中的胜出，使得初生的人民阵线获得了突飞猛进的发展。

1935年6月，法共自1934年6月以来一直在争取的激进党终于结束了它与右翼党派的联盟，和法共及工人国际法国支部一起，加入了人民阵线。1935年7月14日，组成人民阵线的三大政党联合发起大规模游行，约有40万人参加，包括CVIA以及人权联盟的成员。游行队伍穿过巴黎市区，从巴士底广场（Place de la Bastille）行进到民族广场（Place de la Nation）。碰巧的是，游行当天也是蒙帕纳斯公墓举行阿尔弗雷德·德雷福斯葬礼的日子。人民阵线组织的大规模动员再清楚不过地反映出法国社会深层次的分裂，有报纸观察指出："当法国似乎又一次自相分裂的时候，德雷福斯去世了。"[55]

次日，本次游行的组织委员会将自身改组成一个全国性的委员会，并为备战1936年5—6月的选举达成了一份纲要。激进党人、社会党人和共产党人在反法西斯的原则上不难达成共识，但是对"反法西斯主义"这一概念（此前一直被持续讨论）的认识，存在分歧。显然，对于以"烈火十字架"这类极右翼团体为代表的国内法西斯主义的威胁是必须面对的，这是普遍的共识。但是，法共持续强调必须抗击来自国外的德国法西斯的威胁，而大多数激进党人和许多的社会党人以及CVIA成员则继续将追求和平放在首要地位，而将准备与纳粹德国的最终军事对决摆在次要位置。此外，一些其他的紧张情绪也不可避免地存在。比如，激进党和社会党人并未忘记法共在"阶级对抗阶级"时期的所做所为，因而他们当中许多人对共产党的策略仍然持保留态度。在经济方面，社会党人支持传统的、由国家调控的经济政策，而激进党人则倾向于让私营部门在经济活动中扮演更重要的角色。

在1936年4月举行的第一轮选举中，每个政党提出了各自的施政纲要，结果显示人民阵线的力量获得了无可争议的胜利——即便这离左派期望的成功、右派害怕的失败还差得较远。在投票参加比例相当高

(84.3%)的情况下，组成人民阵线的政党斩获 5,420,000 票（得票数比 1932 年增长了300,000），右翼政党获得 4,230,000 票，得票数较 1932 年减少 70,000。如果将人民阵线内各个政党的表现与 1932 年相比，我们会发现，激进党得票数为 1,955,174，比 1932 年减少了约 350,000，社会党得票数略有下降，从2,034,124下降到 1,996,667，而法共的得票数却从 783,098 上升至1,468,949。在 5 月 3 日举行的第二轮选举结束后，右翼政党获得 222 议席，与社会党和共产党加在一起的席位数——219 个相当。得益于激进党持有的 106 个席位，人民阵线刚好保住了它在议会中的多数派地位。这个在第一轮立法选举中表现最不出色的人民阵线内的党派如今掌握着平衡的权力。作为多数派党的领袖、激进的德雷福斯派莱昂·布鲁姆成为人民阵线政府的总理，他早在图尔代表大会后即任工人国际法国支部领导人。法共虽然支持这届政府，但拒绝在其中任职。

因为所有它内部的紧张情势以及它共和主义式的修辞，本届人民阵线政府确实对许多人而言代表着希望的灯塔：希望法西斯主义能够被抑制、并最终被击败；希望人民阵线政府上台意味着行贿受贿、投机取巧以及腐败的议会政治的终结；希望人民阵线政府能找到解决危机之道。1936 年 5 月，即本届政府正式就任的上一个月期间，法国被一场全国性的罢工和占领工厂的浪潮席卷，数以百万计的、不愿再等待改变的工人参与其中，他们迫切需要马上采取行动，反抗恶劣的工作环境和低薪。1936 年 6 月签订的马提尼翁（法国总理府）协议受理了工人的要求——虽然他们当中更激进的人并不满足。根据这项协议，工人赢得了两周的带薪年假、每周 40 小时工作制、集体合同制以及加薪 7%～15%。随后政府通过了一些法律，包括取缔极右翼团体——这也是 1934 年 2 月以来左派一直的诉求，将法国银行及大部分的军需工业国有化，启动大范围的公共设施工程以及延长义务教育的年限。

大规模的工人动员只不过让右翼和极右翼们更加确认了他们的观点，即人民阵线意味着文明的终结。银行家和实业家开始往外转移他们的资本。许多反动分子相信，虽然布鲁姆在 1920 年的图尔代表大会上的立场以及他一直以来拒绝支持共产主义，但他如今正在被莫斯科操控，而他主导的政府将瓦解整个法国。

有迹象表明，身为犹太人和社会党人的布鲁姆在某些社交圈子中遭到鄙视，这一点从1936年2月发生的事件中可以看出。在成为总理的几个月之前，布鲁姆在巴黎被来自法兰西行动的一群“保皇队”的暴徒袭击，这些暴徒是被一些鼓动他们暗杀布鲁姆的裘衣贵妇怂恿。事发之后，政府立即取缔了“法兰西行动”及其学生组织和“保皇队”。6月，其他的极右翼团体也被取缔。

以布鲁姆为首的人民阵线取得的胜利引发了一波反犹主义浪潮，这种情形自从德雷福斯事件以来还不曾出现过。[56]老套的反犹主义论调重新活跃、四处流传：犹太人是背叛者；犹太人是局外人，不是、也永远不会是真正的“法国人”；犹太人只为个人私利或其种族的利益所驱动……比如，1936年5月，莫拉斯在《法兰西行动简报》上写道，法国正在被犹太人拖入被奴役的境地，犹太人在这个国家中代表了一股外国势力，眼下他们正在为自身利益控制法国，将法国引入毁灭。[57]

布鲁姆在众议院饱受奚落，人们叫嚣着让他“滚回耶路撒冷”，“法兰西行动”则总是把布鲁姆内阁描述成“塔木德内阁”①。极右翼势力反复强调、称布鲁姆政府被犹太人主导，然而，在1936—1938年间，每届布鲁姆政府除布鲁姆本人外，只包括两名犹太人。有关布鲁姆的背景及其个性特征的流言四处传播。1936年，布鲁姆利用媒体反驳了一项有关他的传闻：即称他本名是卡方卡尔斯坦（Karfunkelstein）、出生于比萨拉比亚②。同德雷福斯一样，布鲁姆也因他的长相备受羞辱，比如，有人说“他长着犹太式的朝天大鼻孔”。[58]他被贬斥为说谎者、骗子、叛徒、性变态、秘密同性恋者。与此同时，布鲁姆还得对付那些有关他何其富有的恶意编派。1937年，在与共和国总统阿尔弗雷德·勒布伦访问卢浮宫时，布鲁姆指着一组精美的银质工艺品，略带自嘲地说道：“这就是我那

① Talmud，意为“犹太法典”。——译者注

② 当时苏联南部的一个地区。——译者注

件著名的银器藏品。”总统后来马上派人查证此事是否属实。

西班牙内战爆发——1936 年

1936 年 2 月，在法国人（仅限男性）[59]投票选出人民阵线政府的几个月前，在比利牛斯山脉另一边的西班牙，一个广泛的人民阵线联盟赢得了大选。与法国的情况相似，人民阵线的胜利令它的支持者们满怀希望，同时也引发了反对者们的恐惧和憎恨。

自从人民阵线赢得选举起，西班牙军方便一直在密谋和计划。6 月，佛朗哥将军带领他的部队进入暴发反人民阵线政府叛乱的西属摩洛哥。次日，军队越界进入西班牙半岛。这场民族主义的征伐以基督教、秩序和权威为旗帜，目标是消灭共济会、无政府主义、共产主义、社会主义和自由主义，迅速演变成一场全面展开的内战，一直持续到 1939 年 4 月民族主义获胜。

西班牙内战是民主制与法西斯主义之间国际冲突的缩影。佛朗哥在法西斯意大利和纳粹德国的支持下，决意推翻民主选举的西班牙政府。7 月 20 日，面对来自西班牙政府请求支援武器和飞机，布鲁姆政府对采取何种态度回应左右为难。一方面，佛朗哥的叛乱引发了人们关于在法国边境的第三个极右翼政权上台的恐慌；另一方面，英国敦促布鲁姆追随他们的做法，执行严格的中立——这也是布鲁姆政府中激进派的立场。此外，布鲁姆很清楚，如果政府介入西班牙内战，这一政策必然会引来右翼民族主义、天主教会、和平主义者以及许多“稳健派”的强烈反对。布鲁姆还担心，干预西班牙内战将引爆国内的紧张局面，点燃一场内战或一场军事政变。无论何种情况发生，他相信共和国都将难以为继。对战争的恐惧情绪比以往更普遍，布鲁姆还得考虑如何对付民族主义者关于干涉西班牙将引发一场欧洲战争的宣称。

最终，布鲁姆改变了他起初支持西班牙共和国的决定，选择以“不干涉政策”取而代之。这事实上助长了持续地从德国和意大利获取军事援助的佛朗哥和西班牙民族主义，增加了法国陷入法西斯主义国家包围圈的概率。通过不干涉政策，法国政府（间接）强化了罗马-柏林轴心，降低了苏联对于将法国作为一个抵抗德国之盟友的信任，暴露了英国和法国的软弱和缺乏原则（在某些人看来）。正如皮尔·布朗东指出，“没能与他的密友（alter ego）站在一起，使得人民阵线政府丧失了它的信誉。布鲁姆政府为法国日后的投降埋下了种子。”[60]

因此，布鲁姆缩手缩脚、投鼠忌器，右翼民族主义斥责西班牙的“红色”阵营行事卑鄙，和平主义者持续地发起反对“战争”的动员，左派们则狂喊着“背叛”游行示威，要求为西班牙人民阵线提供武器和援助。1936年12月，亲法共的月刊《公社》发表了《共和国知识分子关于西班牙事件的宣言》（‘Déclaration des intellectuels républicains au sujet des événements d’ Espagne’）[61]，署名者有两大群体，题名为“教授”和“作家”：前者包括维克多·巴斯克（Victor Basch）、弗雷德里克·约里奥-居里（Frédéric Joliot-Curie）与保罗·朗之万（他于1936年6月离开CVIA），后一群组包括纪德、罗兰、朱利安·本达、尼赞和特里斯坦·查拉。“作家”群组中包含着一个次属群组，涵盖了艺术家、音乐家和建筑家，其中包括电影导演马赛尔·卡尔内（Marcel Carné）和建筑家勒·科尔比西埃（Le Corbusier）。联名者们吁请民众注意，各种证据表明，不干涉条约已背离其初衷，导致“不干涉事实上变成了一种非常有效的干涉，正好助力了叛乱者（即民族主义者）”[62]。在最后的段落中，签名者们呼吁法国人民阵线政府恢复与西班牙政府的贸易关系。与此同时，包括皮埃尔·德里厄·拉罗谢勒与亨利·马西斯在内的大约40名右翼和极右翼知识分子，联名签署了《致西班牙知识分子的宣言》[63]（‘Manifeste aux intellectuels espagnols’）。这份宣言于1937年12月10日刊登在双月刊《西方》（*Occident*）上，呼吁“超越政治”，主张“阶级之间的友爱、不要相互仇恨”。忆及“所有种族、传统和文化的纽带将我们（即法兰西）与我们的拉丁姐妹联结在一起”，宣言中表达了对民族主义势力的支持，或者，如宣言中的表述：“西班牙的胜利，是那些如今代表文明对抗野蛮、代表秩序和正义对抗暴力、代表传统对抗毁灭的人的胜利。”

宣言的签名者之一、作家保罗·克洛代尔在第二年写了一篇文章，谈及一个新的布尔什维克俄国可能建立在法国门口的恐惧，并指出“在这种危险的形势下佛朗哥的‘十字军’解救了法国和欧洲”。[64]夏尔·莫拉斯也表达了同样的观点，他声称多亏了佛朗哥，“一个别样的小苏维埃共和国没能在比利牛斯山的另一侧建立起来”。[65]然而，并非所有的保守派知识分子都一边倒地向着克洛代尔和莫拉斯。1938年6月，自称右翼人士的天主教小说家佛朗索瓦·莫里亚克抨击“西班牙将军借口发起一场圣战、一场十字军东征，成为耶稣的战士”，却带来了悲惨的结果，“对于数百万的西班牙人来说，基督教和法西斯主义成了同一类的事物，故而他们不再痛恨其中一个而不迁怒另一个。”[66]1937年5月，莫里亚克在一份申援巴斯克人民的请愿书上签名。仍然支持民选政府的巴斯克人民遭受了民族主义势力的严酷镇压，轰炸格尔尼卡（Guernica）是其中最为著名的事件。另一名天主教小说家乔治·伯尔那诺（Georges Bernanos）也在请愿书上签名，他被民族主义者的残暴震惊，改变了起初支持佛朗哥的立场——应该说，他并不支持共和事业。

与西班牙内战联系最紧密的法国知识分子当属安德烈·马尔罗，这也部分也得益于他的自我宣传。早在1924年马尔罗已恶名远扬，当时他因在金边盗窃高棉雕像而被捕，并在纪德、布雷东、阿拉贡、佛朗索瓦·莫里亚克、让·波让以及其他人的斡旋下被释。1925年6月至8月间，马尔罗在西贡出版《印度支那》（*L'Indochine*），一份六页的报纸，谴责法国在印度支那的殖民统治，1935年，他在为安德烈·维奥里斯（Andrée Viollis）的《救救印度支那》（*Indochine S. O. S*）一书撰写的前言中回顾了这一主题。在20世纪30年代，马尔罗加强了自己作为小说家的名声，也巩固了他作为坚定的反法西斯知识分子的名望。1934年1月，他与同为季米特洛夫委员会主席的纪德到访柏林，去营救被控在德国国会纵火的季米特洛夫以及其他两名保加利亚共产党员。在1934年2月6日事件爆发后的第四天，马尔罗签署一份请愿，号召工人运动团结起来、反对法西斯主义。1935年，他在莫斯科国际作家代表大会上成为主角（见上文第133—135页），如今他是1933年龚古尔文学奖获奖作品

《人类命运》（*La Condition humaine*）的作者，近来出版反纳粹的《压迫的时代》（*Le Temps du mépris*）更让他醉心于他“勇于担当的法国作家典范”[67]的角色，此后不久他又在反对意大利入侵埃塞阿比亚的请愿书上签名。西班牙内战为马尔罗践行他在巴黎演讲时提出的主张提供了机会，尤其是“愿我们每一个人，作为一个男人，能够奋战在他自己的阵地上”。[68]

马尔罗作为国际保护文化协会的成员之一，作为国际反法西斯与反战委员会的主席（自 1936 年以来），西班牙是他的阵地。在人民阵线选举获胜后，马尔罗访问西班牙，会见了西班牙的新总统曼努埃尔·阿扎尼亚（Manuel Azaña）。在短暂访问马德里之后，马尔罗应布鲁姆政府航空部长皮埃尔·科特（Pierre Cot）的要求于 7 月底返回巴黎，参加了一个支持西班牙共和政府的盛大集会。之后，他马上着手想方设法绕开不干涉条约（签订于 8 月 8 日），为西班牙共和政府提供他们急需的飞机和飞行员。马尔罗逐步召集了一批冒险家和雇佣兵充任飞行员，效力于共和主义事业，这批人成了他的西班牙小分队的核心，后来更名为安德烈·马尔罗小分队。马尔罗小分队执行了 20 多次袭击民族主义势力的飞行任务，以及许多次的侦察任务。但是，在 1937 年 2 月运行了 6 个月的马尔罗飞行小分队解散了。1936 年 10 月，苏联挑明了意大利和德国对西班牙的干涉，抛出了它对它此前签署的“不干涉条约”之条款的观察结论，发起组建国际纵队。由于共产党人在“国外势力”支持共和政府一事上推行自己的特殊纪律和权威法则，很快像马尔罗这样特立独行的建制就没有了立足的余地。此外，马尔罗小分队还损失了许多宝贵的机器和队员。马尔罗回到巴黎，2 月启程前往美国，为共和主义事业谋求资金和支持。马尔罗的小说《希望》（*L'Espoir*）就是根据他在西班牙的经历创作的，随后被改编成电影、搬上银幕，大大助长了马尔罗的声名。然而，《希望》中的许多情节都是虚构的、浪漫化的、夸张的，为的是塑造出反法西斯战争中神话般的知识分子的浪漫形象。

纪德与《从苏联归来》[69]（*Retour de L'URSS*）——1936 年

1936 年 10 月，马尔罗在一次去巴黎的短暂旅途中得知，安德烈·纪德正准备出版那年夏天他在苏联访问期间所获的见闻。[70]次月，纪德委派曾与他同去苏联的皮埃尔·赫尔巴特（Pierre Herbart）到西班牙，把《从苏联归来》的校样交给马尔罗阅读。1937 年 1 月，在巴黎和纪德、赫尔巴特的一次午餐上，马尔罗不得不说，他和其他人对于此书的意见一致，即，考虑到苏联正在支持西班牙共和国，此书的出版时机欠佳。在二人关于此书的出版是否可行这一问题的不同意见之下，存在着更深层的分歧：马尔罗拒绝批评斯大林和苏联，而纪德则不能不说出他对斯大林和苏联的担忧和批评。

马尔罗对西班牙反法西斯部队的混乱和无组织感到担忧，到了 1936 年年底，马尔罗确信，只有施行铁面无情的纪律才能挽救共和国，只有共产主义者才能做到这一点。随着共产主义者们追捕、围剿无政府主义者，马克思主义统一工人党（Partido Obrero d'Unificación Marxista，简称 POUM）的激进分子及其他左派人士，强制施行的"共产主义纪律"等于在西班牙内战之中又制造了一场内讧。当一些知识分子，譬如乔治·奥威尔（George Orwell）和 Simone Weil（西蒙娜·韦伊），抗议有针对性地清除反法西斯同仁的斯大林政策，马尔罗却拒绝对斯大林和斯大林主义者在西班牙、在苏联同样执行的镇压行为提出哪怕一点点的批评。在去往巴黎的一次旅行中，当马尔罗被维克多·塞尔日问及他是否准备接受西班牙无政府主义者在巴塞罗那举行的走过场的公审，就像他已认可的莫斯科的那些"审判秀"一样，马尔罗答道："现在我不会做任何反对斯大林的事。我认可莫斯科的那些审判，我现在也准备接受巴塞罗那的审判。"[71]当马尔罗启程前往美国后，他受到了他非常崇敬的老布尔什维克莱昂·托洛茨基的严厉批评。在一篇 1937 年 4 月发表的文章中，托洛茨基指责马尔罗没有独立的道德观、没有一丁点的英雄主义，批评马尔罗在美国发起的呼吁除西班牙革命之外，无视其他的一切。[72]作为回应，马尔罗在《民族》杂志组织的宴会上声称，"莫斯科审判并未减损共产主义的根本的尊严"。[73]尔后，托洛茨基称马尔罗为斯大林的代理人，而马尔罗则讥讽托洛茨基为极度自我的偏执狂，二人的关系进一步恶化。

马尔罗拒绝批评斯大林和斯大林主义实践的根源在于，他坚信法西斯主义是主要的敌人，如果不与苏联和共产国际联盟，就不可能击败法西斯主义。与他相反，纪德是为一种道德、而非一种“政客实用主义”的需要所驱动。纪德的访苏之旅向他透露了苏维埃共产主义的另外一些层面——一些他拒绝保持沉默、而且感到有责任将其揭露的层面。

尽管纪德曾有一段时间是苏联的支持者，但他同时也对那些有关苏联的批评十分关注，比如前布尔什维克鲍里斯·苏瓦林 1935 年出版《斯大林》——一本对斯大林主义政体的毁灭性的研究，以及纪德曾在当年为之出面交涉的维克多·塞尔日于 1936 年 6 月在《精神》（*Esprit*）上发表的致纪德的公开信，信中描述了苏联的知识分子以及苏联物质生活的状况。1936 年 6 月 16 日，纪德离开法国，在苏联待了 9 周的时间，他所到之处皆得到了隆重的招待。尽管领受了过度的关注，纪德却是带着幻灭回到法国：共产主义在苏联已不存在，现在那里只有斯大林。当纪德决定将他苏联之行的纪录出版时，关于此书将是带批判性的消息很快传播开来。于是，纪德马上受到来自共产主义者们——包括伊里亚·爱伦堡和阿拉贡阻止出版的压力。纪德没有理会这些，1936 年 11 月 13 日该书出版，在一年内创下 150,000 册的销量，并被翻译成 15 种语言。

在他的前言中，纪德乐于承认他对苏联的热爱和崇敬，称苏联是一个向导，“一个将乌托邦变成了现实的家园”。[74] 他也欣然认可苏维埃政权在物质、文化和教育上的成绩，感谢他所遇到的人民的热情友爱。“我相信，世界上没有其他任何地方像苏联那样，可以让人们感受到如此深切、强烈的人道主义情感。”[75] 尽管纪德感激苏联给予他的盛情，但他还是注意到普通大众的迟钝，以及他们对于苏联之外发生的一切极度的无知；注意到，批判的意识被经由《真理报》（*Pravda*）每日灌输的国家宣传所取代，凭此产生了一种普遍性的服从精神。他总结道：“我怀疑，世界上还有没有任何国家——除非希特勒的德国，那里的精神世界（*esprit*）比在苏联更不自由、更被操控、更令人恐惧（terrorised）和更屈辱。”[76] 在书中，他描述了莫斯科单调的、丑陋的建筑，商店外长长的队伍，劣质的商品以及不足。他提到“斯大林的巨幅招贴覆盖了莫斯科的围墙”，[77]以及“斯大林的雕像随处可见”[78]来证明苏联不是无产阶级的专政，而是某个人的独裁。“斯大林总是正确的，事实上意味着，一切都以斯大林为准。”[79]

来自共产主义阵营的反应是迅速的，骂声一片——纪德已被反苏机构操控；纪德的中产阶级出身占了上风；纪德是法西斯主义和托洛茨基主义的鼓手……这似乎是无可避免的。1937 年 1 月 18 日，《人道报》重新刊登了罗兰两周前发表在《真理报》的一封信，在那封信中，罗兰把《从苏联归来》描述为“一部平庸的作品，出奇地贫乏、肤浅、幼稚和自相矛盾。”[80]纪德被包括尼赞和阿拉贡在内的共产党人攻击，但维克多·塞尔日、让·纪沃诺（Jean Giono）和让·波让坚定地站在他这一边，托洛茨基更是赞扬他“非凡的洞察力和知识分子的诚实”。[81]纪德被关于该书很肤浅的批评所伤，1937 年 6 月，伽利玛出版社出版了他的《修订我的〈从苏联归来〉》（*Retouches à mon Retour de L'USSR*），纪德在修订版中用更多的事实信息和统计数据，补足了前作的流于印象。然而，所收获的反馈却与前一本大同小异。正如维诺克指出：

> 来自各方面反馈回来的是同样的赞扬、同样的批评。每个人固守自己的立场。对于某些人来说，纪德仍然是一名变节者、叛徒和阶级敌人，不过又返回去拾掇他的呕吐物（指原作）。对于另一些人来说，纪德是知识分子勇气的化身，不为了迎合共产党的需要而屈从于“命令式的真理”。[82]

从人民阵线到慕尼黑协定

到 1936 年秋，法国工人的夏日狂喜消散了，1937 年 6 月，布鲁姆辞职。工人们的社会收益被经济的衰退抵消了，工资的增加并未刺激消费和工业增长，相反，随着工人的工作时间减少，工业产出下降，工厂主不愿投资，并持续地将他们的资本输出国外。1936 年夏季，物价上涨超过 20%，这事实上降低了马提翁协议中所约定的工资的增长幅度。9 月，货币贬值了约30%，此后，法郎持续在贬值。

正如我们所见，布鲁姆政府不得不应对来自右翼和极右翼阵营的疯狂的反犹主义的攻击，11月，内政部长罗歇·萨朗格（Roger Salengro）在极右翼报纸发起的一场针对他的恶毒攻击下被迫自杀。尽管拉罗克上校的“烈火十字架”社团已于1936年6月被取缔，但它又改头换面、以法国社会党（Parti social français）的名字出现，1936—1940年间，对外宣称其成员人数达到了60万至80万。与此同时，政府还得应对秘密革命行动委员会（Comité secret d'actionrévolutionnaire，简称CSAR）策划的恐怖主义活动。CSAR外号是“风帽”（*La Cagoule*），由原“法兰西行动”的成员欧仁·德隆克勒（Eugène Deloncle）创办，由大财团提供资金支持，致力于采取一切必要的手段，打击共产主义。为了给一支其中有不少CSAR支持者的军队叛乱创造条件，CSAR策划向两个雇主联盟机构所在的办公室投放炸弹袭击。他们还制造假象，让这些暴行看似系共产主义者所为。1937年11月，继任萨朗格内政部长职位的马克思·多尔穆瓦（Marx Dormoy）解散了该组织，并逮捕了该组织的一些领导。然而，1940年法国战败之后，该组织又重新露面。

另一方面，布鲁姆及其政府亦置身于来自左翼阵营的攻击之下，他们指责人民阵线政府过于温吞，指责布鲁姆过分拘泥于条条框框，这表现在政府对干预西班牙内战的拒绝上。与此同时，布鲁姆政府将军费开支从90亿法郎增加到140亿法郎亦大大惹恼了和平主义阵营。1937年初政府宣布社会改革议程将有一个“暂停”，左派们与政府更加离心离德。1937年3月政府出动警察保护拉罗克上校的法国社会党在巴黎北部的集会，更是加剧了左派对人民阵线政府的幻灭感。此次集会导致了流血冲突，有5名反法西斯主义示威者丧生，200多名示威者受伤。

人民阵线政府试图赢得商业界和中产阶级信任的努力也失败了。小工厂主们发现很难去贯彻马提翁协定的条款。小工厂主和大资本家都被占领工厂的事所惊吓，持续的罢工似乎证实了右翼阵营的宣传恫吓：一种共产主义式的接管即将来临，或者，人民阵线政府将把法国拖入战争的泥沼。中产阶级的不满是达拉第的激进党拒绝支持人民阵线的根本原因——1937 年 6 月，参议院拒绝授给政府一个月无限制的财政权，布鲁姆辞职。

激进派卡米耶·肖当取代布鲁姆，人民阵线保住了他们在议会的地位，斯塔维斯基丑闻案发时卡米耶·肖亦在任。激进派加大了对在任政府当中的社会主义者的批评，也加大了对不在任、但谴责政府背叛人民阵线原则的共产主义者的批评。1938 年 1 月，社会主义者退出政府部门，激进党的权力和影响力大增。重新洗牌的肖当政府吸纳了来自各个政治谱系的代表。然而，得到广泛支持的政府却导致了政务的停滞，肖当内阁很难持续地推行任何连贯性的政策，政府似乎总在为争取时间而拖延，怀着米考伯式[①]的希望，“事情总会有转机的”。与此同时，财政状况持续恶化，预算在增长，国际收支逆差加剧，政府还得考虑如何应对新一波的罢工和静坐示威。深受本国“故步自封”（immobilisme）传统的拘囿，当国际形势在急剧恶化时，肖当政府在国际阵线上亦举棋不定。在一个持续两极化的世界中，国联失去了它所有的威信；比利时宣布中立（1937 年 4 月）；波兰、南斯拉夫和罗马尼亚向德国靠拢；美国明确表示无意介入第二次欧洲战争，在 1937 年和 1938 年重申其中间立场。1938 年 3 月 9 日，肖当辞职，他提出的把握充分权力制定财政政策的提案没能得到支持。两天后，德国启动了它的“德奥联合”（Anschluss），兼并了奥地利，而法兰西却处在无政府状态。

1938 年 9 月：《慕尼黑协定》

1938 年 3 月 13 日，布鲁姆曾尝试组建一个民族团结政府来应对国际国内的危机，然此举因一个月之后布鲁姆的辞职而搁置，继而承担此任的是激进党领袖爱德华·达拉第。希特勒早就觊觎捷克斯洛伐克，支持讲德语的人在苏台德地区定居的要求，9 月，希特勒鼓吹苏台德地区民族

---

① 原文“Micawberish”，意为“碰运气的”。——译者注

自决。在英国首相内维尔·张伯伦（Neville Chamberlain）与希特勒在贝希特斯加登（Berchtesgaden）和巴特戈德斯贝格（Bad Godesberg）的两次决定性的会见之后，在许多人看来，如今战争已无可避免。正是基于这一形势，达拉第和张伯伦在慕尼黑会见了希特勒和墨索里尼，9月30日，他们签订了《慕尼黑协定》（落款日期是9月29日）。根据《慕尼黑协定》相关条款，德国被允许于10月10日占领苏台德地区，而英国和法国则维护好捷克斯洛伐克的新边境。承诺苏台德地区有全民投票权——但从未被实现。捷克斯洛伐克政府并未介入协商过程，捷克斯洛伐克总统爱德华·贝奈斯（Edvard Beneš）认为他被英法两国背叛，愤而辞职。《慕尼黑协定》成为“姑息”的指称，而“慕尼黑”（*munichois*，即“姑息者”）一词进入法语词汇。

达拉第担心当他从慕尼黑回来将遭到众人的唾弃，事实上并非如此。众议院537名议员投票通过了这项协定，而75名投反对票的共产党议员仅得到两名其他党派议员的支持：一名社会党人和一名保守派。法国民众的分歧更明显一点：慕尼黑协定之后的一项民调显示，57%的被调查者支持《慕尼黑协定》，37%的被调查者表示反对。知识分子也分成两派，支持《慕尼黑协定》的阵营主要包括左翼和平主义者、革命失败主义者以及右翼民族主义者，基于同样的反战诉求联合在一起；反《慕尼黑协定》的阵营主要由共产主义者和激进的反法西斯主义者组成。

左派阵营内部和平主义者与非和平的反法西斯主义者之间的分裂又一次公开化，甚至在《慕尼黑协定》签署之前已很明显。9月初，罗兰（如今已远离他一战时的反战主义）、朗之万和弗朗西斯·乔丹（Francis Jourdain）写信给达拉第和张伯伦，敦促他们与其他民主派团结一致，通过“有力的措施”，抵制希特勒冒犯“捷克斯洛伐克的独立主权和领土完整以及欧洲的和平”。[83]紧接着，阿兰、让·纪沃诺和维克多·玛格丽特（Victor Margueritte）就向政府递交呈请，要求法国和英国领导人拒绝一种军事解决方案，宁愿“尽一切公正的措施维护和平”，寻求在欧洲范围内认可捷克斯洛伐克的中立。[84]

纪沃诺和阿兰以和平的原教旨主义者的立场为典范，这也是CVIA大部分成员的立场。比如，与左翼政党决裂的纪沃诺，极力促成单方面的解除武装，毫不意外，他反对任何形式的介入西班牙。阿兰以他自己的方式出发“理解”真正的德国人——完全不是有着神秘构造的德国人——根据阿兰的说法，德国人是“自《凡尔赛条约》签订以来被一种（创伤性的）情结所驱动，如果我们也承受了同他们一样的不公正和悲惨境遇，我们也会产生这类情结”。[85]阿兰还认为试图通过重整军备来点醒德国和意大利是一个错误，这样做只会适得其反。让·纪沃诺和阿兰此后仍致力于反对战争、呼吁和平，他们联名签署了一个1939年9月发布的小册子《现在就要和平》（‘Paix immédiate’）。[86]

虽然处在最坚定的和平主义知识分子当中，但纪沃诺和阿兰对《慕尼黑协定》的支持并非是孤立的举动。比如，纪德对《慕尼黑协定》的第一反应是欣喜和宽慰，因为他相信这对希特勒而言意味着一种退步，而战争也得以避免。然而，这颗定心丸并没发挥太长时间的作用，纪德很快便发现《慕尼黑协定》是对法西斯势力的一次可怕的妥协，它可能是必要的，但更是危险的。佛朗索瓦·莫里亚克也赞成《慕尼黑协定》，但是他并不抱有热情或幻想，他不过是附和布鲁姆对此事的表述——“怯懦的解脱”，一如许多法国民众和大多数法国政治阶层的看法。[87]

民族主义右派与亲德的右翼势力积极支持《慕尼黑协定》，因为这意味着法国将不会代表捷克斯洛伐克采取军事行动。对“法兰西行动”而言，捷克斯洛伐克的背后，“是共济会建造、犹太人经营（的中欧小国），而苏联人正利用中欧点燃一场他们所需要的大战，以展开一场世界性的革命”。[88]反犹太主义作家路易-费尔迪南·塞里纳（Louis-Ferdinand Céline）称，“所有民主国家政府根据‘犹太国际’的指令而设计的战争，一定要避免，不管采取何种策略、让步甚至诡计”。[89]极右翼报纸《我无处不在》（*Je suis partout*）公然宣称，可能的战争就是“犹太战争”或“苏维埃战争”，该报纸现由罗贝尔·巴西拉奇任文学编辑，一开始就极端的“慕尼黑”（*ultra-munichois*）。

在有关法国的错误决策上，《我无处不在》与“法兰西行动”的批评意见可能有很多相似之处，但是，在有关德国的问题上，它与保皇派存在分歧。与莫拉斯及其支持者不同，巴西拉奇和《我无处不在》团队对德国非常钦佩，认为“法西斯精神”中存在着能使法国摆脱腐败、没精打采、日渐衰颓之境况的唯一途径。其他极右翼的、亲慕尼黑的出版物包括《老实人》（*Candide*）、《甘果瓦》（*Gringoire*）以及反共和反犹太的《战斗》。1938年11月，《战斗》杂志的创始人之一蒂埃里·莫尼耶（Thierry Maulnier）写道：“德国的战败将意味着独裁主义体系的坍塌，而后者正是抵抗共产主义革命、抵抗可能马上面临的欧洲的布尔什维克化的重要堡垒。”[90]即便在《慕尼黑协定》签定之后，自称为真正的爱国者代言的《我无处不在》仍在攻击那些反对《慕尼黑协定》的“好战分子”（les bellicistes）。

虽然绝大多数右派和极右派都是“慕尼黑”，但德里厄·拉罗谢勒却不是。正如我们所见，德里厄1936年6月加入了多里奥的法国人民党，在长达两年的时间里，他一直自豪地宣称自己是法西斯主义者和反犹主义者。《慕尼黑协定》签订之后，多里奥宣称“法国并没有背叛捷克斯洛伐克”，并号召重新组合左翼和右翼的和平主义者，将主战派党（例如法共）驱逐。但是，德里厄写了一封致达拉第的公开信，称“你的慕尼黑之行令你蒙羞”。与多里奥的分歧导致德里厄1939年1月退出法国人民党，兹时德里厄在他30多个月的党龄期间，已成为该党主要的宣传家，且为其周刊《民族解放》（*Émancipation nationale*）撰写了100多篇文章。然而，正如安德勒（Andreu）与格罗弗（Grover）指出，《慕尼黑协定》问题只是一个借口，因为德里厄“长期以来认定，多里奥并不愿意去缔造、也没有能力去缔造一个真正的法西斯主义运动”。[91]

反《慕尼黑协定》阵营的中坚是法共及其支持者。法共的外交政策发言人加布里埃尔·佩里（Gabriel Péri）在议会厅、在《人道报》的文章中持续抨击《慕尼黑协定》，嘲讽那些称该协定多少维护了和平的言论。佩里于10月1日发表声明称，与之相反，“几百万法国人、为数更众的欧洲人，当今所面临的威胁远甚于以往任何时候。”[92]10月7日，法共领袖莫里斯·多列士在一次大众集会上称，“《慕尼黑协定》是英国和法国的反动派把所有国家的劳动群众和苏联撇在一边，试图与德国和意大利法西斯分子达成一致”。[93]10月14日，罗曼·罗兰在《人道报》发文宣称，“如果我们都热爱和平、期盼和平，我们会认为慕尼黑版本的和平是一种可耻的投降，只是为打击法国提供了新的武器”[94]；10月1日，尼赞在共产主义刊物《今晚》（*Ce Soir*）发表文章警告慕尼黑之后的“可怕的将来”。尼赞在9月23日就曾批评张伯伦和达拉第“个人的无知和懦弱的行为，很少有国家元首能与之类比”。[95]尼赞最新出版的作品《九月纪事》（*Chronique de septembre*）[96]是对《慕尼黑协定》产生背后之阴谋的详细叙述。

政治立场介于“慕尼黑”和“反慕尼黑”之间的，是那些既反对《慕尼黑协定》、同时又拒绝与共产主义者为伍的组织，如独立革命艺术国际联盟（Fédération internationale de l'art révolutionnaire indépendant，FIARI），由托洛茨基、布雷东和迭戈·里维拉（Diego Rivera）发起。他们对于斯大林主义者背叛革命感到厌恶，目睹了在苏联内外上演的针对老布尔什维克战士的大清洗，目睹了莫斯科大审判以及共产国际代表机构在西班牙肃清马克思主义统一工人党和无政府主义者之后，这些反斯大林主义者拒绝在斯大林和希特勒之间做出选择。前超现实主义者、如今的托洛茨基主义者皮埃尔·纳维尔，谴责斯大林主义的领导人为除掉希特勒寻求发动战争。在这一点上，纳维尔与他从前的超现实主义的朋友们趋于一致——9月27日，他们制作了一本题为《既不是你的战争，也不是你的和平！》的小册子，谴责了苏联和德国的极权政体，坚信唯一的出路是“无产阶级革命”。

1939年8月：纳粹-苏联条约

《慕尼黑协定》由英国、法国、德国和意大利签署，而苏联被排除在外，加上苏联和法国、英国达成三方协议的尝试也落空，这使苏联感到被暴露、被孤立，极易遭到纳粹德国的攻击。然而，很少有人能预料到1939年8月21日的政治风暴，即官方宣布莫洛托夫与里宾特洛甫将于两天后在莫斯科签署《苏德互不侵犯条约》。此条约对法共的打击是毁灭性的。苏联这个自称反法西斯的先锋，与野兽般的敌人签订了互不侵犯条约。这一条约在法共的忠实者当中引发了灰心、困惑和恐慌。尽管他们经年累月地被灌输斯大林是一切政治智慧之根本的信念，然而法共还是遭遇了大量普通党员倒戈，在议会中也同样如此，在几周之内，72名共产党议员中有超过1/4脱党。

8月底，一些共产主义的同路人，包括弗雷德里克、伊莱娜·约里奥-居里、伊伦·约里奥-居里、保罗·朗之万和维克多·巴斯克，发表了一份宣言表达他们"震惊于苏联领导人在纳粹德国危及波兰和所有自由者之独立的特殊时刻，竟彻底转向、与德国领导人汇聚一堂。"[97]活跃在反法西斯运动中的朱利安·本达曾支持苏联的外交政策，他认为莫斯科签订这一条约等于开启了自毁模式。罗兰保持沉默。保罗·尼赞此前已经历了一系列的幻灭——人民阵线的失败，西班牙共和国的倾颓，无从阻挡的法西斯主义的高歌猛进，任何有意义的共同防御协定的失败，《慕尼黑协定》的背叛，波兰不断恶化的局势……他强撑着自己的最后一线希望——苏联将被证明是抵抗法西斯主义的坚固堡垒。《苏德互不侵犯条约》签订的消息传来，他彻底绝望，经过四周的心理挣扎，他宣布退出共产党。关于这一效应的简短声明出现在9月25日的《作品》(*L'Œuvre*)杂志上。8个月之后，尼赞死在敦科尔克附近的战场。

第五章 德军占领时期 1940—1944 年：通敌、合作与抵抗

1939 年 9 月至 1940 年 6 月：从“假战争”到战败

1939 年 9 月 3 日，即德军入侵波兰两天后，法国和英国对德宣战。这标志着后来被称之为“假战争”（Phoney War）——一种战时的非交战状态的开始，“假战争”状态一直持续到 1940 年 5 月德军发起进攻。“假战争”期间，法国政府调转矛头对付“国内敌人”，即法国共产党。8 月底，紧接着《苏德互不侵犯条约》的签订，法国政府取缔了《人道报》和《今晚》两份刊物，虽然 10 月起《人道报》就继续以地下的方式出版。虽然政府对法共采取了措施，法共亦认为法国当局是反动派政府，但共产党的议员们仍在 9 月 2 日投票支持战争信贷，呼吁国家团结，宣称在德军进犯的紧张局势下，各方有责共同保卫法国。

然而，法共拒绝谴责 9 月 17 日入侵波兰的苏联，这种盲从地支持法国的敌人武力侵略一个法国不得不为之卷入战争的国家的做法，更加显露了法共对战争态度的转变，使得达拉第政府加紧了针对法共的打压。事实上法共也改变了它对战争的策略。从 9 月下半月起，在“假战争”余下的时间里，法共与遵循《苏德互不侵犯条约》的新共产国际路线保持一致，称如今的战争已不再是一场反法西斯、反希特勒的战争，而是一场反工人阶级的、旨在反苏联的帝国主义内部的战争。法共强烈呼吁寻找和平的路径，组建新一届法国政府、与苏联结成同盟。

如今法国政府开始正式制裁法共，法共及其所有的一线组织皆被取

缔。1940 年 2 月，擅自从军团开小差的法共领导人莫里斯·多列士在莫斯科露面，被法国政府剥夺了公民资格。3 月，曾于 1927 年发起镇压共产主义活动的内政部长阿尔贝·萨罗（Albert Sarraut）通告参议院，“2,718名经选举任职的共产党员被解职，11,000 名被袭击，3,400 名被捕，其中 1,500 名已被定罪，700 名公职人员被清洗，555 名嫌疑犯被送至监管中心，2,500 名外国人被拘禁在阿列日的勒韦尔内（Le Vernet）集中营。[1] 针对共产党的禁令下发后，共产主义议员们迅速将自身更名为“法国工人农民集团”（Groupe ouvrier et paysan français）。1940 年 3 月至 4 月，这些议员代表被送上审判台，他们的案件被秘密审讯。除了 3 名在法庭上辞去代表职务的议员，其余共产党议员皆被判处长期监禁，一起被发配至阿尔及利亚南部。在 1940 年 4 月，散布共产主义的宣传即可被判死刑。在英国，乔治·萧伯纳、赫伯特·乔治·威尔斯与爱德华·摩根·福斯特和其他知识分子联名发起请愿，宣称“这个世界不会从纳粹主义获得拯救……不会通过效仿纳粹的恐怖行径获得拯救”。[2]

与此同时，“假战争”状态在延续。在前线，尽管有歌星巡回演出，还组织了足球比赛，但士兵仍然备感无聊，士气低落，尤其是在 1939—1940 年的冬天，那是过去 150 年来最寒冷的冬天。军队出发去杀德国佬，如今却被迫在消磨时间。达拉第政府设法疏远反战主义者、反法西斯主义者，反战主义者认为政府寻求和平的努力远远不够，反法西斯主义者则谴责政府消极应战，认为政府没有尽力推动抗战。1940 年 3 月，达拉第失去了议会集体的信任，保罗·雷诺（Paul Reynaud）取代了他的位置。

当温斯顿·邱吉尔开始写作有关二战的回忆录时，他把涉及 1940 年的第二卷命名为《他们最好的岁月》（*Their Finest Hour*）。当此书出现在法国的时候，书名变成了《悲惨的岁月》（*L’Heure tragique*）。个中缘由不难知晓。4 月，德军入侵丹麦，5 月，德军挺进比利时——虽然后者已宣布中立。数日后，德军攻破阿登高地（Ardennes），越过马其诺防线的北部边界，逼近法国和比利时的军队，同时，将英国远征军赶进了敦刻尔克附近的包围圈中，结果便是著名的英军敦刻尔克大撤退。

德国军队向西进入诺曼底，向南朝着巴黎挺进，在法国民众当中引发了恐慌，估计有600万至1000万人在德军到来之前逃离。一方面，北部城市人口锐减——比如夏尔特勒市（Chartres）人口数从23,000降至800；另一方面，许多南部城镇的居民人数暴增，比如波城（Pau）人口数从38,000升至150,000，波尔多的人口数更是增长了一倍，达到600,000。[3] 没有人准备好迎接如此不堪的军事溃败和社会动乱。

6月14日，德军抵达巴黎，但法国政府早已撤至波尔多，魏刚将军（Weygand）及其支持者主张，法国必须寻求停战。6月16日，迫切希望法国继续抗战的英国内阁提议，两国联手组建一个政府来负责两国的内政外交，两国国民共享同一国籍。然而，6月16日晚，雷诺下台，84岁的马歇尔·菲利普·贝当组建了新一届政府。贝当是一战老兵，前不久还是法国派驻佛朗哥治下西班牙的首任大使。贝当上任即寻求停战，于6月22日与德国达成协议，停战协议的签署地是贡比涅森林中一块空地上的一节火车车厢——正是1918年（德国战败）法德停战协定签署的地方。停战协议6月25日生效。根据停战协议的条款，法国被分成四个区域："禁区"（诺尔-加莱大区）；阿尔萨斯-洛林地区（划归德国）；其他两个主要区域是占领区和"自由区"，占领区包括北部和西南部、巴黎、海峡地区和大西洋海岸，"自由区"或"非占领区"主要包括了法国南部、里昂和马赛，是法国司法管辖范围。所有工厂、码头、造船厂以及运输设施原封不动地移交德国；相反，在某些有关战争赔偿的约定上，德军占领期的一切费用皆由法国承担。

在6月25日向法国人民发表的广播讲话中[4]，贝当公布了与德国签订的停战协定的条款，以及此前一天与意大利签订的停战协定的内容。他坚持说战争已经结束，但又声称，签订了停战协定——他承认法国的情形是艰难的——法国的体面得以保留，在（南部）非占领区，"政府仍然可以自主；法国将只被法国人管理。"对于右翼民族主义者常常含沙射影地批评法国在两次大战期间的衰颓，贝当回应称，人民不应该从政府那里期待太多，而应当依靠他们自身的能量，并将他们的孩子培育成“有责任感的”人。贝当认同许多右翼民族主义者的观点，即，曾在一战期间如此显而易见的牺牲精神，在1918年之后却被自我放纵和享乐取代，导致现在的法兰西如此的衰弱和颓废。因此，法国首要的任务是矫正她过去的缺陷。

贝当名义上仍是第三共和国政府的首脑。自20世纪30年代起就在政坛钻营的皮埃尔·莱伐尔成为副总理。在“假战争”期间，莱伐尔被称为“和平游说团最活跃的议会阴谋家之一”。[5] 他上任后马上就提议，必须召集议会制定一部新的宪法。贝当政府在非占领区维希的温泉小镇安扎下来，镇上的许多旅馆都被征用来为政府的职能部门提供办公室。7月9日，那些设法赶到维希的法国议员代表，以624票对4票通过修宪议案，次日，又以569票对80票（17票弃权）通过授权贝当负责修订宪法的工作。贝当随即颁布了一系列宪法的法令，这使得他集中了“几乎所有立法、行政和司法的权力”，成了“自路易十四之后法国拥有权力最多的人，而莱伐尔是他的多菲①。”[6] 至此，存续了70年的第三共和国死亡。又一次被跨过莱茵河侵犯的敌人所羞辱——正如1870年和1914年那样，共和国其实是自杀而亡。

贝当说教式的失败主义论调与相对不太出名的陆军准将夏尔·戴高乐（Charles de Gaulle）6月18日在伦敦发表的演讲形成鲜明的对比。戴高乐是前国防部副部长，早已离开了波尔多。相比贝当的演讲有数百万听众，估计只有很少一部分人听了戴高乐的演讲，因此广播戴高乐演讲的英国广播公司（BBC）显然对此次演讲的重大意义认识不够，没有保存其录音。在贝当首次在收音机里呼吁法国人民放下武器的第二天，广播里播发了戴高乐的吁请。在演讲中，戴高乐虽然承认德国的军队和物资装备优于法国，但他坚决拒绝接受失败投降。法国也许打输了一场战役，但她并不是孤军奋战，战斗必须继续进行。戴高乐邀请那些愿意继续抗战的人们加入他在伦敦的队伍，他在演讲结尾说：“无论发生什么，

---

① “多菲”为1350—1791年和1824—1830年间法国王位继承人的称号。——译者注

法兰西抗战的火焰不可以、也将不会熄灭。”[7] 至此，贝当主义的失败主义与戴高乐主义的抵抗二者之间的战线正式拉开。

知识分子与1940年的战败

1940 年的创伤性事件在知识分子界产生的效应之一是分散了他们的居所。[8] 他们当中的一些人在战俘营，那些没有被征召的、留在巴黎的知识分子如今大批地逃离首都。一些人去了非占领区，比如，安德烈·纪德和安德烈·马尔罗驻留在蔚蓝海岸（Côte d'Azur）；让·波让（战前《新法兰西评论》背后的主要推手）撤退至卡卡松尼（Carcassonne）附近，在这里，他碰到了让·盖埃诺和朱利安·本达；从超现实主义转共产主义的路易·阿拉贡最后也来到了法国东南部（见下文第 188—189 页）。另一位超现实主义者马克思·恩斯特，居留在图卢兹，战前积极支持西班牙共和事业的诗人和艺术批评家让·卡苏（Jean Cassou）也住在那里。其他许多人则完全离开了法国。恩斯特和安德烈·布雷东都去了美国，布雷东通过美国之声向法国广播，与马塞尔·杜尚（Marcel Duchamp）组织了一次国际展览，并和杜尚、恩斯特共同创办了一份杂志。儒勒·罗曼也到了美国，此外还有历史学家安德烈·马尔罗和德雷福斯派、反现代主义者雅克·马里坦（Jacques Maritain）以及外交官、诗人亚力克西·莱热（Alexis Léger）。

社会学家雷蒙·阿隆（Raymond Aron）去了伦敦参加戴高乐主义抵抗运动，同样投奔戴高乐的还有满怀抱负的作家罗曼·加里（Romain Gary）。纪德后来从法国前往突尼斯（1942 年春），然后又去了阿尔及利亚，在那里他见到了《小王子》（*Le Petit Prince*）的作者安托万·圣-埃克絮佩里（Antoine de Saint-Exupéry）。此期间，乔治·伯尔那诺在巴西避难。

如果说刚开始纪德还对贝当表示过一些钦佩的话[9]，那么从 6 月 24 日他的日记中不难发现，兹时他对贝当的敬意已相当稀薄。这也反映出纪德对当时政治现实的把握相当乏力。贝当关于停战协定内容的演讲使纪德感到震惊，以至于他怀疑是否真是贝当所言；他很困惑为什么贝当不支持丘吉尔，为什么贝当不赞同戴高乐的声明。[10]那一年余下的日子里，纪德的日记充斥着灰暗和沮丧的情绪。

马尔罗虽然已被免除兵役，但仍于1939年9月入伍。“当你写下我所写下的东西，你就参与了法国的这场战争。”[11]据称，马尔罗6月15日在桑斯（Sens）受了轻伤，第二天即被捕。1940年秋，马尔罗设法逃出战俘营，在家人和朋友的帮助下来到海耶尔，在蔚蓝海岸和他的情人若塞特·科洛蒂斯（Josette Clotis）会面。科洛蒂斯是一个对政治不感兴趣的（有人也许会说是反政治的）小说家和记者，她和自称是法西斯作家的德里厄·拉罗谢勒是好友，德里厄还成了她和马尔罗第二个儿子的教父。坊间传闻一位反叛的法国将军去了伦敦、发誓战斗到底，马尔罗闻之备感欢欣鼓舞。然而可能是受科洛蒂斯的影响，沉溺于圣马丁角（Cap saint-Martin）的舒适生活，对佛朗哥的胜利、苏德条约的签订以及法国的惨败感到幻灭。马尔罗在1940年选择了不抵抗，但一边等待时机，静观事态发展。此后他加入了抵抗运动，然而这已经是很久以后了。（见下文第194—196页）

阿拉贡在战争中入伍，当时德军挺进时，他正驻扎在靠近比利时边境的地方。从敦刻尔克撤退到英国后，他又返回布列塔尼，和他的小分队继续抵抗德军。他被俘虏，尔后逃离至多尔多涅，随后在尼斯（Nice）安顿下来。阿拉贡在法共机关报《今晚》的同志让-理查德·布洛克（Jean-Richard Bloch）则获准经一辆密封火车穿越德国，流亡至苏联。如前文所述，《今晚》的外文编辑保罗·尼赞在敦刻尔克附近的一次行动中丧生。

知识分子与合作1940—1942年

1940年10月24日，停战协定签署的4个月之后，贝当与希特勒在蒙特瓦尔的一次会晤标志着法德之间的进一步合作，或者说深度勾结。这一点在贝当次日通过收音机广播的讲话中得到证实。贝当通告他的听众，在与希特勒会谈的过程中，“我接受了这个原则——合作是基于两国之间的设想。具体细节还在磋商之中”。[12]从贝当的立场来看，与德合作增加了机会来改善数以千计在德关押的法国战俘处境，减轻法兰西遭受的苦难，还可以降低德军占领的费用（根据停战协定此费用由法国承担）。贝当还寄希望于通过合作为法国谋求一个新欧洲大陆（德国主导的）的位置——他相信这一天已经不远了。只有英国在阻挡德意志的脚步，孤立无援——《苏德互不侵犯条约》使得苏联得以免于卷入战争，而美国也早已声明了她的中立。贝当由此宣称，与德国合作是法国最好的方案。

历史学家研究表明，支持贝当与德国合作主张的主要是两类人。通敌派（collaborationist）是那些对合作怀着坚定的信念、投身纳粹计划的人：

> 那些真诚的法国纳粹分子被一个超级种族的神话所蛊惑，为纳粹革命的纯粹雄性活力着迷。那些愤怒的反民主主义者、反社会主义者、反犹主义者，以及那些寻求向德雷福斯派之胜利复仇的人们，在希特勒主义的意识形态中找到了共鸣。通敌派阵营的另一极是那些关心继续运营着获利颇丰的生意的商人，这些生意是与德国战事有关的制造业和建筑业，或者是出版以及销售图书、杂刊等。[13]

“合作派”（collaborator）是指那些并非出于对纳粹主义的信仰或承诺而与纳粹合作的人，“合作派”纯粹是基于个人利益。

即便是那些对德军占领感到不安、甚至抗拒的人们，也选择了调整自身、适应新形势，而不是采取反抗的立场，从表面看，这是最明智的选择。显然，德国确立其作为欧洲主宰只是时间的问题。逆势而动不仅看起来是徒劳的、无意义的，而且潜藏着极度的危险，尽管德国占领军在巴黎展开了魅力攻势，他们用了极大的忍耐力以确保自身在公开场合的行为是“恰当的”。另外，别忘了德军占领军一来便迅速强制性地冻结了工资，且禁止一切罢工，这不太可能给法国工人留下好印象。

但是，“适应新形势”不可避免地意味着在一定程度上与德国占领军合作，接受他们的存在以及与他们接触。从这个层面上看，法国北部被占领区的大部分人都曾“合作”——但是别忘了，对许多人而言，不“合作”就可能失业、陷入贫穷和困窘，公开的抵抗则意味着更为严重的后果。不管怎样，在歌剧院和夜总会，歌手为德国客人歌唱；在卡巴莱酒馆和音乐厅，舞者为他们舞蹈；在餐馆，厨师为他们烹饪、侍者为他们服务；商人、店主和小贩们向他们出售大大小小、各式各样的商品。也不乏作家和记者们，有名的、不那么有名的，以及尚且寂寂无名的，为新涌现的批量的杂志撰文——显然是接受德国人审查的。“因此”，正如戴维·普赖斯-琼斯（David Pryce-Jones）写道，“尽管巴黎像一件旧衣服一样，从里到外翻新了一遍，它还是有着与从前一样的质地。”[14] 当时，最著名的通敌派知识分子是罗贝尔·巴西拉奇与皮埃尔·德里厄·拉罗谢勒，他们至少在起初是热烈支持纳粹事业的。

如果说左翼知识分子、反纳粹知识分子和犹太知识分子有理由逃离巴黎的话，亲法西斯的准通敌派则不然，他们欢迎新的政治改良，将纳粹主义视作重振法兰西雄风的一剂良药。

罗伯特·巴西拉奇

罗伯特·巴西拉奇生于 1909 年，是巴黎高等师范学院的毕业生。巴西拉奇曾支持“法兰西行动”，自 1931 年起负责其报纸的文学版。1932 年 10 月，他出版了他的第一篇小说《盗火者》（*Le Voleur d'étincelles*）；1935 年，他与姐夫莫里斯·巴代什（Maurice Bardèche）合著的《电影史》（*Histoire du cinéma*）问世。1934 年 2 月 6 日事件发生后（参见第四章），巴西拉奇坚信法兰西的未来取决于一场“民族革命”。随后，巴西拉奇加入皮埃尔·加克索特（Pierre Gaxotte）于 1930 年创办的极右翼报纸《我无处不在》，参与了该报发起的反人民阵线运动，负责攻击那些支持人民阵线的知识分子。[15] 1936—1937 年，巴西拉奇两次出访法西斯意大利，与比利时法西斯领袖莱昂·德格雷尔（Léon Degrelle）多次见面，加上兹时佛朗哥对西班牙共和政府的攻击，使得他开始转向法西斯主义，于1937年6月成为《我无处不在》的主编。

1935年9月，巴西拉奇在纽伦堡参加纳粹政党日的集会和庆祝活动，被庆祝场面深深地震撼。虽然对德国法西斯主义还有些许的保留意见，但巴西拉奇非常佩服纳粹政党驾驭种族、民族和历史的概念，以及将其转化为强大的政治工具的能力。巴西拉奇越来越相信，阻挡欧洲的布尔什维克化，阻挡共和与民主的普适主义；阻挡资本主义的物质主义以及犹太世界主义，希特勒是唯一的指望。20世纪30年代早期，巴西拉奇形容自己是一个温和的、理性的反犹主义者——有人可能认为这是一种矛盾的修辞——但是，到了20世纪30年代晚期，他开始直言不讳地主张反犹主义。比如，他要求法国制定一部针对犹太人的法规，就像德国已实施的那样，所有法国的犹太人都应当被剥夺法国国籍。考虑到巴西拉奇的亲德立场，不难理解《慕尼黑协定》前后，巴西拉奇和《我无处不在》强烈反对与德国开战，是《慕尼黑协定》最坚定的支持者。[16]1939年9月，巴西拉奇被征召入伍，[17]受令被派至阿尔萨斯地区，但《我无处不在》继续它的反战的失败主义论调。1940年5月底，该报被指控威胁国内外安全，其编辑被捕。巴西拉奇被从部队召回巴黎，接受警察的问讯。1940年6月7日，报社关门。

1940年6月，巴西拉奇被俘，作为战俘的他写了一篇文章，刊发在1941年3月21日《我无处不在》的头版（该报已于此前1个月重新发行）。在这篇文章中，巴西拉奇宣布自己支持贝当的保守主义国家革命（见下文第166—168页）以及与德国的合作。3月，在维希政府的干预下，巴西拉奇从战俘营被释放，返回巴黎，再次成为《我无处不在》的主编。

从德国战俘营被释、重返巴黎后，巴西拉奇成功地再次融入巴黎的知识分子圈。在他离开巴黎的这段期间，他的描述战前的巴黎的作品《我们的战前》（*Notre avant-guerre*）出版。该书中所包含的对于欧洲法西斯主义兴起的热情描绘、对于人民阵线之堕落的批评，无疑令德国派驻巴黎的宣传机构负责人印象深刻，迅速将此书列入了他们的荐读书目。

巴西拉奇加入了左岸书店委员会，在德国的支持之下，推动法德文学和法德知识界的联结。巴西拉奇与其他驻巴黎的德国知识分子合作中心的领导人在政治、社会和文化上建立了紧密的联系，比如，负责宣传部文学分队的格哈德·海勒（Gerhard Heller）、德意志学院的卡尔-海因茨·布莱梅（Karl-Heinz Bremer）以及1937年曾在纽伦堡与之会见的德国大使奥托·阿贝茨（Otto Abetz）。巴西拉奇的作品及其从事的活动树立了他作为法德合作热情的代言人的形象，也强化了公众的猜想，即巴西拉奇从战俘营被释放，是为了服务于德国宣传机器的需要。1941年10月，巴西拉奇接受戈培尔博士（Dr. Goebbels）的邀请，在布莱梅以及包括德里厄·拉罗谢勒和马塞尔·儒昂多（Marcel Jouhandeau）在内的法国文学家的陪同下，参加了在魏玛开幕、在柏林闭幕的国际作家代表大会。[18]在巴西拉奇的作品中有三大循环往复的主题，即，对第三共和国政客的憎恨、恶毒的反犹主义以及疯狂的反布尔什维克主义。

自从返回巴黎，巴西拉奇一直在通过报纸《我无处不在》呼吁、判处第三共和国的政治领导人死刑。比如，1941年9月，他宣称所有法国人民将要求处死那些应当为“如此多的伤痛、如此多的毁灭、如此多的苦难”承担责任的政客（意即，第三共和国的政客使法国陷入了战争）。[19]

1942年2月，设立在里翁（奥弗涅地区）的一个特别法庭开庭，那些维希政府认为必须承担1940年战败之责任的人被指控犯有一项新加的罪行——背叛职责和义务。这事实上是一场对人民阵线的审判，有着双重目的，即确立维希政权的合法性和使第三共和国声誉扫地。被告席上的5位政治家中，最著名是1936—1937年间的总理莱昂·布鲁姆，以及在1936—1940年间任国防部长、1938—1940年间任总理的爱德华·达拉第。甚至在开庭之前，这5人已被贝当政府判处终身监禁。

这场旨在针对第三共和国的审判闹剧很快演变成一场对维希政府的控诉，主要的原因是被告们展现出来的尊严和勇气。1942年4月15日，随着德国当局的介入，这场审判被无限期地搁置了。巴西拉奇将这次审判的失败归罪于过度遵循法律陈规。他总结道，（政府）还不如在法国战败后立即举行一个简短的审判，当场就绞死十几个罪人。1943 年 4 月至 5 月间，巴西拉奇在《我无处不在》上为 1941 年 7 月暗杀马克思·多尔穆瓦的行动高声欢呼。社会党人多尔穆瓦是战前的内政部长，巴西拉奇称暗杀行动是“正派的法国人民自 1940 年 6 月以来所做的唯一一件正义的事”。[20]尽管巴西拉奇继续支持维希政府及其民族革命，但是维希政权没能强有力地反击议会主义、民主主义、共济会以及犹太主义的势力，他为此感到遗憾。

1940 年 7 月起，维希政府实施了大量反犹主义的法规，正好与巴西拉奇个人的期望和要求一致。1940 年 10 月，维希政府发布了关于一个“犹太人”的种族定义，最早在 1941 年春，在占领区和非占领区，都开始将犹太人集中起来拘禁，也就是说，巴西拉奇差不多正是在这个时间点写文章叫嚣“犹太人的问题必须解决，因为犹太人是局外人，是将我们推入战争的敌人，他们应当为此付出代价……我们想要存续法兰西民族”。[21]1942 年 3 月，第一批犹太人从拘禁营被运送到巴黎北边的德朗西，从那儿被转至奥斯威辛（Auschiwitz）集中营。4 个月之后，法国警察在巴黎地区发动了一系列突袭搜查，大约有 13000 名犹太人被捕。也是从 1942 年起，从非占领区驱逐犹太人的行动也开始了。当年 9 月，针对图卢兹大主教抗议驱逐犹太人，尤其是驱逐犹太父母、迫使他们与子女分离，巴西拉奇回应写道，“我们很高兴……将犹太人的街区分隔开，不留下小孩子。”[22]据统计，在德军占领期间，共有超过 75000 名犹太人被驱离法国、遣送至集中营。其中，12 岁以下的儿童超过 6,012 人，他们当中无人返回；有 13,104 人的年龄在 13 至 29 岁之间；8,687 人已年过 60。总之，75,721 名犹太人被赶至集中营，归来者不足 2,500 人。[23]

如果说自 1941 年起，巴西拉奇的反犹太主义变得更为狂热，那么，此时他的反共产主义热情也同样在高涨。1941 年 6 月，希特勒发动巴巴罗萨计划（Operation Barbarossa）、入侵苏联。巴西拉奇称这场战争是“拉辛、莎士比亚、但丁和歌德的文明同被革命和犹太主义的酒精点燃的幻想所驱动的革命团伙之间的一场角逐”。[24]希特勒对苏联的袭击促使法共正式参加到抵抗德国占领军的行动中。1941年8月21日，皮埃尔·乔治（Pierre Georges），即后来的费边上校，在巴黎地铁巴尔贝斯·罗什舒瓦尔（Barbès Rochechouart）站的站台上刺杀了一名德国军官。次日，德意志当局宣布，任何被捕的法国人都将被当作人质，将来一旦发生任何（针对德国占领军的）袭击，法国人质将被处决。维希政府在9月7日设立了一个特别法庭，专门处理任何可被视作有意破坏公共秩序、国际关系以及更普乏地说，伤害法国人民的案件——无论大小。9月20日，一名水管工、一名建筑师以及一位索姆的前共产党议员因重新组织一个已被取缔的团体而被判定有罪、被推上了断头台。到10月25日，此时一场抵抗运动无疑已拉开序幕，巴西拉奇写道："我们还在等什么——不去处死那些关押在狱的共产党首领？"[25]其实就在1941年10月21日，即此文刊出的4天之前，已有27名"人质"，即那些被关押的法共激进分子和领导人，在夏托布里昂（Châteaubriant）一个采石场被射杀；次日，21名"人质"在南特被枪决。到1942年年底，约有1,500名"人质"被处决。

夏尔·莫拉斯

停战协议签订后，6月10日，莫拉斯和《法兰西行动简报》的记者们从巴黎逃往南部，在普瓦捷（Poitiers）与利摩日短暂停留后，于9月来到里昂安顿下来。与此同时，在北部占领区，法兰西行动的组织及报纸均被德国当局取缔。在"法兰西行动"热烈拥护的停战协议签订后的一段时期里，维希政府与"法兰西行动"进入了一个相互仰慕的阶段。尽管莫拉斯和"法兰西行动"对德军占领一事仍然感到十分不安，但他们鼎立支持贝当和他的新政权。

维希政府的一些成员将重建新秩序的运动称之为一场"民族革命"（National Revolution），虽然贝当本人更倾向于称之为"复兴"（renaissance）、"民族振兴"（national renewal）或"革新"（renovation）。"民族革命"将战前民族主义者和极右派非常热衷的各类政治意识形态思潮汇聚在一起，它试图糅合传统、秩序、等级制、专一的民族主义、反自由主义、反个人主义、专制主义、反共产主义、反共济会主义和排外主义。维希政府的口号“工作、家庭、祖国”迅速被刻印在新流通的硬币上，代替了“自由、平等、博爱”。政府通过宣传积极助推这种强有力的混搭（指“民族革命”），包括围绕贝当建立起令人恶心的个人崇拜，贝当被包装成一个睿智的、父亲般的人物，为所有善良的法国人谋求利益。

1941 年 1 月，维希政府的新闻部门出版了《新法兰西年鉴》（*Almanach de la France nouvelle*），其中有专栏介绍莫拉斯，称莫拉斯为大师，“重新发现了能使国家繁荣富强的伟大法则。”[26]尽管莫拉斯在维希政府中很少露面，但新贝当主义的秩序充斥着莫拉斯的右翼民族主义理念。比如，1940 年 10 月，贝当摒弃了人生而平等的理念，承诺新政权将建立一个社会等级制度；1941 年 6 月，贝当略微调整了一下说法，称国家将实行等级制度和威权主义。一个月前，贝当谴责雇主和雇员之间的冲突，主张建立一种新型的社团主义秩序。此外，贝当政权抛弃“自由、平等、博爱”的口号，代之以“工作、家庭、祖国”；排挤、驱逐“外国人”，尤其是犹太人；持续地追究第三共和国的阁僚，谴责他们是叛徒、无能者、战败的罪魁祸首；镇压共济会，禁止秘密社团……所有这些都深深打上了莫拉斯极右翼民族主义的烙印。贝当选择将自己塑造成法国和法国人民利益之守护者的形象，这与莫拉斯在过去的半个世纪中一直在提倡的君主形象酷似。如此，不难理解——“1940 年，在所有迅速赞扬贝当的组织与媒体中，它（法兰西行动）始终是他最坚定的支持者”[27]。

虽然与其他许多通敌派报刊的主办机构一样，巴西拉奇和《我无处不在》保留批评贝当及其“民族革命”的权利，但莫拉斯坚持认为，“法兰西行动”的角色是“用一切代价，去防止……马歇尔·贝当在国内的行为和言论之间哪怕是最轻微的不一致。”[28]“法兰西行动”将绝对无保留地支持贝当对“民族革命”之敌人（即戴高乐和自由法国的势力、国内抵抗运动、共产主义者、犹太人和共济会）的打击。早在 1941 年年底，“法兰西行动”即主张，不要对那些意图破坏新秩序的人心慈手软，并谴责“恐怖分子”（即抵抗组织成员）是伦敦或莫斯科的代理人。

当巴西拉奇极力推动与纳粹德国的尽可能紧密的合作时，《法兰西行动简报》的报头上顶着《法兰西，唯一的法兰西》（La France，la France seule）的标语。换句话说，莫拉斯把维希政府自治的假象当作现实，支持一种憎恶德国的孤立主义立场，优先考虑在贝当的领导下重建一个健康的法兰西，而不是首先考虑重新定位法国在国际舞台上的位置。1941 年 6 月，德军袭击苏联后，巴西拉奇支持组建反布尔什维克法国志愿军团（Légion des volontaires français contre le bolchévisme，LVF），即由法国人组成作战单元、迎战苏联。然而对于莫拉斯来说，在非占领区招募法国人，让他们身着德军制服，在一种由德国人启发和领导的反布尔什维克运动中，开赴苏联作战，这样的想法本身就是诅咒。共产主义固然是死敌，但对它的斗争应当在法国本土进行。巴西拉奇认为莫拉斯已经完全过了他的政治保质期（现在他称莫拉斯为"我年少时的老教师"），面对 1940 年的战败带来的一系列新挑战，莫拉斯表现得非常失败。在莫拉斯这一边，当他于 1942 年 2 月被问及与巴西拉奇的关系时，他答道："我们与莫里斯·巴西拉奇先生再无任何关系。"[29]

皮埃尔·德里厄·拉罗谢勒

1939 年 9 月，德里厄·拉罗谢勒因一长串的疾病证明得以免于兵役。但是，德里厄的日记显示，他并不相信法国为之奋战的一切。虽然同属于右翼民族主义者，但德里厄早就认为莫拉斯的世界观过时了。如前所述（参见第四章），德里厄并没不把自己当作一个法国的民族主义者，而是一个欧洲人——新欧洲的一分子。他相信，这个以德国为先锋的新欧洲将扫除腐朽的旧世界，将犹太人赶出欧洲，粉碎他们妄图接管欧洲的计划。

战前，德里厄·拉罗谢勒曾是《新法兰西评论》的一名撰稿人。如前所述，这份杂志是由纪德及一小群他的仰慕者于 1909 年创办的。《新法兰西评论》自豪地宣称它朝各路阵线敞开，欢迎当代文学的各种流派，使得自身成为一座文学的大熔炉，吸引了天主教徒、新教徒以及来自左右两派的、代表 20 世纪法国文学最高成就的作家。自 1911 年起，《法兰西评论》由加斯东·伽里玛（Gaston Gallimard）出版，《新法兰西评论》-伽里玛合作社成为“法兰西出版史上最多产的、最富有的企业”。[30]在德军入侵法国时，《新法兰西评论》的主编是让・波让。波让从1925年起任主编职务，在他主持杂志期间，《新法兰西评论》刊发了纪德对苏联的观察和随想（见上文第146—149页），以及本达《知识分子的背叛》一书的节选等。1940年6月，波让不愿让《新法兰西评论》接受德国审查出版，选择完全停止该刊的运营。

对于法国文学和文化，驻巴黎的德国当局采取了一种双轨政策。一方面，他们强制实行严格的审查制度，定期制作、散发禁书名录。据估计，在1944年有超过200万册的图书被查禁。德国当局与法国出版商联合会（Syndicat des éditeurs français）签订的一份协议规定，共济会员、犹太人撰写的书不得出版。1941年之后，禁止出版的作者范围又增加了共产主义者，不用说，一切被认定是反德的图书更不能出版。

但是，另一方面，德国人还希望营造一种印象，巴黎和她在两次世界大战期间一样，仍然是有创造力的、艺术和文化的中心。这本质上是德国当局的一个宣传手段，以反驳那些将纳粹等同于庸俗野蛮的人。为了便于此策略的施行，德国当局任命了像阿贝茨、海勒和布莱梅这一类的人（见上文第166页）——虽然布莱梅（巴西拉奇的密友）很快被柏林方面发现其入乡随俗、日益亲法，适时地被派至苏联前线，死于1942年5月的一场战役。阿贝茨十分热衷于使《新法兰西评论》复出，因为他相信，这将释放一个信号，即法国的文学事业一如往常。但是，他需要一个享有文学声誉的主编，且此人还得在政治上可靠，即支持纳粹。

曾断言法国有三股势力（即共产主义、大财团和《新法兰西评论》）的阿贝茨于8月联系到德里厄・拉罗谢勒，请他担任《新法兰西评论》的主编。就在1940年法国战败前不久，德里厄辱骂波让，并称他再也不会踏上《新法兰西评论》的门槛，因为杂志被犹太人、共产党人、前超现实主义者这些都相信左派掌握着真理的人把持。然而，现在，德里厄镇定自若地接受了杂志主编一职。

出版商加斯东・伽里玛被问及他是否愿意重新开始出版《新法兰西

评论》。洛特曼猜测，这其中达成了一笔交易：

> 如果伽里玛愿意恢复出版《新法兰西评论》，允许杂志在德军占领当局批准的主编负责下运营，那么，他们就能获得许可继续他们的图书出版，甚至可以留任像波让、凯诺（Queneau）、格雷图伊森（Groethuysen）这样有独立精神的骨干。如果他们不干，德国人则可能将接管出版社，在出版社做任何他们想做的事。[31]

最后，《新法兰西评论》复刊，伽里玛出版社获德国当局的出版许可，得以在德国占领期继续出版。

于是加斯东·伽里玛着手试图说服“他的”作者与由德里厄任主编的新版《新法兰西评论》合作。现在，纪德已搬到法国南部的加伯希（Cabris），德里厄曾去往那里试图劝说他返回巴黎，但未能成功。伽里玛也到过加伯希，劝说纪德为新版《新法兰西评论》创刊号供稿。于是，纪德给出了一份他未发表的日记摘录，末尾标注了“未完待续”的字样。如果纪德不喜欢新版《新法兰西评论》刚面世的样子，那么交稿的事就不会发生。在这件事中，当 1940 年 12 月 6 日伽里玛亲自到加伯希，将标注日期为 1940 年 12 月 1 日的创刊号送给纪德时，纪德并未对其表示不满。雅克·夏尔多勒（Jacques Chardonne）的《1940 年私人编年史》（*Chronique privée de l'an* 1940）的节选也出现在创刊号上。但是，当纪德 1941 年 3 月收到整本杂志时，他读着却感到“震惊和恐慌”[32]，他庆幸杂志花了几页的篇幅专门阐述德里厄的思想、为通敌合作进行辩解——因为这帮助纪德明确了自己的立场。经再三考虑，纪德决定不再与《新法兰西评论》发生关联，他联系了德里厄，要求将自己的名字从杂志封面移除。

1942 年 5 月，纪德从马赛起航至突尼斯，他之所以决定离开，很大原因是通敌派皮埃尔·莱伐尔重新掌权。1942 年 4 月莱伐尔成为政府首脑，他对贝当鼓吹的“民族革命”相对而言没什么兴趣，虽然此时贝当仍是国家领袖。莱伐尔热切希望在反共产主义的大背景下，强化维希政府和纳粹德国之间的联结。6 月 22 日，莱伐尔公然宣称他希望德国获胜，因为，不若此，布尔什维克主义将独步天下。此后，纪德从突尼斯迁至阿尔及利亚，在战争结束前，他一直待在北非。与此同时，莱伐尔继续做他所能做的一切满足德国的需要，有些时候甚至超过了德国的意愿，比如他提议不但驱逐犹太父母，也连同犹太儿童一起遣送。战争结束后，莱伐尔受控叛国罪，于 1945 年 10 月被处决。

新版《新法兰西评论》在德里厄主持下并不成功，德里厄继续阐扬他对法西斯主义的忠诚、他对纳粹德国的倾慕，以及他的反犹主义。法国文坛有许多明星人物都与波让站在一起，拒绝与这样一份有着如此鲜明的通敌倾向的杂志产生瓜葛。诚然，杂志也吸引了亲法西斯的、反犹太的新加盟者，但是：

> 在德军占领期，《新法兰西评论》没有产生持续的文学作品，没有一篇新作能够铭刻在当代文学史上；没有可与马尔罗《人类的处境》（*La Condition humaine*）这样的长篇连载相媲美的作品，比如……终究，没能争取到当时和后来最优秀的作品，这一点也让德里厄明白了（如果他的读者还不明白的话），他的通敌合作的尝试是不可取的。[33]

知识分子与抵抗运动 1940—1942 年

1940 年 6 月停战协议签订后，正如我们所见，那些法西斯主义知识分子和右翼民族主义知识分子很快在新的政治局势下找到了他们的位置。在非占领区，莫拉斯树立了他作为支持贝当及其“民族革命”的知识分子形象，巴西拉奇利用其作为《我无处不在》主编的位置散布亲纳粹言论，要求与纳粹进行最亲密的合作，而德里厄·拉罗谢勒则试图通过新版《新法兰西评论》让全世界相信：德军治下的巴黎文化、艺术一片繁荣。因此，如果说 1940 年 6 月后的法国让民族主义者、亲法西斯主义主义者以及机会主义者有机会聚集在一起，在德国人的天底下享有一席之地，那么，对于那些反对德国占领、反对维希政权的人们来说，情况完全相反。

战败来得如此突然，以致当时法国上下一片茫然、不知所措，这意味着，即便是那些反对停战协议和德军占领的人——无论是知识分子还是普通民众——都不确定接下来该怎样做。1940 年 5—6 月以来随着德军大步推进，法国人口在一片混乱中四处流散，人们更加迷茫。如前所述，有的知识分子继续留在巴黎，有的去往（或者不久后便去往）感觉更安全的非占领区，有的逃往（或即将逃往）国外，还有一些则被俘、关押在战俘营。各政治党派完全处于无序的状态，抵抗似乎是毫无意义的莽撞之举。大部分人选择苟且偷生、埋头度日，等着看下一步将发生什么。

虽然混乱无序、四分五裂，虽然困惑迷惘，但不要感到奇怪，一位研究抵抗运动的首席历史学家写道："抵抗者们总是忆起 1940—1941 年像是某种大梦醒来的时刻。他们商议着在黑夜中探索前进，伸出手指摸索着接触，讨论着一些梦幻般的冒险行动，远远超脱了作为理性自我的清醒算计。"[34]

巴黎人类博物馆（Musée de l'Homme）的学者鲍里斯・维尔德（Boris Vildé）和阿纳托尔・列维茨基（Anatole Levitsky）创建的抵抗小组是最早的知识分子抵抗组织之一。他们二人是俄罗斯裔，都是人种学者，也都是坚定的反纳粹主义者。1940 年冬，这个小组的一些成员被捕，1941 年 1 月，维尔德潜入非占领区，往法国南部去。在那里他拜访了安德烈・马尔罗，试图劝说马尔罗加入他的抵抗小组。但是，这位西班牙内战的英雄似乎没有认真考虑他的提议。马尔罗表示只有美国介入战争，他才会加入抵抗组织。1941 年 3 月，维尔德返回巴黎，落入盖世太保（Gestapo）之手。他受尽折磨，最后于 1942 年 1 月与列维茨基以及该小组的其他成员一同被枪决，其中包括一名 17 岁的学生。

1941 年 5 月，维尔德被捕两个月之后，《新法兰西评论》前主编让・波让也被捕、关押在狱。波让遭审讯，被指控匿藏了人类博物馆抵抗小组的一台复印机，这台复印机正是印刷抵抗小组的地下刊物《抵抗》（*Résistance*）所用。波让一年前曾与德里厄发生冲突，他为《抵抗》写过两篇文章，其中一篇提及德里厄接管《新法兰西评论》。经过五日的审问，波让承认藏匿了那台复印机，但在获悉维尔德和列维茨基被捕后，他拆解了这台机器，将零件扔进了塞纳河。他随后在德里厄的调停下获释——波让 5 月 20 日写的文章证实了此事。[35]

这是大战期间巴黎知识界的一个典型例证，即两位作家作为作家之间的联系纽带，通常远胜过将他们分隔的政治主张。仅举三件事为例：反法西斯主义者、20 世纪 30 年代的反佛朗哥斗士马尔罗，与德里厄保持着良好关系，德里厄还是他与若塞特・科洛蒂斯的儿子的教父；波让本人与马塞尔・儒昂多——一名坚定的通敌合作派——保持着亲密的朋友关系；西蒙・德・波伏娃（Simone de Beauvoir）也很有可能是请德里厄出面与德国当局交涉，才得以使她的伴侣让-保罗・萨特从战俘营释放。[36]尽管波让不会为《新法兰西评论》撰稿——因为该刊拒绝刊发曾在战前为其撰稿的犹太作家以及其他“不良”作家的文章——但他还是将一些手稿传给德里厄，为其征集稿件。波让还在伽里玛出版社大楼里保留了一间小办公室，坐在主编办公室的德里厄浑然不知，波让“是整个地下抵抗运动世界的中心：秘密印刷书籍，油印新闻简报和传单”。[37]

也是在 1941 年，另一个小型抵抗组织诞生，由一位看似不大可能的人物让-保罗・萨特创建。之所以说不太可能，是因为在开战后成了献身（抗战）之典型的萨特，在战前信奉的是无政府个人主义、对政治议题无甚兴趣。他的注意力在他的写作和个人自由上。1933—1934 年，他待在希特勒治下的德国，但对于纳粹主义的崛起未置一词；他同情西班牙的共和主义事业，但却几乎不曾为其伸出援手；他同情人民阵线，却甚至未在大选中为其投票。

1938 年发表作品《恶心》（*La Nausée*）的萨特，于 1939 年 9 月被动员入伍、派遣至法国东线。在“假战争”期间，萨特深刻反省自己以往的生活，开始信奉真实性和历史性的理念，决心将自身投入他所处的时代。[38] 1940 年 6 月 21 日，萨特在他生日当天被捕，成为一名战俘。此时，他猛然意识到，作为一个个体和作为某个集体的一员并非如他战前所认为的那样互相排斥，相反，这二者是相互依存的。正如詹姆斯·威金森（James Wilkinson）在谈及德国战俘营时指出，“某些人的勇气，某些人的失败主义情绪，普遍影响到战俘营中囚犯们的看法；这里的每一个个体不再是匿名的或孤立的，他的决定往往被与他共命运的集体所感知和收纳。”[39] 萨特的第一场抵抗行动是写作并操演一部戏剧《巴理奥纳或雷电之子》（*Bariona ou le fils de tonnerre*），该剧于 1940 年圣诞夜在战俘营亮相。尽管萨特后来声称他的狱友观众完全领会了剧中的暗示，认识到那是一个颠覆性的、关于抵抗的号召[40]，但其他人并不太相信这一点。[41]

1941 年 4 月，萨特从战俘营获释[42]后回到巴黎，他发现这里几乎不存在有组织的抵抗。的确，有一位作者描绘了起初巴黎市民普遍与占领势力通融的图景：他们中有许多人积极欢迎这些有钱的“穿制服的游客”大量涌入。[43] 德国的政策意在使占领军和当地居民之间的合作显得尽可能地自然，在这种政策支持下，二者的合作更便利了。“出现了一些海报，展示微笑的士兵向儿童分发面包，邀请那些‘被抛弃的人们’对他们的占领者‘树立信心’”。[44]

不管怎样，萨特迅速开始着手聚集他那些战前的朋友们，他们很快与一个萌芽中的抵抗组织“铁蹄之下”（Sous la Botte）汇合。“铁蹄之下”由哲学家莫里斯·梅洛-庞蒂——萨特后来与之创办了评论杂志《现代》（*Les Temps modernes*）——和一些来自巴黎高等师范学院的学生组成。这个扩容后的抵抗组织被命名为“社会主义与自由”（*Socialisme et liberté*），按萨特后来的解释，这一组织现在为自由而战，未来将为一个没有剥削的社会而战。[45] 这个小型的抵抗组织相当的异质化，吸纳了社会主义者、无政府主义者、马克思主义者和反马克思主义者。他们在接下来的几个月里开展讨论、撰写文章、散发传单、张贴海报。到 1941 年 6 月，该组织拥有约 50 名成员，分成了 5 人一组的小分队。作为他们对法国后占领期计划的一部分，萨特起草了一份 100 页有关宪法的蓝图，并把一份复本寄给了伦敦的戴高乐。这份蓝图规划了未来国家的组织机构，以及有关兵役、外交政策、教师角色和犹太人权利等细节内容。尽管萨特希望用这份蓝图作为宣言去争取支持者，但其被该组织的另一名成员弃之为“一份荒唐的竞选纲要”。[46]这份文件没有留下一个副本。

1941 年夏，西蒙·德·波伏娃和萨特穿过非占领区去往法国南部，试图招募其他知识分子和政治人物支持抵抗运动。在马赛他们拜访了达尼埃尔·梅耶（Daniel Mayer），梅耶与狱中的莱昂·布鲁姆是工人国际法国支部实际上的领导人。在回答萨特询问的“社会主义与自由”应承担什么具体任务时，梅耶建议他们“在布鲁姆生日时送上一张卡片”。纪德也拒绝了萨特加入抵抗运动的邀请，称他的朋友、曾在 1936 年陪他去苏联的皮埃尔·埃尔巴是更适合的人选。埃尔巴没有加入萨特的组织，但后来他的确参加了抵抗运动，成为“民族解放运动”（Mouvement de libération nationale，简称 MLN）布列塔尼地区的领导人。萨特拜访马尔罗之行同样收效甚微，因为马尔罗明确表示，他将战争胜利的希望寄托在苏联坦克和美国飞机上。萨特十分沮丧地回到巴黎，很失望于无人对他的宪法蓝图或抵抗组织表露一丁点的兴趣。

回到巴黎，萨特和波伏娃发现，其他一些由准中产阶级抵抗者组成的小型抵抗团体因缺乏地下活动经验而被解散。此外，随着德军于 6 月进攻苏联，共产主义者们也投身到抵抗运动中，而戴高乐的抵抗运动网络已建立并得到巩固。像“社会主义与自由”这样业余的、善意的抵抗组织已没有政治空间。这种新的政治形势，加上“社会主义与自由”的一些成员脱离组织、加入共产主义抵抗阵营，另一些成员被逮捕或遭流放，导致该组织于 1941 年 10 月解散。该组织的一部分成员，比如著名的让·卡纳巴（Jean Kanapa）和多米尼克·德桑蒂（Dominique Desanti），加入了法国共产党。在探讨 1941 年后知识分子在共产主义抵抗运动中的角色之前，有必要检视一下那些在伦敦加入戴高乐抵抗运动的知识分子的活动。在此，我们将聚焦萨特的伙伴雷蒙·阿隆的活动，他们二人自巴黎高师时代就在一起[47]，在后来的冷战初期，萨特将与之决裂——因为他们之间政治意识形态的分歧。

阿隆与萨特一样也被征召入伍，被派往比利时边境的一个气象站。跟萨特差不多，在“假战争”期间，阿隆一边发射异常天气气球，一边读书、写作。1940 年 5 月 10 日，德国从他所驻扎的区域开始进犯法国，迫使他的分队撤离。大约在 6 月 20 日，阿隆和他的队员刚好抵达波尔多南部。为了与妻子和朋友们商议，阿隆旅行至图卢兹（在那里他受聘担任哲学教师），尔后决定离开法国去往英国。他意识到，作为一名公开抗议纳粹的犹太人，他很快就会引起人的注意。尽管他可以在美国获得一个大学的教席，但是，他没有选择去那里因为那样他就不能为抗战效力了，所以只能是去英国。6 月 24 日，阿隆离开，26 日抵达普利茅斯。正是在从法国去英国的旅途中，他获悉法德之间已签订停战协议。在英国，阿隆与约 20,000 的法国人联合，他们当中的大部分人是在德国进军法国的海峡海岸时撤退下来的。摆在他们面前的选择是：返回法国，加入伦敦的戴高乐部队，或仅仅是待在英国。阿隆选择与戴高乐站在一起，他被派至自由法国军队（Free French Forces）在艾迪索特（Aldershot）的营地。8 月底，安德烈·拉巴尔特（André Labarthe）联系阿隆，想让这位《历史哲学简介》（*Introduction à la philosophie de l'histoire*）的作者为他将要筹办的一份“自由法国”的月刊撰稿。结果，阿隆成为这份新杂志的助理编辑，1940 年 11 月 15 日杂志的首期出版发行。杂志命名为《自由法国》（*La France libre*），以“自由、平等、博爱”作为刊头，头版刊登了一份激动人心的集结令，号召世界各地的法国人宣誓效忠法国的民族精神。

杂志取得了巨大的成功，首期印刷 8000 份，很快销售一空，之后又重印了 10,000 份。阿隆成为《自由法国》最主要的供稿者。从 1940 年 11 月至 1945 年 9 月，几乎每期（有两期除外）杂志上都有阿隆的手笔。此外，阿隆还编辑、翻译了斯坦尼斯拉斯·西莫诺奇克（Stanislas Szymonzyk）的 50 多篇德语稿件，此人系波兰裔军事分析家，既不懂法语，也不懂英语。在乔治·伯尔那诺、儒勒·罗曼与罗曼·加里等法国作家和包括阿拉贡、艾吕雅在内的诗人的帮助下，《自由法国》的发行量在 11 月已经达到 40,000 份，它被视作“自由法国运动的喉舌”，甚至堪称 1940 年 11 月至 1944 年 6 月间“传递法兰西思想的主要载体”，它“见证了流亡中的法兰西精神的活力。[48] 如果说戴高乐认为《自由法国》的存在主要归功于拉巴尔特的首倡，那么布莱恩·克罗泽（Brian Crozier）在他的研究（le général）中则认为杂志所取得的文学成就很大程度上应归功于阿隆。战后，阿隆给了萨特一套《自由法国》杂志，萨特评价杂志“在变幻无常的现实中用火热的生活书写”，在政治、经济以及战略领域，“为我们提供了我们渴望的东西，这 4 年中面对纳粹媒体的谎言，它提供了关于我们这个时代的一种解释”。[49]

与许多流亡者社团一样，伦敦的自由法国组织也充斥着竞争和阴谋，这其中许多是有关拉巴尔特和海军中将缪瑟利矣（Muselier）针对戴高乐的算计。阿隆没有参与拉巴尔特的阴谋。尽管阿隆与戴高乐没有私交，但他们偶尔也会一起聚餐。阿隆不是正统的戴高乐主义者。在 1941—1942 年间，阿隆认为戴高乐主义者反维希政府的宣传措辞过于严厉，他相信，虽然维希政权中的人都是傻瓜和反动派，但他认为这些人本质上是爱国的，并试图使法国人民免于受德军占领的悲惨遭遇。因此，在阿隆看来，孤立维希政府是错误的；相反，他认为应当尽一切努力将维希政府争取过来。因为阿隆不喜欢“自由法国”广播暴戾的声调，他很少上英国广播公司（BBC）的节目。一些更为激进和正统的戴高乐主义者，甚至把阿隆视作“维希派”。阿隆还批评那种围绕戴高乐发展起来的个人崇拜，举例说“自由法国”的积极分子都必须签字宣誓效忠戴高乐将军，这更加惹恼了戴高乐分子。此外，阿隆十分忧虑戴高乐主义运动有走向独裁主义的危险，且它一味执迷于其自以为的历史使命。

共产主义知识分子与抵抗运动 1940—1942 年

1940 年 6 月后，已被取缔的法共仍执行其最初的官方路线，即与 1939 年 8 月《苏德互不侵犯条约》达成时法共确立的路线保持一致。读者在秘密出版的《人道报》上仍能看到对“帝国主义战争”“英帝国主义”的攻击，《人道报》批判帝国主义的仆从戴高乐将军只不过是“伦敦的一个工具”。同样，报纸还经常猛烈抨击反动的维希政府，称其是由“叛徒和强盗”组成。基于《苏德互不侵犯条约》仍然有效，在任何抵抗运动中都没有共产党的官方参与。

法共认为，既然苏德之间签订了互不侵犯条约，德国占领当局应当能够容忍法共的存在。于是，6 月底，法共代表向德国占领当局递交了一份正式申请，要求批准《人道报》的出版许可。此事被拒绝。另一个法共希望以和平的方式与占领当局达成妥协的例子是，1940 年 7 月 14 日的《人道报》（秘密发行）刊登了一篇文章，标题为《法德友爱：巴黎工人与德国士兵之间的友好交流在增加》（‘Franco-German Fraternity : Friendly Conversations between Parisian Workers and German Soldiers on the Increase’）。[50]

但是这并不等于说所有的共产党人及其支持者都接受这种对占领当局的妥协路线，也有持不同意见的人。个别共产主义者反对官方路线，比如：退伍军人夏尔·蒂卢（Charles Tillon）在波尔多写了一本《反对希特勒法西斯主义》的小册子；前文提到的人类博物馆抵抗小组的成员，是最早反对纳粹占领的人。同样的，还有不知名的、持异见的普通党员，参与散发传单或是从事一些小的阻挠行动。共产主义学生加入了戴高乐主义的学生们于停战协议签订日（1940 年 11 月 11 日）组织的非法游行，许多抗议者在残酷的镇压中身亡。此外，值得一提的是，1941 年 5—6 月的矿工大罢工是“1941 年 6 月之前声势最为浩大的反纳粹的群众行动”。[51]

1941 年 2 月，乔治·波利兹出版了《20 世纪的革命与反革命》（*Révolution et contre révolution au XXe siècle*），批判了纳粹理论家阿尔弗雷德·罗森堡（Alfred Rosenberg）的理论。两个月之后，加布里埃尔·佩里发表了一份长达 110 页的文件，题为《不，纳粹主义不是社会主义》（*Non, le nazisme n'est pas le socialisme*）。佩里曾于 1929 年任法共中央委员会委员、于 1924—1939 年任《人道报》外事编辑，自 1932 年起任共产党议员，也是“反帝国主义战争”路线的反对者。反共产主义的历史学家斯特凡·库图瓦（Stéphane Courtois）称佩里的文章是“对纳粹主义方方面面的一次彻底的、无情的控诉”。[52]——虽然库图瓦怀疑这份签署日期为 1941 年 4 月的文件，实际上不会出现在 1942 年 3 月之前。

波利兹和佩里都是被法国当局逮捕、随后被纳粹杀害的共产主义者。波利兹是共产主义知识分子抵抗运动的灵魂人物之一，他曾发起自由大学（*Université libre*）的计划——最终于 1940 年 11 月成立。1942 年 2 月，他被法国特种旅逮捕，一个月之后被移交给纳粹。受尽折磨后，当年 5 月，他被纳粹处决。佩里于 1941 年 5 月 18 日被法国警察逮捕，佩里被捕是在一个多少有点诡异的情况下发生的（他可能被出卖了?），同样他也被移交给纳粹，受尽折磨。1941 年 12 月 15 日，佩里作为百名“人质”之一，在蒙特维利亚（Mont Valérien）被一支德国的行刑队处决。就在同一天，佩里的朋友、战前曾担任《人道报》主编的吕西安·桑佩（Lucien Sampaix）在卡昂（Caen）被处决。

随着 1941 年 6 月希特勒对苏联发起进攻，法共的官方路线反转了。“社会主义的家园”如今遭受袭击，苏联和法国有了共同的敌人，所以，保卫苏联又一次与保卫“祖国”完全一致。1941 年 6 月 22 日，《人道报》宣称：“我们的敌人、压迫法兰西的希特勒，与苏联开战了。有鉴于此，每一个对得起‘法国人’这个称谓的人，都应当从此将自身视作与苏联盟的一份子。”[53]另外，正如戴维·科特指出，（在《人道报》的宣传中）“英帝国主义转而化身为忠诚的民主主义斗士；秘密的法西斯主义者戴高乐则在一夜之间成了共和美德的化身”。[54]现在，路障已经清除，共产主义者们得以再次将自身与反法西斯的旗帜捆绑在一起——虽然这面旗帜在 1939 年被他们不体面地丢弃了。法共不仅重新召唤那些曾因法共与他们的要敌达成协约而备受伤害的成员，还像磁石一般吸引新来者，主要是那些想要反对占领军的年轻人。这些年轻人包括，比如让·卡纳巴[55]和多米尼克·德桑蒂，二人此前曾是萨特“社会主义与自由”抵抗组织的成员，他们成为法国共产党，随后不久成为第一批斯大林主义者。

1941 年 5 月，纳粹发动进攻的前一个月，法共发起了法国独立解放民族阵线（Front national de lutte pour l'indépendance de la France），简称为“民族阵线”，在北方和南方同时展开活动。民族阵线要求占领军撤出法国，主张国有化、重返民主制，致力于在广泛的基础上，集结不同阶层、不同政见的法国人民——除了“叛徒”。在南部非占领区，民族阵线的筹建委员会包括天主教徒、新教徒、自由思想家、共和派、戴高乐主义者、共产主义者、工联主义者以及自由职业者、工人和知识分子成员。

民族阵线分为一系列的专业委员会，比如医生委员会和律师委员会。1941年秋，曾任《公社》（法共战前面向知识分子的评论杂志）编辑的小说家雅克·德库尔（Jacques Decour），提议创建全国作家委员会（Comité national des écrivains，CNE），以此作为民族阵线的文学分会。

1941年12月，全国作家委员会成立，设有一个7人委员会，成员包括雅克·德库尔、雅克·德比-布里代尔（Jacques Debû-Bridel）和佛朗索瓦·莫里亚克。与此同时，德库尔和《新法兰西评论》前主编让·波让成为CNE的文学期刊《法兰西文学》（*Les Lettres françaises*）的编辑。[56]《法兰西文学》首期包含了德库尔拟写的一份《占领区作家宣言》以及莫里亚克和波让的一些文稿和札记，正是在这一期杂志的制作期间，德库尔于1942年2月17日被法国警察逮捕。一个月后，法国当局把德库尔交给德国人。德库尔被审讯了三个月之后，作为“人质”的一分子，与波利兹和其他一些人于1942年5月被枪决。不久之后，波让被他的朋友、反犹太主义保守派马塞尔·儒昂多的妻子公开谴责，不得不“消失”一段时间。另一位共产主义者克洛德·摩根（Claude Morgan）在德库尔被捕之后接替了他的工作，1942年9月，由摩根编辑的《法兰西文学》第一期终于出版。这是一期非常谦逊的重复出版物，刊载了民族阵线作家们的宣言，宣言结尾称，“《法兰西文学》将成为我们的武器，借助它的出版发行，我们将以作家的身份，为将法国从她的压迫者手中解放出来战斗至死”。[57]如果说《法兰西文学》第一期实际上是一阵舆论轰炸的话，逐渐地，正如我们所见，杂志变得越来越具文学性，从1943年起，

《法兰西文学》成为一份名副其实的抵抗运动文学刊物。

知识分子与合作 1942—1944 年

德里厄·拉罗谢勒、巴西拉奇与莫拉斯

1942 年春，德国、意大利和日本经过几次胜利的战役，似乎将要统治全世界。到了秋天的时候，一切看起来又完全不同了。1942 年 10 月，蒙哥马利（Montgomery）带领的英国军队在阿拉曼（El-Alamein）挡住了德军的进攻。接下来的一个月，超过 10 万的盟军士兵在北非登陆。鉴于盟军可能会用北非作为跳板、进驻法国的地中海沿岸，德国当局下令占领法国全境。苏军在东线表现英勇，尤其是在斯大林格勒，1941 年底美军参战带来的影响，以及持续介入的英帝国的武装部队成员开始折损德军的势力，胜利的希望在生长，形势开始朝不利于轴心国的方向转。此后，随着墨索里尼被解职、法西斯主义党 1943 年 7 月解散以及盟军大规模轰炸德国，这一势头更加明朗。那些通敌派人士，比如德里厄·拉罗谢勒和巴西拉奇，现在开始意识到，德国的失败是明显的大概率事件了。而像莫拉斯这样亲维希的右翼民族主义者也不得不面对一个事实：随着德军占领原先的自由区，维希政府再也无法声称自己拥有主权。这种尴尬的状况在加剧——1943 年 5 月戴高乐抵达阿尔及利亚，成立法兰西民族解放委员会（Comité français de libération nationale），即后来的法国临时政府。

虽然已于 1938 年与雅克·多里奥决裂，但是到了 1942 年 11 月，极度苦闷、灰心沮丧的德里厄·拉罗谢勒又再次加入多里奥的法国人民党。德里厄依附于法国人民党显示了他总体上对法西斯主义的坚守，而不是任何特别的对多里奥的信任。确实，德里厄痛感法国与法西斯主义失之交臂：他声称贝当是个老笨蛋（*un vieux con*），希特勒是个像拿破仑一样的蠢货。德里厄指责德国人没有更多依靠法国的法西斯主义者（像他那样的）。而且，德里厄现在相信了，德国纳粹对于为数不多的、真正的法国法西斯主义者除了轻蔑，就是厌恶。德里厄越来越确定，德国将输

掉这场战争。他开始认真谋划自杀的事，此外，也许不足为怪，“那个他作为《新法兰西评论》负责人参与的小小文学世界也越来越使他烦恼不堪”。[58]在 1943 年 1 月的《新法兰西评论》上，德里厄发布了在他主持下的杂志的资产负债表，赞扬了让·波让的贡献，特别指出，因为一些战前旧体制下的著名人物拒绝为杂志供稿，他不得不请来自新生代的作家填补这个空档。1943 年初，德里厄在他的日记中写道，德国人一点都不革命，在过去的一年半里，希特勒对政治完全不感兴趣，只关心战争。德里厄感到被背叛，感到幻灭，在 3 月，他写道：“我不再相信法西斯主义。”1943 年 7 月，德里厄主编的最后一期《新法兰西评论》出版。1944 年 8 月，德里厄试图服毒自杀，被他的厨师发现后，德里厄被送往莱克医院（Necker Hospital），后转院至美国医院（American Hospital）。几天之后，德里厄再次试图自杀，未遂。1945 年 3 月 16 日，德里厄第三次自杀，这次他得手了。

1942—1943 年，轴心国的衰落也引发了《我无处不在》的危机。《我无处不在》仍是法国最畅销的法西斯主义报纸，事实上，它的发行量还在上升：1941 年发行 15 万份，1942 年发行 25 万份，1944 年达到了 30 万份。从 1941 年 4 月起巴西拉奇的名字就作为主编出现在报纸头版上，那时他刚从战俘营归来，直到 1943 年 8 月 13 日他卸任主编职务。同年 8 月 27 日，巴西拉奇与报纸彻底决裂。

到了 1942 年底，巴西拉奇对于法国是否有能力实现复兴已完全没有把握，但他仍然坚持认为，无论是在法国，还是在欧洲的其他地方，法西斯主义事业取决于德意志的力量。因此，巴西拉奇极力靠拢德国占领当局，但是他不得不应对一个难题：在当前这种被占领的情况下，如何撮合法国法西斯主义和法国的老对手——德国的法西斯主义。这对法国的通敌合作派分子而言是个无解的困局，1943 年纳粹党徒明确声明，国家社会主义（即纳粹主义）不会对外移植，战争结束后，德国宁愿选择一个病弱的法国政府，而不是一个强大的国家社会主义政府。这意味着，即便德国赢得战争，将来法国按德国模式建立国家社会主义政体的希望仍十分渺茫。到了1943年，战势越来越明朗，德国看上去即将失败，而不是成功。确实，正是这种可能的结局引发了《我无处不在》团队的重大分裂。

轴心国势力不得不面对一系列的挫败：盟军登陆北非；德军在斯大林格勒投降（1943年2月），德军不可战胜的神话破灭；与此同时，日本军队退出太平洋地区；6月，墨索里尼被意大利法西斯议会解除国家元首的职务……在这种情势下，《我无处不在》内部的强硬派与相对温和派（其中包括巴西拉奇）之间的张力在加剧。强硬派主要有两类人，一类人支持多里奥的法国人民党，一个“一致被认为最活跃、最强大的通敌合作组织”；[59]另一类人是民兵团（milice）的支持者，民兵团是成立于1943年1月的法国民兵组织，致力于追捕“法兰西的敌人”，即抵抗者、犹太人、共产主义者以及共济会成员。强硬派声称《我无处不在》应当践行一种更强硬的亲德路线。而另一派人（包括巴西拉奇）意识到德国很可能将输掉战争，主张报纸应实行一种温和的路线，更具文学性、少一些政治色彩。巴西拉奇依然寄希望于未来法德之间在一种平等的关系下合作，但他越来越感到不安——1943年2月实施的“强制劳工服务”（Service du travail obligatoire）政策，即派遣法国工人去德国服务，使得这种平等合作的可能性变得无从实现。8月27日，巴西拉奇公开从报社辞职，他被那些继续留在报社的同仁讥讽为懦夫。巴西拉奇离开《我无处不在》后，继续为通敌合作派的报纸写作，为《民族革命》（*Révolution nationale*）写作——后者的主要撰稿人是德里厄·拉罗谢勒。

巴西拉奇的许多前同事们活跃在多里奥领导的法国人民党以及反布尔什维克的法国志愿者联盟当中，有的也参与党卫军（Waffen SS）的活动，另一些人则参加了民兵团。1944年8月16日，巴黎解放的几个小时之前，《我无处不在》的最后一期报纸面世。该报的一些记者，与通敌派分子、合作派分子以及贝当主义者（包括马歇尔·贝当本人）一起，大批逃往德国的锡格马林根城堡（Sigmaringen Castle）。尽管这次大逃亡备受嘲讽——《我无处不在》（*Je suis partout*）现在被称为《我在离开》（*Je suis parti*）——但巴西拉奇没有试图离开，而是隐藏起来。9月15日，在得知他母亲被捕后，巴西拉奇出来自首。他被推上审判席、判处死刑，虽然有人为使他减刑发起请愿运动，但是他仍于1945年2月6日被执行死刑，这一天正好是曾鼓舞了他的反议会叛乱爆发的11年之后。[60]

现在我们可以看到，自1940年的战败起，莫拉斯及“法兰西行动”一直都是贝当及“民族革命”的坚定支持者，在整个战争期间，他们一直保持着这份忠诚。随着战争局势的发展，其他受机会主义、或受不同政见驱使的人都放弃了贝当，而“‘法兰西行动’从未改变其立场。从始至终，‘法兰西行动’的领导人既拒绝抵抗运动，又拒绝通敌合作，保持着对马歇尔的忠诚。”[61]正如韦伯指出，这对于“法兰西行动”组织而言是一个灾难性。自从1941年夏德国入侵苏联，法国社会越来越两极化，有的人转向支持德国，另一些反对占领军、同样也反对维希的人，则选择加入抵抗运动。而拒绝做出任何一种选择的“法兰西行动”如今发现它自身处在两面夹击之中：“抵抗派抨击它为亲德派，而合作派则攻击它为亲英派。”[62]

莫拉斯将1942年11月英美联军登陆北非归罪于犹太人、有野心的英国人、贪婪的美国人以及虚荣的叛徒。但是，即便在此之前，“法兰西行动”的立场已发生了重点的转移。在贝当与希特勒的蒙特瓦尔（Montoire）会面之后，莫拉斯忠诚地接受了贝当的与德国合作的政策。从1942年起，贝当深受莱伐尔的影响，逐渐服务于德国人的命令，忠心耿耿的莫拉斯事实上更趋亲德立场。莫拉斯现在期待德国人获胜，因为这将意味着粉碎共产主义和英帝国主义；反之，反轴心国的势力获胜，将意味着犹太人、共济会员以及1940年前政治阶层的腐朽因子，与其他事物一起卷土重来。莫拉斯和他的“法兰西行动”兹时致力于猛烈攻击“恐怖分子”（抵抗运动成员）和犹太人；莫拉斯强烈要求，将那些“人质”、那些被捕的戴高乐主义分子和共产主义者，不经审判直接枪决；如果有必要，就把这些成员的家人也一并处决。尽管莫拉斯后来否认对抵抗组织成员和“人质”的被杀害负有责任，但毋庸置疑，他的写作创造了一种氛围，让这些行径显得合理化。9月8日莫拉斯在里昂被捕，时间差不多是在这座城市被解放的一周之后。1945年1月，莫拉斯受审，被判处终身监禁。面对判决，莫拉斯报以大声呼叫：“这是德雷福斯派的报复!”他死于1952年11月16日。

知识分子与抵抗运动 1942—1944年

前文已提及，第一期《法兰西文学》最终面世的时间是1942年9月，两个月之后，盟军登陆北非，法国结束占领区和非占领区的划分。从1942年9月起，直到1944年8月巴黎解放（1943年有4个月除外），《法兰西文学》每月定期出版，发行量约两万。杂志总共秘密发行19期，另为格拉讷河畔奥拉杜尔（Oradour-sur-Glane）大屠杀出版了一期特刊（1944年8月）。此间的最后一期《法兰西文学》原本也打算作为秘密出版物，最终因巴黎解放得以在这座城市公开发行。战后，由阿拉贡担任主编的《法兰西文学》继续出版发行。

《法兰西文学》“刊登诗歌、短篇小说、美文和文学评论，还有一些宽泛的政治、文化方面的文章。”[63]该刊的撰稿者是来自文学圈的人士，他们有着广泛的社会背景和不同的政治信仰。该刊的作者包括，比如不折不扣的不可知论者让·波让、无神论存在主义者让-保罗·萨特、基督教存在主义者加布里埃尔·马赛尔（Gabriel Marcel）、由前超现实主义者转变为人类学家的米歇尔·雷利斯以及天主教小说家佛朗索瓦·莫里亚克。同样，该刊还登载保罗·艾吕雅、路易·阿拉贡和伊迪丝·托马斯（Edith Thomas）撰写的有关“抵抗书籍”的评论文章和诗歌。尽管《法兰西文学》的撰稿人意识形态各异，但该刊在德军占领期的最后两年里，充当了一个强大的反纳粹主义、反通敌合作主义的知识分子阵地。尽管全国作家委员会的成员以及《法兰西文学》的撰稿人来自一个广泛的政治/哲学谱系，但是该刊的灵魂及凝聚力始终来自法国共产党。《法兰西文学》的编辑克洛德·摩根是法共的成员，艾吕雅（1943年加入法共）

和阿拉贡也不例外。曾拒绝为德里厄主编的《新法兰西评论》撰稿的托马斯，自 30 年代以来一直是共产主义政党的支持者，并于 1942 年加入法共。自 1943 年 2 月起，全国作家委员会的会议定期在她家举行。加入此项事业的作家人数逐渐增加，就这样，该刊的内容质量也显著提升了。

在全国作家委员会的成员看来，法西斯主义就是野蛮主义，它所做的除了别的，就是摧毁文明。CNE 视其自身处在反纳粹主义、反通敌合作主义斗争的最前线，他们攻击一切通敌合作的组织、合作派的文学和文化，以及个人合作主义者。"我们相信……作家这个职业担负着比其他职业更重大的责任。"[64]战后，伊迪丝·托马斯在她的著述中回忆了她在杂志第二期中是如何概括 CNE 和《法兰西文学》的宗旨的：

> 我们被迫生活在一个充满谎言的世界。我们的角色，我们作为作家的角色是"大声说出真相"。犹太人胸前的黄色星标，被迫离开父母的儿童，每天被处决的男人，去往未知目的地的放逐，以及我们已知的所有恐怖的事件，整个人类的系统性的退化。[65]

将在战后接管《法兰西文学》的路易·阿拉贡，曾经是雅克·德库尔编辑的共产党机关报《公社》的领导。1937 年他又担任新创立的党的报纸——《今晚》日报的主编。《今晚》日报坚决支持苏德签订互不侵犯条约。不同于保罗·尼赞——他在苏德条约签订之后便愤然辞去了外文编辑的职务，阿拉贡则继续担任《今晚》的负责人，直至报纸被取缔。1940 年 9 月，阿拉贡被征入伍，随后又赶上了混乱的敦刻尔克大撤退。最终，他和他的伴侣艾尔莎·特里奥莱（Elsa Triolet）抵达非占领区。在那里，阿拉贡开始创作诗歌，其中的一些诗歌后来结集、取名为《断肠集》（*La Crève-coeur*），由伽里玛出版社 1941 年 4 月在巴黎出版。1940 年夏末在卡尔卡松，波让听阿拉贡吟诵了《百合与玫瑰》（*Les Lilas et les roes*）。后来，他根据记忆将这首诗写下来，发表在 9 月的《费加罗报》（*Le Figano*）。1941 年，阿拉贡与兹时处于地下状态的法国共产党在尼斯取得联系。随后不久，他越界进入占领区，最终于6月到达巴黎，在那里他见到了法共的同仁，包括雅克·德库尔。阿拉贡与德库尔讨论了他的在北部地区成立作家抵抗委员会的提议，这就是后来的全国作家委员会及其刊物，阿拉贡参与了刊物的筹划。

阿拉贡热烈拥护法共实施的全国的广泛阵线政策。正如皮埃尔·戴（Pierre Daix）指出，正是阿拉贡理解了民主主义者波让和共产主义者德库尔可以共同为一份秘密刊物效力；也正是他遇见了画家亨利·马蒂斯（Henri Matisse），用马蒂斯的作品——与革命艺术相去甚远——“来表明民族文化遗产的组成部分，与‘战败’和‘占领’”之类的相反，是客观独立于暂时的政治需求的。”[66] 受1941年10月夏多布里昂（Châteaubriant）处决人质事件的影响，阿拉贡于1942年初创作了诗歌《烈士的见证》（‘Le Témoin des martyrs’）。这首诗歌当年秋季开始在非占领区流传。1941—1942年间，阿拉贡还创作了一些其他的悼念人质的诗歌。克洛德·罗伊（Claude Roy）评论道，“阿拉贡的文字有强大的冲击力，且收放自如，在法国四处传颂”。[67] 1942年11月德军占领法国全境之后，阿拉贡的活动转入地下。1943年，他和艾尔莎为全国作家委员会在南方地区（1942年底为非占领区）的分部起草了一部章程。CNE南方分部的第一次会议于3月举行，仍在创作抵抗运动诗歌的阿拉贡被任命为三人领导小组的负责人。CNE南方分部出版了一份名为《星》（*Les Etoiles*）的简报，内容主要是谴责德军犯下的暴行、抨击合作派的文学以及已发表的抵抗运动文章。同样是在1943年，阿拉贡再次遇到了诗友保罗·艾吕雅——战前他们二位曾闹翻，艾吕雅不久前刚加入法国共产党（地下状态）。

尽管加缪和萨特加入全国作家委员会的时间相对较晚，且加缪一直保持着半独立的状态，但是，从一种战后视角看，他们二人在解放后的声誉意味着他们是全国作家委员会中最著名的成员，即便当时他们仍处在建立自身之文学声名的阶段。

加缪与大多数我们所认为的法国知识分子不同，他既不是出生于法国本土，也不是来自中产阶级或小中产阶级家庭。加缪 1913 年 11 月 7 日出生于阿尔及利亚东部的蒙多维（Mondovi），当时在宪法上属于法国的一部分。加缪的父亲在一战中受了致命伤，他由目不识丁的母亲在贫困中抚养长大。尽管身在极端不利的社会处境中，加缪仍顺利地从阿尔及尔的大学哲学系毕业，并成为一名记者。1940 年，加缪供职的报社被指控为由共产主义者运营，因此被关闭。加缪去往巴黎，于同年 3 月抵达。德军入侵法国之后，加缪也加入了南下逃离的难民潮。得知停战协议签署之后，加缪认定目前只有两种选择：流亡或无意义的抵抗（la révolte stérile）。1941 年 1 月，加缪和他的新婚妻子弗朗辛（Francine）离开法国前往奥兰①，两人于一个月前刚结婚。

离开法国后不久，加缪完成了他的哲学随笔《西西弗斯神话》（*Le Mythe de Sisyphe*），这是他探讨荒诞定义的三篇著作中的最后一篇，另外两篇是剧本《卡利古拉》（*Caligula*）和小说《局外人》（*L'Etranger*）。在加缪的一位朋友、曾在阿尔及利亚当记者的帕斯卡尔·皮亚（Pascal Pia）的帮助下，著作的手稿得以寄给马尔罗和波让，他们二人皆推荐出版。尽管加缪和马尔罗希望这三篇著作同时出版，但加斯东·伽里玛选择首先出版小说《局外人》。占领当局的宣传部负责人海勒批准了小说的出版。1942 年 2 月出版工作启动；3 月，波让对小说进行了第二次校对，小说于 6 月面世。同年 10 月，《西西弗斯神话》问世。

从少年时代开始，加缪一直受肺结核病的折磨。1942 年 1 月，加缪病倒，他遵医嘱离开奥兰，做一个长期的疗养。随后，加缪和妻子启程前往马赛，在法国中央高原的山林地区安顿下来。1942 年 11 月，随着德军将占领范围扩展到南部地区，加缪发现自己在法国南部处境孤立，近乎被流放，与朋友以及阿尔及利亚家人的联系皆被切断，包括夏天已返回那里的妻子。

加缪的朋友、赞助人帕斯卡尔·皮亚定居在里昂，在那里，他化名雷诺阿（Renoir），是抵抗运动组织“战斗”在该地区的副领导。很快，

① Oran，位于阿尔及利亚。——译者注

"战斗"成为南部地区最强大、组织最完善的抵抗运动团体。通过皮亚，加缪认识了抵抗运动的同仁弗朗西斯·蓬热（Francis Ponge）和勒内·莱诺（Réne Laynaud）。蓬热是一名前超现实主义者、共产主义记者和诗人，在法国解放后，任共产主义周报《行动》（*Action*）的文化编辑。莱诺则于 1944 年 5 月在里昂被德军逮捕，就在德军从里昂撤退之前，被处决。尽管因为皮亚的缘故，加缪"认识到抵抗运动所做的事，认识到它的重要性和局限性"[68]，但是加缪优先考虑的仍然是，一有可能就返回阿尔及利亚。

不管怎样，加缪的《局外人》收获了评论界的普遍赞扬。尽管受战争期间的种种局限，但加缪开始在文坛建立他个人的声望。1943 年，正当加缪准备创作《鼠疫》（*La Peste*）的期间，他见到了阿拉贡，阿拉贡邀请他为《汇流》（*Confluence*）撰稿。《汇流》是在里昂出版的一份文学杂志，巴黎也在杂志的辐射范围之内。1943 年加缪旅居巴黎期间，在《苍蝇》（*Les Mouches*）一剧 7 月份的一次彩排上，他首次遇见了萨特，[69] 萨特很快邀请他在《密室》（*Huis clos*）中扮演加辛（Garcin）的角色。到 1943 年秋，加缪已经放弃了任何返回阿尔及利亚的计划。他在巴黎定居下来，并在伽里玛出版社担任审稿人的职务。到 1943 年底、1944 年初的时候，加缪开始支持 CNE 的工作——尽管他从来不是一个积极的成员。

1943 年，加缪完成了他的《致一位德国朋友的信》（*Lettres à un ami allemand*）中的第一篇，此文于 1944 年 2 月以不署名的方式出现在抵抗运动组织"狙击手"（Franc-Tireur）的秘密出版物《自由报》（*La revue libre*）上。第二篇署名日期为 1943 年 12 月，仍发表在地下出版物上，即 1944 年的《解放手册》（*Cahiers de la libération*）。另外两篇写于 1944 年 4 月和 1944 年 7 月，于解放后发表。[70] 这些文章以书信的形式写给一位假想中的德国朋友，作者试图运用推理说服这位德国朋友，但"最后，理性的推理者为抵抗运动辩护，并预言它的胜利"。[71] 此外，根据加缪在战后为《致一位德国朋友的信》意大利版写的序言，这些信件"怀着一个目的，即指出我们做过的一些盲目抵抗，从而使得抵抗变得有成效”。[72]

1943 年 9 月，加缪应邀担任《战斗报》（*Combat*）的编辑。《战斗报》支持戴高乐将军，是最重要的地下抵抗运动出版物之一（洛林的十字架出现在报名“Combat”的字母“C”上面）。《战斗报》是联合抵抗运动（Mouvements Unis de Résistance）的报纸。联合抵抗运动由 1943 年初法国南部三个主要的抵抗运动组织（即战斗、自由和狙击手）合并而成，是在戴高乐的代表让·穆兰（Jean Moulin）的推动下成立的。穆兰于 1941 年 9 月从伦敦抵达法国。1943 年，他成功地将不同抵抗组织的代表汇集在全国抵抗运动委员会（Conseil national de la résistance，简称 CNR）的旗下，于 1943 年 5 月在巴黎召开了 CNR 的第一次会议。在接下来的一个月，穆兰遭出卖，在里昂郊区被捕。几周后穆兰死于以克劳斯·巴比（Klaus Barbie）为首者的严刑逼供，他至死也没有向逼供者吐露他们想要的名单和其他信息。

《战斗报》在与纳粹占领者、与通敌合作者做斗争的同时，也在转向未来的规划。如今，德国的战败只是时间问题，《战斗报》顺势而为，期望一个全新的法国——议会不再被资本主义势力所操纵，行政部门不再因浮躁的政客而执行不力，工人阶级及其组织亦不再被边缘化。除了为《战斗报》工作外，加缪还为其他的地下报刊撰稿，包括《法兰西文学》。1944 年 8 月 21 日，在秘密发行了 58 期之后，《战斗报》作为 13 家日报之一，获准公开发行。加缪继续与《战斗报》合作，直至 1960 年他在一场车祸中去世。

萨特的“社会主义与自由”于 1941 年 10 月自动解体后不久，已被任命为《喜剧》（*Comœdia*）编辑的勒内·德朗热（Rcné Delange）与萨特取得联系。《喜剧》是一份 1906 年创办的文学刊物，1936 年消失。1941 年在德国当局的期许下复出，吸引

文学和艺术界杰出人物的稿件，吸引那些看上去愿意相信在敌

军占领之下一份严肃的文化事业能够存在的人；因为它无涉政治，所以无论是报纸还是撰稿人都无需委屈妥协。[73]

但是，《喜剧》和包括《新法兰西评论》在内的其他出版物获准出版，是为了营造一种印象，即：法国的文化和文学生活一如以往，并未因德军占领军的存在而受到干扰。

萨特与其他的文学家，包括科莱特、让·科克托、让·季洛杜(Jean Giraudoux)、波让，皆为《喜剧》撰稿，他的第一篇文章是一篇关于麦尔维尔（Melville）小说《白鲸》（*Moby Dick*）的长篇评论，刊于1941年6月21日。虽然据波伏娃声称，萨特很快意识到《喜剧》并不是如他所认为的那样独立，因而再也没有为其写过文章。但在1943年，杂志刊登了一篇对萨特的专访——有关萨特的新作《苍蝇》，以及在1944年2月让·季洛杜去世后的一个月，刊登了（萨特所写的）一篇悼文。在整个1942年中，萨特都在忙于创作剧本《苍蝇》(始于1941年)、哲学专著《存在与虚无》（*L'Être et le Néant*）与小说《缓期执行》（*Le Sursis*）。在1942—1943年之交的冬季，夏尔·摩根（Charles Morgan）邀请萨特加入全国作家委员会并为《法兰西文学》撰稿。如前所述，共产党声称萨特从战俘营被释放之后是在抵抗运动中充当间谍。现在应萨特的要求，摩根同意平息谣言，他确实做到了。

萨特首次为地下出版物《法兰西文学》撰写的文章刊发于1943年4月。这篇题为《德里厄·拉罗谢勒亦或自我厌弃》（'Drieu La Rochelle ou la haine de soi'）的文章，是对作家拉罗谢勒毫不留情的生平勾勒。萨特在文中分析了法西斯主义是如何占据这位作家空虚的生活、如何致使其成为一名通敌合作者。萨特随后还为《法兰西文学》撰写了其他的稿件。[74] 1943年，萨特又开始为基于原非占领区的南方抵抗运动刊物撰文，即《合流》(*Confluence*）和《南方手册》(*Cahiers du sud*)。萨特所写的关于加缪《局外人》的评论正是发表在《南方手册》上。[75] 1943年6月3日，萨特的戏剧《苍蝇》在巴黎开演。他受到了一些抵抗运动成员的批评，包括韦科尔（Jean Bruller）。韦科尔是经典的抵抗运动小说《海之沉默》（*Le Silence de la mer*）的作者，小说在地下出版社子夜（Éditions de Minuit）秘密出版。批评者们指责萨特居然允许剧本在德军的审查之下上演，且是在一家“雅利安化”的剧院。《苍蝇》一剧上演的剧院名为萨拉·伯恩哈特剧院（Théâtre Sarah Bernhardt），直到后来改名为城市大剧院（Théâtre de la Ville）。对此，萨特方面总是声称剧本的上演是通过全国作家委员会批准进行的。

萨特在占领期的几次采访和声明中，强调该剧的哲学意蕴。然而，在战后，当言论可以自由的时候，萨特坚持说《苍蝇》是一部反贝当主义的、抵抗主义的戏剧，他还强调戏剧所包含的一些信息躲过了审查者，但他的观众们心领神会。在《苍蝇》上演的同一个月，伽里玛出版社出版了萨特的现象学本体论巨著《存在与虚无》，鉴于其出现的历史契机，该书在当时只吸引了相对较少的人注意。

有一些证据显示，在 1943 年期间，萨特想更多地为抵抗运动出力，而不仅仅是写作。根据萨特在巴黎高师学生时代的老朋友皮埃尔·卡昂（Pierre Kaan）的遗孀所说，萨特曾联系时任全国抵抗运动委员会书记的卡昂，表示自愿参加一些阻挠敌军的行动。似乎是全国抵抗运动委员会怀疑萨特的能力，而且，他们还对萨特从战俘营释放的情况疑虑重重，更怀疑萨特可能心甘情愿将他的剧作提交德国的审察官。结果，萨特的提议没有下文。1943 年 12 月，卡昂被捕，随即被流放。

正如我们所见，绝大部分在战争中亮明了立场的知识分子，都拿起笔杆捍卫或反对贝当的“民族革命”和/或德国占领及国家社会主义。最著名的例外者是安德烈·马尔罗，当他最终加入抵抗运动时，他的所作所为无不令人想起他在 20 世纪 30 年代曾作为一个浪漫多彩的人物登场。法国投降后，如前所述，马尔罗前往法国南部寻求避难，生活相对优越，他拒绝了任何试图说服他加入抵抗运动的人。当德军占领区扩展到法国全境后，素有反纳粹主义者之名的马尔罗生活也变得十分困难，何况他的声名还基于为季米特洛夫和德国共产主义领袖恩斯特·台尔曼辩护，以及支持西班牙共和政府。他与他的情人若塞特·科洛蒂斯离开了当时已被意大利军队占领的蔚蓝海岸地区，来到中央高原，在科雷兹省（Corrèze）阿尔让塔（Argentat）附近的一个别墅里占据房间安顿下来。1943年，马尔罗至少在7月时去了一次巴黎，在那里他见到了德里厄·拉罗谢勒。因为马尔罗的兄弟罗兰的原因，马尔罗与地方抵抗运动组织的成员关系也挺好。罗兰于1942年加入抵抗运动，是附属“特别行动执行委员会”（SOE）的当地抵抗运动网络的一员。但是，马尔罗还是不愿选择积极地参加抵抗运动，他说，他仍倾向于选择等待，直到盟军进攻。1943年秋，马尔罗又拒绝了一个抵抗运动的加盟邀请，这次是来自萨特的旧相识卡昂。1944年3月8日，马尔罗的另一个兄弟克洛德（Claude）在鲁昂被盖世太保逮捕，当月晚些的时候，罗兰也在一次单独的突袭行动中被捕，关押在利摩日。正是因为两个兄弟都被捕，马尔罗最终投入抵抗运动。他启用了贝尔吉上校（Colonel Berger）的假名，用马尔罗自己的话说，他的运作“自3月起完全自立于规章之外。”[76]

虽然马尔罗参加抵抗运动的时间较晚，但是这并不妨碍他在去了一趟巴黎回来后声称和坚持认为自己将领导法国西南部的抵抗运动。马尔罗在巴黎见到了包括波让和加缪在内的从事抵抗运动的知识分子。1944年，戴高乐作为“自由法国”的政治和军事领袖，在法国内外皆得到了认可，而马尔罗不仅无中生有地声称，他受全国抵抗运动委员会的指派，负责协调洛特省（Lot）、多尔多涅省（Dordogne）和科雷兹省三个地区的抵抗运动，而且他还声称这项命令是戴高乐将军的意思。在“杰克上校”（曾陪同他的巴黎之行）的陪同下，马尔罗参观了这三个省区的抵抗运动团队，评估他们的可靠性，对他们的武器装备进行了稽查，以便决定如何为他们提供补给和额外的武器。虽然马尔罗在这些抵抗组织的成员当中也引起了深深的疑虑和强烈的不满，尤其是那些共产主义者控制下的“狙击手”（FTP）组织的成员，然而不管怎样，派头十足的马尔罗顺利地通过他那虚张声势的工作方式在地区的抵抗组织网络中发挥作用。

在马尔罗从事这些活动的过程中，他有时遇到的敌意到了这样一个程度——他不得不从一些会议中退出，“领导”马尔罗兹时身着制服，在四处寻找大批愿受其领导的人们。7月，马尔罗被德军逮捕。据说，他向德军宣称自己是贝尔吉上校，该地区的军事首领，效力于戴高乐。他称他受到折磨和拘禁，但在一个月后获释。马尔罗个人关于他自身被捕和被释的讲述疑点重重——与他的生平同样令人生疑——到底曾经发生了什么已难于确认。[77]

巴黎解放后（1944年8月），马尔罗通过个人的运作，再加上好运，确立了自身作为阿尔萨斯-洛林大队的领导位置。大队的核心成员是几百名于1939年从阿尔萨斯-洛林地区来到佩里戈尔（Périgord）地区的人。马尔罗大队离开法国西南地区，于9月17日抵达第戎（Dijon），在这里增加了一个营的兵力，扩充了其士兵的人数。10天后，马尔罗大队参加了孚日山脉（Battle of the Vosges）战役，圣诞节期间又在斯特拉斯堡（Strasbourg），抵抗德军对这座城市的进一步攻击。1945年1月，马尔罗离开斯特拉斯堡前往巴黎，参加民族解放运动（MLN）第一次代表大会。在会上马尔罗发表演讲支持戴高乐，反对民族解放运动与共产主义的民族阵线合并，因为这实际上意味着共产主义者接管抵抗运动。这次演讲标志着马尔罗开始重新向戴高乐主义靠拢，1945年11月，他被任命为戴高乐政府的新闻部长。与此同时，马尔罗的兄弟克洛德和罗兰被流放；据推测克洛德可能被枪决，而罗兰则死于英国皇家空军（RAF）对吕贝克（Lübeck）的一次炮轰——他所在的囚船正在其中。

1940—1944年的黑暗时代萦绕法国上下60余年后，至今关于那个年代仍有不同的意见和截然相反的分析。在解放战争的余波尚在之时，两大政治势力——戴高乐主义和共产主义——都希望促进国家统一。因此，两方面皆有兴趣建构一个法国人民——除了一小部分通敌卖国者——英勇抵抗德国占领军、反对贝当和维希政权、解放全国的神话，——尽管也受了些美国和英国的帮助。这种在战后普遍流行的观点在知识分子界也通行，[78]一直到20世纪70年代初。然后，一个不同的故事开始被讲述，这种转折发生在戴高乐1970年去世之后，这不是一个巧合。

在马塞尔·奥菲尔斯（Marcel Ophuls）的纪录片《悲哀与怜悯》（*Le Chagrin et la pitié*）以及一些非法国籍历史学家——尤其是美国历史学家罗伯特·帕克斯顿（Robert Paxton）的著作中，一幅不那么有英雄主义色彩的图景开始浮现，“人人皆抵抗”的神话被另一个“人人皆合作”的故事取代。这种有关德军占领时期之历史编撰的转变，影响了人们对于许多知识分子在此时期之行为的看法。诚然，有些知识分子的行为是无可非议的，尤其是那些为他们的行为付出了最终代价的人。但是，占领期的法国，远非战后短期内许多电影和小说所呈现的、让我们相信的那样，是光明与黑暗的摩尼教世界。这里仅举一个例子，在刚解放时，萨特被大部分人视作是知识分子抵抗运动的英雄——他在德军战俘营创作和上演了一部抵抗运动的戏剧，创立了第一批抵抗运动团体之一，是全国作家委员会的成员，在抵抗运动的秘密刊物上发表著述，甚至愚弄了德国审查官，使其批准了一部反维希政府/支持抵抗运动的戏剧在首都上演。晚近的研究则主张，萨特绝不是人们所认为的那样。他被指责取代了一名犹太教师的教职——犹太教师在维希的反犹太立法下被解雇。[79] 他还被指责允许他的戏剧接受德国当局的审查，并且在一家原来以一位犹太演员命名、后因此改名的剧院上演；他的《存在与虚无》也是接受德国当局审查后才出版的。还有批评指出，他在占领期同时为地下出版物和非地下出版物写作，藉此增益他的文学事业。

任何知识分子抵抗者的任何明显暧昧的行为，都与他们所处的特殊的环境相关。直到 1942 年，我们的作家和艺术家在占领区和非占领区之间往返，绝大多数人没有遇到任何麻烦。即便有时候有些知识分子被捕、被监禁，比如阿拉贡，他们也往往能够得到相当好的对待，且很快被释放。在当时集会已被禁止的情况下，全国作家委员会的 20 多名成员如何能聚集在一起，召开会议，尔后又不受任何干扰地各自回去？当一群知名的异见人士涌入波让的小办公室时，难道倾向通敌合作的《新法兰西评论》没有感到有可疑之处？总体上讲，我们可以得出结论，德国人不干涉那些著名的人物——除非他们是犹太人，或共产主义者（1941 年之后）。德国占领当局的算盘是这样的，这些文化名人还有可能被劝服去为德国占领下的法国文化产出成果，这对德国的国际公关活动非常重要，而把他们关起来则适得其反。另一方面，法国知识分子也很幸运，海勒和阿贝茨与许多巴黎的知识分子有私交，他们由衷地尊重文学和文化，尊敬与文化艺术创作相关的人。最后一点，也是我们已经指出的，对于巴黎文学界的许多人来说，他们之间作为作家的纽带是很强大的，远盖过了他们之间的政见之争——不管有多极端，比如在德里厄身上体现的那样，那些被当局重视的人，能够不止一次地为他们的作家同仁出面调停。

战争结束，纳粹战败，德国占领军仓促撤离，留下一个满目疮痍的法兰西。但是，法国政府坚称她站在了胜利者的行列。然而，事情远远没有那么简单。前文提到的知识分子界的分裂，是法国社会整体上存在分裂的一种反映。1940 年法国战败之初，大部分法国民众，如大部分知识分子一样，采取了一种“等待和观望”的态度，决定充分利用新的形势，即便那意味着在某种程度上与德国人合作。战后两股主要的政治势力——戴高乐主义和共产主义——为了某种政治目的助推了法国上下团结一致抗击侵略者的神话。那些曾经介入抵抗运动的知识分子，哪怕只是沾点边，哪怕很晚才介入——无一例外地发现他们的声名被大大提升。相反，那些犯有通敌合作行为，或仅仅是被控有这类行为的知识分子，均被打入另册，再难翻身。在那些未被指控有通敌合作行为的“清白者”当中，洋溢着一种无边的乐观主义情绪，一种西蒙·德·波伏娃所说的“友爱的狂欢”（‘an orgy of fraternity’）。[80]但是，不久以后，知识分子世界将再次分化，与半个世纪前的德雷福斯事件时期一样，这一次是因为冷战时期的战后清洗运动（*l’épuration*）。[81]

注 释

导言

1 J. Guéhenno, *Journal des années noires* (*1940—1944*), Gallimard, 1947, p. 205. 转引自珍妮弗·勒费弗尔(Jennifer Lefevre)。

2 K. Reader, 'The intellectuals: Notes towards a Comparative Study of Their Position in the Social Formations of France and Britain'), *Media, Culture and Society*, 1982(4), pp. 263-73, p. 266.

3 M. Leymarie, *Les Intellectuels et la politique*, Presses Universitaires de France, 2001, p. 11.

4 J.-P. Sartre, 'Plaidoyer pour les intellectuels' in J.-P. Sartre, Situations VIII, Gallimard, 1972, p. 377.

5 近年来关于女性知识分子的研究,可参考 N. Racine and M. Trebitsch, *Intellectuelles, Du genre en histoire des intellectuels*, Éditions Complexe, 2004.

第一章 德雷福斯事件与"知识分子"的诞生

1 E. Weber, France, *Fin de Siècle*, The Belnap Press of Harvard University Press, 1986, p. 66.

2 Ibid., p. 46.

3 1871 年底巴黎市民反对阿道夫·梯也尔(Adolphe Thiers)政府，在巴黎选举了一个革命委员会。梯也尔逃往凡尔赛，随后组织了对巴黎的围攻，以夺取巴黎公社社员对这座城市的控制权。5 月，凡尔赛军队进入了巴黎，月底，巴黎公社失败。在随后军队展开的血腥报复中，约 18,000 名巴黎市民死亡，7000 多人被驱逐。法国其他城市的公社也被清洗，镇压行动给激进派和保守派此后几年的关系投下了一道长长的阴影。

4 1815 年，在拿破仑下台之后，君主制复辟（路易十八，1815—1825；查理十世，1825—1830）。1830 年 7 月，经历了 3 天的暴乱后，查理十世被迫退位，取代而之的是路易·菲利浦，他的七月王朝一直持续到 1848 年。之后，路易·菲利浦被迫退位，1848 年 2 月第二共和国宣告成立。直到第三共和国早期，支持复辟的势力依然不容小觑，但在这个历史性的节点上，波旁王朝查理十世的后裔尚博尔伯爵（Comte de Chambord）对于革命的不妥协态度，取消了任何复辟的可能。

5 R. Tombs, *France 1814—1914*, Longman, 1996, p. 442.

6 布朗热将军（1837—1891）曾参加过普法战争，之后他成了法国对德复仇的积极倡导者。在整个政治领域，布朗热将军充当着引路人的角色，引导公众对第三共和国的敌意。他曾多次参选议会，但是直到 1888 年他从军界退出后才获得议会的席位。1889 年，他似乎准备领导一场政变、推翻共和政府，然最终未能付诸现实。随后，政府以叛国罪对他发出了逮捕令，他逃到比利时，两年后在那里自杀身亡。

7 巴拿马运河公司需要额外的资金应对超出预期的建设费用，为此，他们通过一种特殊信贷筹措资金，并得到了一些政客和报界的支持。1889 年公司破产导致成千上万的股票持有者血本无归。政客卷入这一事件严重损害了共和国以及议会民主制的声誉。

8 L. Poliakov, *L'histoire de l'antisémitisme*, *vol. 2*: *L'âge de la science*, Calmann-Lévy, 1981, p. 291.

9 有时亦写作 Bernard Lazare。

10 L. Blum, *Souvenirs sur l'affaire*, Gallimard, 1981, p. 39.

11 Z. Sternhell, *La Droite révolutionnaire*, Éditions du seuil (Collection Points Histoire), 1978, esp. pp. 177-214.

12 F. W. J. Hemmings, *Émile Zola*, Oxford University Press, 1966, pp. 282-3. 感谢伊恩·伯查尔（Ian Birchall）提供这本参考文献。

13 É. Zola, 'Pour les juifs', in H. Mitterand (ed.), *É. Zola*, Oeuvres completès, vol. 14, Cercle du Livre Précieux, 1970, pp. 779-84.

14 É. Zola, 'M. Scheurer-Kestner', in Mitterand (ed.), *É. Zola*, Oeuvres completès, vol. 14, pp. 885-8.

15 Ibid., p. 888.

16 É. Zola, 'Le Syndicat', in Mitterand(ed.), *É. Zola*, Oeuvres completès, vol. 14, pp. 891-5.

17 É. Zola, 'Procès-Verbal', in Mitterand(ed.), *É. Zola*, Oeuvres completès, vol. 14, pp. 899-901.

18 É. Zola, 'Lettre à la jeunesse', in Mitterand(ed.), *É. Zola*, Oeuvres completès, vol. 14, pp. 903-9.

19 É. Zola, 'Lettre à la France', in Mitterand(ed.), *É. Zola*, Oeuvres completès, vol. 14, pp. 911-18.

20 Christophe Charle, *Histoire sociale de la France au XIXe siècle*, Édition du seuil (Collection Points Histoire), 1991, p. 268. 又见 Charle, *Naissance de 'intellectuels'*, (*1880—1900*), Édition de Minuit, 1990; Charle, 'Champ littéraire et champ du pouvoir, les écrivains et l'Affaire Dreyfus'), *Annales*(*ESC*), April-May 1977, pp. 240-64.

21 关于19世纪的知识分子，参见 M. Winock, *Les Voix de la liberté*), Édition du Seuil, 2001.

22 E. Cahm, *The Dreyfus Affair in French Society and Politics*, Longman, 1996, p. 69.

23 引自 *Le kiosque de l'affaire Dreyfus*, *Marianne*(hors série), January 1998, p. 17.

24 M. Paléologue, *Journal de l'affaire Dreyfus 1894—1889*, Plon, 1995, pp. 90-1.

25 M. Barrès, 'La Protestation des intellectuels', *Le kiosque de l'affaire Dreyfus*, p. 18.

26 Ibid.

27 Ibid.

28 Z. Sternhell, *Maurice Barrès et le nationalisme français*, Éditions Complexe, 1985, p. 247.

29 H. L. Wesseling, 'Reluctant Crusaders: French Intellectuals and the Dreyfus Affair', *Stanford French Review*, Winter 1977, pp. 379-95, p. 388.

30 M. Winock, *Le siècle des intellectuels*, Éditions du Seuil, 1997, p. 33.

31 Ibid., p. 34.

32 Cahm, *The Dreyfus Affair in French Society and Politics*, p. 85.

33 Winock, *Le siècle des intellectuels*, p. 35.

34 这很像是男性权利的宣言,因为它的“普遍主义”排除了女性。

35 笔者的强调。

36 M. Barrès,‘Nationalisme, déterminisme’, *Scènes et doctrines dunationalisme*, Éditions du Trident, 1987, p. 12.

37 Ibid., p. 20.

38 M. Barrès,‘L’ Affaire Dreyfus’, *Scènes et doctrines dunationalisme*, p. 68.

39 莫里斯·巴雷斯的演讲辞(1901 年 6 月 15 日),收入 M. Barres, *Scènes et doctrines dunationalisme*, p. 92.

40 Barrès,‘L’ Affaire Dreyfus’, p. 35.

41 Ibid., p. 49.

42 R. Gildea, *France 1870—1914*, Longman, 1996, p. 44.

43 “Jew”一般指犹太男性,但“Jewish women”则往往被贴上沉迷肉欲、堕落和道德败坏的标签。

44 J.-D. Bredin, *L’Affaire*, Fayard/Julliard, 1993(1983), p. 48.(英文版,1987)。

45 Barrès,‘L’Affaire Dreyfus’, p. 50.

46 Ibid., pp. 111-12.

47 L. Poliakov, *Histoire de l’antisémitisme*), vol. 2: *L’Âge de la science*, p. 284.

48 关于 1898 年反犹太骚乱的详细情况,见 S. Wilson,‘The Anti-Semitic Riots of 1898 in France’, *The Historical Journal*, xvi, 4, 1973, pp. 789-806.

49 R. Girardet (ed.), *Le Nationalisme français 1871—1914*, Armand Colin, 1996, p. 14.

50 F. Bédarida,‘L’Armée et la République’, *Revue historique*, Septmber 1964, 引自 J. D. Bredin, *L’Affaire*, p. 30.

51 Bédarida,‘L’Armée et la République’, p. 31.

52 Ibid., p. 28.

53 J. D. Bredin, *L’Affaire*, p. 475.

第二章 从“保卫共和国”到保卫祖国

1 左拉的一部小说的名字,小说揭露了法国矿工的生活和工作条件。

2 让·阿勒曼是革命社会主义工人党(Parti ouvrier socialiste révolutionnaire)的核心

人物，该党成立于1890年10月，是从社会主义工人联盟(Fédération des travailleurs socialistes，FTSF)中分裂出来的。阿勒曼派后来参与创建了法国社会党。

3 M. Prat，'Georges Sorel et la décomposition du dreyfusisme')，见 M. Leymarie (ed.)，*La Postérité de l'affaire Dreyfus*，Presses Universitaires du Septentrion，1998，pp. 15-30，p. 18.

4 参见 Bredin，*L'Affaire*，p. 591.

5 Ibid.，p. 590.

6 引自 Cahm，*The Dreyfus Affair in French Society and Politics*，p. 96.

7 参见 J.-J. Fiechter，*Le Socialisme français：De l'affaire Dreyfus à la grande guerre*，Librairie Droz，1965，p. 50.

8 Ibid.，p. 51.

9 M. Winock，*Le siècle des intellectuels*，p. 84.

10 J. Bastaire，Charles Péguy，*Notre jeunesse* 序，在 *De la raison* 之前，Gallimard，1993，p. 9.

11 引自 Girardet(ed.)，Le Nationalisme français，p. 184.

12 C. Maurras，*Enquête sur la monarchie*，引自 E. Weber，*Actionfrançaise*，Stanford University Press，1962，p. 28.（法文版 E. Weber，*L'Actionfrançaise*，Fayard，CollectionPluriel，1985）.

13 E. Cahm，*Péguy et le nationalisme français*，Cahiers de l'amitié Charles Péguy，No. 25，1972，p. 23.

14 Ibid.，p. 39.

15 引自 C. Prochasson 和 A. Rasmussen，*Au nom de la patrie：les intellectuels et la première guerre mondiale*(*1910—1919*)，Édition de la Découverte，1996，p. 64.

16 G. Sorel，Preface to the second edition of *La Révolution dreyfusienne*，Éditions du Trident，1988(2ndedn，1910)，p. 3.

17 Sorel，La *Révolution dreyfusienne*，p. 35.

18 G. Sorel，'La Décomposition du Marxisme'，*La Décomposition du Marxisme*)，Presse Universitaires de France，1982，p. 254.

19 Péguy，*Notre jeunesse*，p. 143.（原文为斜体）

20 Ibid.，p. 115.

21 Ibid. ,p. 162.

22 R. Rolland, *Journal des années, de guerre 1914—1919*, Cahiers 1, Albin Michel, 1952, p. 34.

23 引自 J.-J. Becker, *La France en guerre 1914—1918*, Éditions Complexe, 1988, p. 21.

24 引自 R. Schor, *La France dans la première guerre mondiale*, Éditions Nathan, 1997, p. 34.

25 引自 J.-J. Becker 和 S. Audoin-Rouzeau, *La france, la nation, la guerre: 1850—1920*, SEDES, 1995, p. 273.

26 Henry de Montherlant, 引自 *Winock*, *Le siècle des intellectuels*, p. 137.

27 Weber, *Actionfrançaise*, p. 92.

28 Ibid. ,p. 92.

29 Ibid. ,p. 93.

30 需指出的是，虽然工人国际法国支部迅速地、全体一致地同意支持“神圣联盟”，但是内部的歧见也很快显现出来。1915 年 5 月，来自上维埃纳省的工人国际法国支部联合会的代表要求该组织改变其好斗的立场，以更开放的姿态寻求和平解决路径。社会主义者们很快分成三派：(1) 主流派宣称要取得对德意志军国主义战争的完全的胜利。(2)少数派团结在让·隆格(Jean Longuet)周围，致力于强化与兄弟党派之间的关联，尤其是与德国社会民主党内的少数和平主义者的联合。(3)齐美尔瓦尔德派(Zimmerwaldians)于 1915 年 9 月瑞士齐美尔瓦尔德(Zimmerwald)会议后得名。齐美尔瓦尔德派比少数派更激进，他们谴责这场战争是一场帝国主义的战争，呼吁工人阶级通过联合行动来取得和平。然而，他们不像布尔什维克们走得那么远，也不鼓吹革命的失败主义。

31 Becker 和 Audoin-Rouzeau, *La France*, p. 278.

32 Winock, *Le siècle des intellectuels*, p. 139.

33 引自 Prochasson and Rasmussen, *Au nom de la patrie*, p. 131.

34 Ibid. ,p. 131.

35 *Manifesto of the Ninety-Three German Intellectuals to the Civilised World*), 〈*http://www.lib.byu.edu/~rdh/wwi/1914/93intell.html*〉。M. Hanna 的著作也广泛讨论了这一文件，见 M. Hanna, The Mobilization of the *Intellect: French Scholars and Writers during the Great War*, Harvard University Press, 1996,

pp. 78-105.

36 Hanna, *The Mobilization of the Intellect*, p. 80.

37 Prochasson and Rasmussen, *Au nom de la patrie*, p. 135.

38 Ibid., p. 134.

39 Hanna, *The Mobilization of the Intellect*, p. 106.

40 关于此问题的详细分析，见 Hanna, *The Mobilization of the Intellect*, pp. 106-41.

41 罗兰写给达尼埃尔·阿莱维(Daniel Halévy)的信，落款为 1910 年 5 月 1 日，引自 A. Blum, 'Romain Rolland face à l'affaire Dreyfus', *Relations internationales*, 1978, No. 14, pp. 127-41, p. 131.

42 罗兰写给珂赛特·帕杜(Cosette Padoux)的信，引自 R. Cheval, *Romain Rolland, L'Allemagne et la guerre*, Presses Universitaires de France, 1963, p. 180.（另见 P. Sipriot, *Guerre et paix autour de Romain Rolland*, Bartillat, 1997, p. 89).

43 Rolland, *Journal des années de guerre 1914—1919*, *Cahier 1*, pp. 32-3.

44 Ibid., p. 34.

45 H. Stegemann in *Deutsche Tageszeitung*，引自 Cheval, *Romain Rolland*, p. 302（另见 Sipriot, *Guerre et paix autour de Romain Rolland*, p. 106).

46 Rolland, *Journal des années de guerre 1914—1919*, *Cahier 1*, p. 39.

47 R. Rolland, 'Au-dessus de lamêlée', *L'Esprit libre*, Albin Michel, 1953, p. 88.

48 Ibid., pp. 90-1.

49 引自 J.-J. Becker, *The Great War and the French People*), Berg, 1993, p. 90.

50 Rolland, *Journal des années de guerre 1914—1919*, *Cahier 1*, p. 95.

51 写给埃利·阿莱维(E. Halévy)的信，1917 年 1 月 31 日，引自 F. Furet, *Le Passé d'une illusion*, Robert Laffont/Calmann-Lévy, 1995, p. 64（英译本 F. Furet, *The Passing of an Illusion*, University of Chicago Press, 1999).

52 引自 P. Baudorre, *Barbusse*, Flammarion, 1995, p. 110.

53 Y. Santamaria, 'Barbusse(Henri), 1873—1935'，见 M. Winock and J. Julliard, *Dictionnaire des intellectuals français*, Éditions du Seuil, 1996, p. 109.

54 H. Barbusse, *Le Feu*, Flammarion, 1965, p. 271. 引自 G. Colin and J.-J. Becker, 'Les Ecrivains, la guerre de 1914 et l'opinion publique', *Relations internationales*, No. 24, 1980, pp. 425-42, p. 433. 该文的英译版（此处未参考）见 J.-J. Becker, *The Great War and the French People*, Berg, 1993, pp. 161-77.

第三章　20世纪20年代:法国知识分子与和平主义、共产主义、超现实主义及民族主义

1　J. Benda，*La Trahison des clercs*，Grasset，1927.

2　J. McMillan，*Twentieth-Century France：Politics and Society 1898—1991*，Arnold，1992，p. 85.

3　实际是3月，因为俄国兹时还未采用格里高利历。

4　法国的11月。

5　Georges Sorel，Letter to Paul Delesalle，1918年8月26日，引自Prochasson and Rasmussen，*Au nom de la patrie*，p. 223.

6　这在1917年十月革命胜利之初表现得尤其真切。一些诸如俄罗斯人民之友协会(Société des amis des peuples de Russie)之类的组织纷纷成立，它们致力于传播一种关于俄国生存状态的积极表述，回击反苏维埃的宣传。1919年出版的一些书籍也是出于这一目的，比如勒内·勒诺(René Renaud)的《布尔什维克主义问答》(*Le Petit Catéchismebolchevik*)。此书封面导读是，"同志们，鼓励那些被资本主义宣传的谎言误导的工人们来读一读这本小册子。"见S. Coeuré，*La Grande Lueur à l'Est*)，Éditions du Seuil，1999，p. 43.

7　'Lettres russes'，*La Forge*，12e Cahier，February 1919，p. 141，引自Prochasson and Rasmussen，*Au nom de la patrie*，p. 230.

8　V. Serge，*From Lenin to Stalin*，引自D. Caute，*Communism and the French Intellectuals*，André Deutsch，1964，pp. 68-9.

9　引自M. Winock，*Le siècle des intellectuels*，p. 170.

10　见Coeuré，*La Grande Lueur à l'Est*，p. 44.

11　引自B. Duchatelet，*Romain Rolland tel qu'en lui-même*，AlbinMichel，2002，p. 211.

12　'Un appel：Fière déclaration d'intellectuels'，Yves Daudu(ed.)再版，*Un Siècle des manifestes*，Kiosque Publications(Saga No. 1)，日期不详(1998?)p. 18.

13　Ibid.

14　Ibid.

15　Ibid.

16 Ibid.

17 引自 Winock, *Le siècle des intellectuels*, p. 169.

18 引自 Duchatelet, *Romain Rolland tel qu'en lui-même*, p. 232.

19 Caute, *Communism and the French Intellectuals*, p. 64.

20 引自 J. Relinger, *Henri Barbusse, écrivain combatant*, Presses Universitaires de France, 1994, p. 97.

21 S. Courtois and M. Lazar, *Histoire du parti communiste français*, Presses Universitaires de France, 1995, p. 35.

22 N. Racine, 'The Clarté Movement in France, 1919—1921', *Journal of Contemporary History*, No. 2, April 1967, pp. 195-208, p. 195.

23 R. Rolland, 1919 年 6 月 14 日信件, 见 *Journal des années de guerre 1914—1919*, *Cahier 1*, pp. 1826-8, 引自 Relinger, Henri Barbusse, p. 102.

24 R. Rolland, 1919 年 6 月 23 日信件, 见 *Journal des années de guerre 1914—1919*, *Cahier 1*, pp. 1831-2, 引自 Relinger, Henri Barbusse, p. 102.

25 Racine, 'The Clarté Movement in France, 1919—1921', p. 201.

26 P. Bernard and H. Dubief, *The Decline of the Third Republic*, Cambridge University Press, 1988, p. 85.

27 其他选民群体也很憎恨克莱蒙梭，尤其是左派。战前作为内政部长（其后是总理），克莱蒙梭自称是"法国第一警察"（'le premier flic de France'）。他至少曾三次派出军队镇压工人示威，冲突导致工人被杀或身受重伤。

28 C. Sowerwine, *France since 1870: Culture, Politics and Society*, Palgrave（现更名为 PalgraveMacmillan）, 2001, p. 130.

29 关于第 21 条标准的内容，参见 Courtois and Lazar, *Histoire du parti communiste français*, p. 54-7.

30 Racine, 'The Clarté Movement in France, 1919—1921', p. 201.

31 Ibid., p. 206.

32 Ibid., p. 207.

33 M. Fourrier, 'De Clarté à la Guerre Civile', *Clarté*, December 1925-January 1926, p. 377, 引自 Racine, 'The Clarté Movement in France, 1919—1921', p. 207.

34 Racine, 'The Clarté Movement in France, 1919—1921', p. 208.

35 P. Baudorre, *Barbusse*, Flammarion, 1995, p. 226.

36 P. Baudorre, *Barbusse*, p. 225.

37 引自 Duchatelet, *Romain Rolland tel qu'en lui-même*, p. 243.

38 J. Duclos and J. Fréville, *Henri Barbusse*, Paris, 1946, 引自 Caute, *Communism and the French Intellectuals*, p. 75.

39 A. Vidal, *Henri Barbusse, soldat de la paix*, Paris, 1953, 引自 Caute, *Communism and the French Intellectuals*, p. 75.

40 引自 J.-F. Sirinelli, *Intellectuels et passions françaises*, Fayard, 1990, p. 80.

41 阿兰(Emile Chartier Alain)是一名反教权的德雷福斯派、开明的人道主义伦理学者以及哲学家。一战伊始，阿兰以 46 岁之高龄应征入伍，他入伍是因为，他希望自己不是远离这个时代，而是成为这个时代的一部分。很快，他战前的反战信念就因他的战争经历而变得更为坚定：残酷的、不人道的行径，践踏民主、无视尊严和体面、无视个体，以长官的绝对权力野蛮奴役士兵、为谋求胜利不择手段……几个月之后，阿兰已完全赞同通过协商争取和平，他认为战争就是一场巨大的历史灾难，永远地改变了欧洲。当沙皇被推翻时，阿兰将其视作对战争的一种反拨，正如同他创建工人与士兵革命委员会。然而，在整个 20 年代直至 1934 年 2 月极右翼分子暴乱这期间，阿兰始终是一名不折不扣的和平主义者，他如此地忠于和平主义与民主自由价值观，以致有批评人士指出，阿兰的和平主义偏执使得他太长时间没能看到纳粹主义的危险。

42 引自 H. Lewis, *Dada Turns Red: the Politics of Surrealism*, Edinburgh University Press, 1990, pp. 4-5.

43 Ibid., p. 14.

44 L. Aragon, 'Manifeste du mouvement dada', *Littératue*, XIII, May 1920. 引自 Lewis, *Dada Turns Red*, pp. 5-6.

45 M. Winock, *Le siècle des intellectuels*, p. 180.

46 Lewis, *Dada Turns Red*, p. 22.

47 "当我得知他是一名德雷福斯派时，我非常激动，但也很惊讶。"Blum, *Souvenirs sur l'affaire*, p. 77.

48 始于 19 世纪末的这场运动一直持续至一战爆发，其宗旨是为那些被狭隘的、传统的法国大学排除在外的人提供教育。传统法国大学除极少数例外，仅面向贵族或精英阶层的后代。见 L. Mercier, *Les Universités Populaires 1899—1914*:

Éducation populaire et mouvement ouvrier au début du siècle, Les Éditions Ouvrières,1986.

49 引自 M. Winock,*Le Siècle des intellectuels*, p. 172.

50 A. Breton, *Entretiens*, Gallimard,1952;1969 年再版(英译本 *Conversations: the Autobiography of Surrealism*, Marlowe and Company, 1993), p. 101.

51 Robert S. Short, 'The Politics of Surrealism 1920—1936', *Journal of Contemporary History*, No. 2,1966, pp. 3-25, p. 6.

52 此文收录在 *Un siècle des manifestes*, p. 22 和 Sirinelli, *Intellectuels et passions françaises*,pp. 62-4.

53 Sirinelli, *Intellectuels et passions françaises*, pp. 62-3.

54 'Cahier de l'anti-France',*Clarté*, No. 68, 15 November 1924.

55 *Un siècle des manifestes*, p. 23.

56 Ibid.

57 Lewis, *Dada Turns Red*, p. 41.

58 10 月 5 日召开的一次大会的会议纪要,见 M. Leiris, *Journal 1922—1989*,Gallimard, 1992, p. 111,引自 C. Raynaud Paligot, *Parcours politique des surréalistes, 1919—1969*,CNRS Editions, 2001, p. 54.

59 Lewis, *Dada Turns Red*, p. 45.

60 H. Barbusse,'Un nouvel élan', L' Humanité, 26, April 1926, p. 1, 引自 M. Bonnet (ed.), *Adhérer au parti communiste? Septembre-decembre 1926*, Gallimard, 1992, p. 10.

61 与作者的通信。(英文原文为"correspondence with the author",疑为原书排印有误)。

62 引自 Lewis, *Dada Turns Red*, p. 53.

63 Bonnet, *Adhérer au parti communiste?* p. 32.

64 Ibid. , p. 34.

65 'Pour un parti de l'intelligence', *Le Figaro*, 19 July 1919, 收入 *Un siècle des manifestes*, pp. 18-9.

66 引自 Weber, *Actionfrançaise*, p. 132.

67 Weber, *Actionfrançaise*, p. 140.

68 Paris-Midi,3 July 1922,引自 Weber, *Actionfrançaise*, p. 141.

69 1925年5月,由《天主教青年手册》(*Cahiers de la jeunesse catholique*)发起的评选活动中,莫拉斯位列20世纪前25年最有影响力的作家之首。见 S. Osgood, *French Royalism since 1870*, Martinus Nijhoff,1970, p. 107.

70 Osgood, *French Royalism*, p. 108.

71 Weber, *Actionfrançaise*, pp. 234-5. 另见 Osgood, *French Royalism*, p. 110.

72 见 Osgood, *French Royalism*, p. 111.

73 J. McCearney, *Maurras et son temps*, AlbinMichel,1977, p. 208.

74 Ibid.

75 'Une heure avec M. Julien Benda', *Les Nouvelles Littéraires*, 23 May 1925,引自 M. Winock, *Le siècle des intellectuels*, p. 195.

76 Benda, *La Trahison des clercs*, p. 63.

77 Ibid., p. 63.

78 Ibid., p. 97.

第四章 法西斯主义、反法西斯主义、共产主义、反共产主义以及和平主义

1 J. Rueff, *Souvenirs … du gouverneur de la Banque de France Moreau*,前言,参见 J. Bouvier, 'Les Maladies monétaires de l'entre-deux-guerres'载 *Politique d'aujourd'hui*,1971年11月,转引自 P. Bernard and H. Dubief, *The Decline of the Third Republic*, Cambridge University Press, 1988, p. 99.

2 "在19世纪90年代,法国有大约2/3的人口居住在农村;到了1930年,66%的人口居住在城镇",E. Weber, *The Hollow Years: France in the 1930s*, Sinclair Stevenson, 1995, p. 37.

3 O. Dard, Les *Années 30*, Livre de Poche, 1999, p. 13.

4 P. Brendon, *The Dark Valley: a Panorama of the 1930s*, Sinclair Stevenson, 1995, p. 37.

5 Ibid., p. 142.

6 P. J. Larmour, *The French Radical Party in the 1930s*, Stanford, 1964, p. 7;引自 Brendon, *The Dark Valley*, p. 142.

7 号召抗议的团体主要有:"法兰西行动"、青年爱国者(一个成立于1926年的民族

主义组织)、“烈火十字架”、全国退伍军人联盟(最大的战争退伍老兵组织)、ARAC(共和国退伍军人协会,见第三章)。更多信息参见 S. Berstein, *Le 6 Fevrier 1936*, Collection archives, Gallimard, 1975esp, pp. 47-86.

8 数据来自 S. Berstein, *Le 6 Fevrier 1936*, p. 168.

9 第一阶段,即革命阶段,从1917年至1923年,其后是一个历时3年的、“资本主义稳定”的阶段。现在,共产党宣称,资本主义正进入第三阶段,即“危机阶段”,伴随着大量激进的革命运动。共产主义政党有责任制定一种进攻型的策略,即一种“阶级对抗阶级”的策略。首先要与那些改革派社会党领袖作斗争,他们可以说是法西斯主义的前驱,相应地,他们也被称之为“社会法西斯主义者”。必须把人民大众争取到革命的政治这一边,与此同时,革命的政党必须肃清那些离经叛道、迟疑不决的成员,否则党的革命性和纯洁性就会被他们破坏。

10 引自 Winock, *Le siècle des intellectuels*, p. 224.

11 引自 Caute, *Communism and the French Intellectuals*, p. 238.

12 引自 Winock, *Le siècle des intellectuels*, p. 226.

13 引自 Winock, *Le siècle des intellectuels*, p. 227.

14 关于威利·明岑贝格活动的详细分析,参见 S. Koch, *Stalin, Willi Münzenberg and the Seduction of the Intellectuals*, Harper Collins, 1995.

15 F. Field, *Three French Writers and the Great War*, Cambridge University Press, 1975, p. 72.

16 Ibid., p. 73.

17 F. Field, *British and French Writers of the First World War*, Cambridge University Press, 1991, p. 201.

18 R. Rolland, *Bon Voisinage*. 罗兰与爱德蒙·普里瓦(Edmond Privat)的来往信件。P. 赫希(P. Hirsch)提供和作注释的信件和文件, *Cahiers suisses Romain Rolland*, No. 1, LaBaconnière, 1977, 引自 Duchatelet, *Romain Rolland tel qu'en lui-même*, p. 294.

19 Koch, *Stalin*, p. 21.

20 R. Rolland, *Par la révolution la paix*, Éditions Sociales, 1935, p. 56.

21 Caute, *Communism and the French Intellectuals*, p. 107.

22 F. Furet, *Le Passé, d'une illusion*, Robert Laffont/Calmann-Lévy, 1995, p. 256. (英文版:F. Furet, *The Passing of an Illusion*, University of Chicago

Press, 1999.)

23 'Un grand congrès contre la guerre', 文件转载于 N. Racine and L. Bodin, *Le Parti Communiste français pendant l'entre-deux-guerres*, Presses de la Fondation Nationale des Sciences Politiques, 1982, p. 194.

24 M. Cachin, 'Avant le congrès contre la guerre impérialiste', 文件转载于 N. Racine and L. Bodin, *Le Parti Communiste français*, p. 196(笔者的强调)。

25 早在1927年11月的莫斯科国际无产阶级与革命作家代表大会上，巴尔比斯就回应了一份颂扬"无产阶级文学"的报告，他评论道，现在还不是在法国谈论无产阶级文学的适当时候。《世界报》也因其多元主义以及未能传扬苏联的无产阶级文学而受到了批评。见 Winock, *Le siècle des intellectuels*, p. 213, 217.

26 见 Lewis, *Dada Turns Red*: *the Politics of Surrealism*, p. 102.

27 引自 Lewis, *Dada Turns Red*: *the Politics of Surrealism*, p. 106.

28 Winock, *Le siècle des intellectuels*, p. 221-222.

29 Caute, *Communism and the French Intellectuals*, p. 270.

30 A. Berman, 引自 Roberts S. Thornberry, *Les Écrits de Paul Nizan (1905—1940)*: *Portrait d'une époque*, Honoré Champion, 2001, p. 9.

31 M. Scriven, *Paul Nizan*: *Communist Novelist*, Macmillan Press, 1988, p. 31.

32 "法西斯主义"一词的使用呈现出一系列的问题，尤其是在两次大战期间的法国。首先，这个词被用在不同的方面。举两个例子，正如我们所见，在20年代晚期正统的共产主义圈子中，"法西斯主义"不确切地指代那些对苏联构成威胁的、军国主义化的欧洲国家。对于1934年的德里厄·拉罗谢勒来说，"法西斯主义"代表这样一种前景：来自左派和右派的激进主义者联合起来，形成一股新的、充满活力的力量，将法兰西从懒散、堕落中挽救出来。其次，对于是否存在这样一种"法国法西斯主义"，以及如果存在，那些活跃在1930年代的极右翼组织是否可以被称作"法西斯主义"，历史学家们对于此类问题也没有统一的看法。由于篇幅所限，此处不可能深入探讨，或总结关于此问题的重要观点。对于此议题有进一步兴趣的读者可以参考 Robert Soucy 为他的著作 *French Fascism*: *the Second Wave 1933—1939*(Yale University Press, 1995)写的引言，该书尾注提供了一个扩展阅读参考书目。我将在下文提到一些极右/法西斯组织，本书对法西斯主义知识分子的探讨仅限于那些自由地、热情地自称为法西斯主义者的知识分子，特别是德里厄·拉罗谢勒和罗伯特·巴西拉奇。

33 关于各种此类组织的情况，可以参考比如 Soucy, *French Fascism* 和 A. Chebel d'Appollonia, *L'Extrême droite en France, de Maurras à Le Pen*, Édition Complexe, 1988, pp. 158-224.

34 Weber, *Actionfrançaise*, p. 284.

35 引自 J.-F. Sirinelli and P. Ory, *Les Intellectuels en France, de l'affaire Dreyfus à nos jours*, Armand Colin, 1986, p. 95.

36 P. Drieu la Rochelle, *Mesure de France*, 引自 Field, *Three French Writers and the Great War*, p. 96.

37 德里厄在 1934 年 3 月发表的一篇文章中声称，"法西斯主义总是从左派开始"。见 *La Lutte des jeunes*, 1934 年 3 月 4 日，引自 J. Plumyène and R: Lasierra, *Les Fascismes français 1923—1963*, Éditions du Seuil, 1963, p. 96.

38 德里厄·拉罗谢勒对 Bilbert Comte1934 年 3 月在第 3 期 *La Grande Revue* 上调查的回答。引自 Plumyène and Lasierra, *Les Fascismes français 1923—1963*, p. 93.

39 P. Drieu la Rochelle, *La Lutte des jeunes*, 1934 年 3 月 4 日，引自 Plumyène and Lasierra, *Les Fascismes français 1923—1963*, p. 94.

40 他的父亲是一名铁匠，母亲是一名裁缝。他 15 岁时开始在一家工厂工作。

41 引自 Soucy, *French Fascism*, p. 210.

42 更多详细内容，见 J.-F. Sirinelli, *Intellectuels et passions françaises*, pp. 88-9.

43 在反法西斯主义知识分子警戒委员会成立的时候，共产国际官方的政策仍然是"阶级对抗阶级"，这是多列士全力支持的。而这正是多里奥极力反对的，他主张建立一个抗击法西斯的统一战线。鉴于多列士一直以来对他的支持和尊敬，巴尔比斯拒绝采取一种可能被视作"反多列士"的立场，特别是多列士所捍卫的又是共产国际的官方路线。

44 引自 Sirinelli, *Intellectuels et passions françaises*, p. 80.

45 'Pour la vigilance aux yeux ouverts'，阿兰写给里韦和朗之万的一封信（1936 年 1 月 5 日），*Vigilance*，第 33 期，1936 年 2 月 15 日，第 5 页。见 N. Racine-Furland, 'Le Comité de vigilance des intellectuels antifascistes（1934—1939）: Antifascisme et pacifisme', *Le Mouvement Social*, 1977 年 10—11 月号，第 101 期，第 87—113 页，第 94 页。

46 N. Racine-Furland, 'Le Comité de vigilance des intellectuels antifascistes（1934—

1939)',p. 95.

47 Ibid. ,p. 99.

48 这一部分广泛引用了 M. Winock, *Le siècle des intellectuels*, 第二十七章。

49 引自 M. Winock, *Le siècle des intellectuels*, p. 262.

50 W. Shirer, *The Collapse of the Third Republic*, Heinemann/Secker&Warburg, 1970,p. 229.

51 此文收录在 *Un siècle des manifestes*, p. 30. 以下所有引述皆来自此版本,出处相同。

52 Ibid. ,p. 29.

53 'Réponse de "Nombreux écrivain et artistes français"',引自 *Un siècle des manifestes*, p. 31. 以下所有涉及该文的引述皆来自此版本,出处相同。

54 Roger Martin du Gard 要求将他的名字加入儒勒·罗曼的签名者清单中。"但是,我们是少数派。他们(右翼知识分子宣言的签名者)人数众多,势力强大。德雷福斯事件是永远存在的现象。"(引自 Winock,*Le siècle des intellectuels*, p. 266.)"这里的情形和德雷福斯事件时期一样,我们见证着两种思想倾向(*esprits*)的冲突,两种正义观、政治生活和人道观之间的冲突。"(Yves Simon, *La Campagne d'Ethiopie et la pensée politique française*, *Désclée de Brouwer*, 1936, pp. 9-10, 引自 Sirinelli, *Intellectuels et passions françaises*,p. 100.)

55 L'Oeuvre,1935 年 7 月 12 日, 引自 Brendon,*Dark Valley*,p. 287.

56 见 R. Schor, *L'Antisémitisme en France pendant l'années trente*, Editions Complexe,1992,pp. 169-181.

57 见 Weber,*Actionfrançaise*, p. 374.

58 *Le Réveil du peuple*,1936 年 4 月 1 日,引自 R. Schor, *L'Antisémitisme en France pendant l'années trente*,p. 175.

59 法国女性直到 1944 年才获得选举权。法国女性首次使用这项权利是在 1945 年的立法选举。

60 Brendon,*Dark Valley*,p. 300.

61 重印于 *Un siècle des manifestes*, p. 33.

62 Ibid. ,p. 33.

63 Ibid. ,p. 34,本书所有关于这份文件的引用皆来自此处。

64 P. Claudel,'La Solidarité d'Occident',*Le Figaro*,1938 年 7 月 29 日,引自 Sirinel-

li, *Intellectuels et passions françaises*, p. 109.

65 M. Toda, *Henri Massis*, La Table Ronde, 1987, p. 309, 引自 Sirinelli, *Intellectuels et passions françaises*, p. 109.

66 F. Mauriac, 'A propos des massacres d'Espagne. Mise au point', *Le Figaro*, 1938 年 6 月 30 日, 引自 Sirinelli, *Intellectuels et passions françaises*, p. 110.

67 Winock, *Le siècle des intellectuels*, p. 257.

68 A. Malraux, *La Politique, la culture*, Gallimard (Collection folio essais), 1996, p. 121.

69 A. Gide, *Retour de L'URSS*, Gallimard, 1936.

70 纪德 6 月 17 日抵达莫斯科，他在苏联一直待到 8 月 22 日。

71 J. Gorki, *Les Communistes contre la révolution espagnole*, Belfond, 1978, 引自 O. Todd, *AndréMalraux: une vie*, Gallimard, 2001, p. 242.

72 L. Trotsky, *La Lutte ouvrière*, 1937 年 4 月 9 日, 引自 J. Lacouture, *Malraux: une vie dans le siècle 1901—1976*, Éditions du Seuil (Collection Points Histoire), 1976, p. 207.

73 Lacouture, *Malraux*, p. 207.

74 A. Gide, *Retour de L'URSS*, p. 15.

75 Ibid., p. 28.

76 Ibid., p. 67.

77 Ibid., p. 59.

78 Ibid., p. 71.

79 Ibid., p. 76.

80 引自 Winock, *Le siècle des intellectuels*, p. 293.

81 Lacouture, *Malraux*, pp. 206-7.

82 Winock, *Le siècle des intellectuels*, p. 294.

83 引自 Sirinelli, *Intellectuels et passions françaises*, p. 121.

84 Ibid.

85 引自 Winock, *Le siècle des intellectuels*, p. 317.

86 全文见 Sirinelli, *Intellectuels et passions françaises*, p. 122, 与 *Un siècle des manifestes*, p. 36.

87 *Le Populaire*, 1938 年 10 月 1 日。

88 *Action française*, 1938 年 9 月 28 日, 引自 Winock, *Le siècle des intellectuels*, p. 326.

89 引自 M. Laval, *Brasillach ou la trahison du clerc*, Hachette, 1992, p. 89.

90 T. Maulnier, 'Les Nouvelles Conditions imposées à l'action politique en France', *Combat*, 1938 年 11 月, Winock, *Le siècle des intellectuels*, p. 330.

91 P. Andreu and F. Grover, *Drieu la Rochelle*, Hachette, 1979, p. 356. 关于德里厄在 PPF 的经历参见该书 351—398 页。

92 *L'Humanité*, 1938 年 10 月 1 日, 引自 Racine and Bodin, *Le Parti communiste français*, p. 261.

93 引自 Racine and Bodin, *Le Parti communiste français*, p. 308.

94 引自 Winock, *Le siècle des intellectuels*, p. 320.

95 P. Nizan, 'Le Coup de force est accompli', *Ce soir*, 1938 年 9 月 23 日; P. Nizan, 'La Leçon', *Ce soir*, 1938 年 10 月 1 日, 引自 Thornberry, *Les Ecrits de Paul Nizan*, p. 397, 400.

96 P. Nizan, *Chronique de septembre*, Gallimard, 1939, 再版于 1978 年。

97 引自 Sirinelli, *Intellectuels et passions françaises*, p. 126.

第五章 德军占领时期 1940—1944 年:通敌、合作与抵抗

1 S. Courtois, *Le PCF dans la guerre*, Éditions Ramsay, 1980, p. 116. 勒韦尔内集中营关押了来自整个欧洲的反法西斯分子, 有关集中营的悲惨情形的描述见 ArthurKoestler, *Scum of the Earth*, Jonathan Cape, 1941.

2 引自 M. Adereth, *The French Communist Party: a Critical History (1920—1984)*, Manchester University Press, 1984, p. 95.

3 J. Jackson, *France: the Dark Years 1940—1944*, Oxford University Press, 2001, p. 120.

4 Pétain, 'Appel du 25 juin 1940', 引自 O. Wieviorka and C. Prochasson(eds), *La France du XXe siècle: Documents d'histoire*, Éditions du Seuil(Points Histoire), 1994, pp. 371-3.

5 J. Jackson, *France: the Dark Years 1940—1944*, p. 131.

6 Ibid., p. 133.

7 C. de Gaulle,'Appel du 18 juin 1940',引自 Wieviorka and Prochasson, *La France du XXe siècle*, pp. 369-70.

8 本段广泛参考了 H. Lottman, *The Left Bank*: *Writers*, *Artists and Politics from the Popular Front to the Cold War*, Chapter 24, *Parisians far from Paris*, Heinemann, 1982, pp. 202-9.

9 A. Gide, *Journal 1939—1942*, Gallimard, 1946, p. 44.

10 Ibid., p. 145.

11 R. Stéphane, *Fin d'une jeunesse*, Table ronde, 1954, 引自 J. Lacouture, *Malraux*: *une vie dans le siècle*, Edition du Seuil (Collection Points Histoire), 1976, p. 261.

12 P. Pétain, *Parole aux Français*, Lardanchet, 1941, pp. 89-92. 引自 D. Veillon (ed.), *La Collaboration*: *Textes et débats*, Livre de Poche, 1984, p. 80.

13 Lottman, *Left Bank*, p. 158.

14 D. Pryce-Jones, *Paris in the Third Reich*, Collins, 1981, p. 24.

15 见 M. Laval, *Brasillach ou la trahison du clerc*, Hachette, 1992, pp. 58-61, 记录了巴西拉奇的猛烈抨击。

16 在《慕尼黑协定》签署期间，反战的情绪远不局限于《我无处不在》。比如，1939年9月，和平主义者、哲学家阿兰，作家让·纪沃，新法西斯主义者马塞尔·德亚，无政府主义者路易·乐蔻(Louis Lecoin)以及其他25名知识分子在一个传单上签名，谴责战争，呼吁和平。纪沃诺还因毁坏(战争)动员海报而被短期地拘留。

17 他在1938年9月《慕尼黑协定》期间被征召入伍，并升到了中尉军衔，但在《慕尼黑协定》之后退伍。

18 有关这次旅程的记述，见 F. Dufay, *Le Voyage d'automne*, Plon, 2000.

19 'Et les coupables?', *Je suis partout*, 第528期, 1941年9月6日, 引自 Laval, *Brasillach*, p. 116.

20 M. Laval, *Brasillach*, p. 107.

21 *Je suis partout*, 第514期, 1941年6月2日, 引自 M. Laval, *Brasillach*, p. 116.

22 *Je suis partout*, 第582期, 1942年9月25日, 引自 M. Laval, *Brasillach*, p. 118.

23 A. Kaspi, *Les Juifs pendant l'Occupation*, Le Seuil, 1991, 引自 M. Laval, *Brasillach*, p. 115.

24 'Les crimes sont signé', *Je suis partout*, 第529期, 1941年9月13日, 引自

M. Laval, *Brasillach*, p. 108.

25 ‘Pas de pitié pour les assassins de la patrie’, *Je suis partout*, 第 535 期, 1941 年 10 月 25 日, 引自 M. Laval, *Brasillach*, p. 110.

26 Weber, *Actionfrançaise*, p. 442.

27 Ibid., p. 446.

28 C. Maurras, ‘La Politique’, *L’Action française*, 1941 年 5 月 22 日, 引自 Winock, *Le siècle des intellectuels*, p. 353.

29 引自 W. Tucker, *The Fascist Ego: a Political Biography of Robert Brasillach*), University of Clifornia Press, 1975, p. 234.

30 Winock, *Le siècle des intellectuels*, pp. 121-2.

31 H. Lottman, *Camus*, Picador, 1979, p. 246.

32 A. Gide, *Journal 1939—1942*, p. 116.

33 Lottman, *Left Bank*, pp. 145-6.

34 R. Kedward, *Occupied France*, BasilBlackwell, 1985, p. 47.

35 见 G. Heller, *Un Allemand à Paris*: (*1940—1944*), Édition du Seuil, 1981, p. 48.

36 *Die Welt*, 1966 年 4 月 22 日, p. 31, 引自 I. Galster, *Le Théâtre de Jean-Paul Satre devant ses premiers critiques*, L’Harmattan, 2001, p. 51, n. 10.

37 Lottman, Left Bank, p. 147.

38 更多详细内容, 见 J.-P. Sartre, ‘Autoportrait ὰ soixante-dix ans’, *Situations X*, Gallimard, 1976, pp. 176-80. (英译本, J.-P. Sartre, ‘Self-Portrait at Seventy’, *Sartre in the Seventies*, André Deutsch, 1978) S. de Beauvoir, *La Cérémonie desadieux*, Gallimard, 1981, pp. 488-9(英译本, S. de Beauvoir, *Adieux: A Farewell to Sartre*, Penguin, 1985). J.-P. Sartre, *Carnets de la drôle de guerre*, Gallimard, 1995(英译本, J.-P. Sartre, *War Diaries*, Verso, 1984).

39 James D. Wilkinson, *The Intellectual Resistance in Europe*, Harvard University Press, 1981, p. 35.

40 *L’Avant-Sclectthéâtre* 的访谈, 1968 年 5 月 1 日至 15 日, 引自 J.-P. Sartre, *Un théâtre de situations*, Gallimard(Collection Idées), 1971, p. 221.

41 M. Perrin, *Avec Sartre au Stalag 12D*, Opéra Mundi, 1980, p. 106. 另参见, I. Galster, *Le Théâtre de Jean-Paul Satre devant ses premiers critiques*, L’Harmattan, 2001, pp. 44-9.

42 萨特被释放的具体情况不太明朗。Simone de Beauvoir(*La Force de l'âge*,Gallimard,1960),A. Cohen-Solal(*Sartre*, Gallimard,1985)和 J. Gerassi(*Jean-Paul Sartre: Hated Conscience of His Century*, University of Chicago Press, 1989)的著作中说,萨特是用伪造的医生证明,称自己是一个半盲的平民。R. Hayman(*Writing Against*, Weidenfeld &Nicholson,1986),及其后的 M. Perrin(*Avec Sartre au Stalag 12D*, pp. 139-46)称萨特和另外两位同仁用一张未标日期的德国通行证,获得释放。战后,法国共产党没有任何证据地声称,萨特被释是为了让他在抵抗运动中充当间谍(见 J.-P. Sartre, David Rousset and Gérard Rosenthal,*Entretiens sur la politique*, Gallimard,1949,71)。

43 Pryce-Jones,*Paris in the Third Reich*,Collins,主要参见该书第一章。

44 Wilkinson, *The Intellectual Resistance in Europe*,p. 37.

45 见 Gerassi,*Jean-Paul Sartre*, p. 175.

46 见 A. Cohen-Solal, *Sartre*, Gallimard,1985,p. 235.

47 有关雷蒙和"自由法国"的部分广泛参考了 R. Colauhoun,*Raymond Aron: the philosopher in History: 1905—1955*,SagePublications,1986,尤其参考了该书的211—245 页。另可参见 D. Drake, *Intellectuals and Politics in Post-War France*, Palgrave(现更名为 PalgraveMacmillan),2002,pp. 44-7.

48 J. Soustelle, *Envers et contre tout*,第 1 卷,引自 R. Colauhoun,*Raymond Aron: the philosopher in History: 1905—1955*,p. 229.

49 J.-P. Sartre,'Une grande revue française de Londres',*Combat*,1945 年 1 月 7 日至 8 日,引自 R. Colauhoun,*Raymond Aron: the philosopher in History: 1905—1955*,p. 237.

50 J. Fauvet, *Histoire du parti communiste française: 1920—1976*, Fayard, 1977,p. 285.

51 Adereth, *The French Communist Party*,p. 114.

52 Courtois,*Le PCF dans la guerre*,p. 164.

53 J. Fauvet,*Histoire du parti communiste française: 1920—1976*, p. 297.

54 Caute,*Communism and the French Intellectuals*,p. 148.

55 卡纳巴事实上从未介入抵抗运动。他住在一家疗养院,萨特承担了他的部分费用。来自 Ian Birchall 写给作者的信。

56 关于《法兰西文学》的发展简史,见 L. Parrot,*L'intelligence en guerre*, Le Castor

Astral, 1990, pp. 199—238(初版于1945年)。更多细节及最新的研究，参见P. Daix, *Les Lettres françaises: Jalons pour l'histoire d'un journal 1941—1972*, Tallandier, 2004.

57 J. Debû-Bridel, *La Résistance intellectuelle*, Julliard, 1970, p. 53, 引自 Winock, *Le siècle des intellectuels*, p. 374.

58 P. Andreu and F. Grover, *Drieu la Rochelle*, Hachette, 1979, p. 505.

59 P. Burrin, *La Dérive fasciste: Doriot, Déat, Bergery*, Éditions du Seuil (Collection Points Histoire), 2003 (1986), p. 482.

60 更多有关法国知识分子营救巴西拉奇请愿运动的详情，参见D. Drake, *Intellectuals and Politics in Post-War France*, pp. 16-20.

61 Weber, Actionfrançaise, p. 448.

62 Ibid., p. 448.

63 M. Atack, *Literature and the French Resistance*, Manchester University Press, 1989, p. 30.

64 E. Thomas, 引自 Debû-Bridel, *La Résistance intellectuelle*, p. 61.

65 Ibid., p. 63.

66 P. Daix, *Aragon*, *Flammarion*, 1994, p. 393.

67 Claude Roy, *Moi, je*, Gallimard, 1969, 引自 P. Daix, *Aragon*, p. 396.

68 O. Todd, *Albert Camus: une vie*, Gallimard, 1996, p. 323.

69 在加缪与萨特见面之前，他们二人已通过对方的作品"认识"了对方。1938年，加缪评论了萨特的作品《恶心》；1943年，萨特评论了加缪的《局外人》。1943年2月，他们二人均参加了在伊迪丝·托马斯家中举行的CNE的一次会议。见Parrot, *L'intelligence en guerre*, pp. 218-19。但据我所知，没有记录显示他们二人在这次会上被介绍，或一同参与对话、讨论。

70 这些信件合集以单卷的形式出版，A. Camus, *Lettres à un ami allemand*, Gallimard, 1948.

71 Lottman, Camus, p. 288.

72 Camus, *Lettres à un ami allemand*, p. 14.

73 Lottam, *Left Bank*, p. 163.

74 'La Littérature, cette liberté', 'Un Film pour l'après-guerre' *Les Lettres française*, No. 15, April 1944; 'L'Espoir fait l'homme', *Les Lettres française*,

No. 18, July 1944.

75 ‘Explication de l’Etranger’, *Cahiers du sud*, No. 253,1943 年 2 月。

76 引自 O. Todd, *André Malraux*, p. 332.

77 Ibid., pp. 344-8.

78 见 D. Drake, *Intellectuals and Politics in Post-War France*, 主要参见该书 12—23 页。

79 这是近来德国萨特研究专家 Ingrid Galster 和一些法国萨特研究学者之间争议的一个话题。可参见，比如 I. Galster, ‘Sartre et la “question juive”-Réflextions au-delà d’une controverse’, *Commenaire*, 第 89 期, 2000 年春季号, 141 至 147 页; J. Lecarme, ‘Sartre et la question antisémite’, *Les Temps modernes*, 第 209 期, 2000 年 6 月/7 月/8 月号, 23 至 40 页。

80 S. de Beauvoir, *La Force des choses*, Gallimard, 1963, p. 13.

81 法国知识分子在解放后采取的政治立场相关论述, 见 D. Drake, *Intellectuals and Politics in Post-War France*.

主要参考文献

Agulhon, M., *La République I: 1880—1932*, Hachette, 1990.

Andreu P., and F. Grover, *Drieu la Rochelle*, Hachette, 1979.

Anon, *Un siècle des manifestes*, Saga, 1998.

Barrès, M., *Scènes et doctrines du nationalisme*, Éditions du Trident, 1987.

Baudore, P., *Barbusse*, Flammarion, 1995.

Becker, J.-J., *Les Français et la grande guerre*, Robert Laffont, 1983 (English translation, *The Great War and the French People*, Berg, 1993).

Becker, J.-J., *La France en guerre*, Éditions Complexe, 1988.

Becker, J.-J., and S. Audoin-Rouzeau, *La France, la nation, la guerre: 1850—1920*, SEDES, 1995.

Berstein, S., *La France des années 30*, Armand Colin, 1988.

Berstein, S, and P. Milza, *Histoire de la France au XXe siècle*, vol. 1: 1900—1930, Éditions Complexe, 1990.

Blum, A., 'Romain Rolland face à l'affaire Dreyfus', *Relations intemationales*, 1978, No. 14, pp. 127-141.

Bonnet, M. (ed.), *Adhérer au parti communiste? Septembre-décembre 1926*, Gallimard (Archives du surréalisme; No. 3), 1992.

Bredin, J.-D., *L'Affaire*, Fayard/Julliard, 1983 (1993) (English translation, *The Affair: the Case of Alfred Dreyfus*, Sidgwick and Jackson, 1987).

Brendon, P., *The Dark Valley: a Panorama of the 1930s*, Jonathan Cape, 2000.

Breton, A., *Entretiens*, Gallimard, 1952; rev. edn 1969 (English translation, *Conversations: the Autobiography of Surrealism*, Marlowe and Co., 1993).

Burrin, P., *La Déive fasciste: Doriot, Déat, Bergery*, Éditions du Seuil (Collection Points Histoire), 2003 (first published 1986).

Cabin, E., *The Dreyfus Affair in French Society and Politics*, Longman, 1996;

Cahm, E., *Péguy et le nationalisme français*, Cahiers de l'Amitié Charles Péguy, 1972.

Care, C., *André Malraux*, Hutchinson, 1995.

Caute, D., *Communism and the French Intellectuals*, André Deutsch, 1964.

Charle, C., 'Champ littéraire et champ du pouvoir: les écrivains et l'affaire Dreyfus', *Annales (ESC)*, April-May 1970, pp. 240-64.

Charle, C., *Histoire sociale de la France au XIXe siècle*, Éditions du seuil (Collection Points Histoire), 1991.

Charle, C., *Naissance des 'intellectuels' (1880—1900)*, Éditions de Minuit, 1990.

Chebel d'Appollonia, A., *L'Extrème-droite en France de Maurras à Le Pen*, Éditions Complexe, 1988.

Cheval, R., *Romain Rolland, l'Allemagne et la guerre*, Presses Universitaires de France, 1963.

Cohen-Solal, A., *Sartre 1905—1980*, Gallimard, 1985.

Colquhoun, R., *Raymond Aron: the Philosopher in History: 1905—1955*, Sage Publications, 1986.

Courtois, S., *Le PCF dans la guerre*, Éditions Ramsay, 1980.

Courtois, S., and M. Lazar, *Histoire du patti communiste français*, Presses Universitaires de France, 1995.

Daix, P., *Aragon*, Flammarion, 1994.

Dard, O., *Les Années 30*, Livre de Poche, 1999.

Debû—Bridel, J., *La Résistance intellectuelle*, Julliard, 1970.

Dlgeon, C., *La Crise allemande de la pensêe française (1870—1914)*, Presses Unlverst taires de France, 1959.

Dloudonnat, P.-M., *Je sttts partout 1930—1944*, Table Ronde, 1973.

Drake, D., *Intellectuals and Politics in Post — War France*, Palgrave now Palgrave Macmillan, 2002.

Duchatelet, B., *Romain Rolland tel qu'en lui — même*, Albin Michel, 2002.

Dufy, F., *Le Voyage d'automne*, Plon, 2000.

Fauvet, J., *Histoire du Patti Communiste Français: 1920—1976*, Fayard, 1977.

Ferro, M., *La Grande Gtterre*, Galllmard, 1969 (English translation, *The Great War*, Routledge, 1973).

Ftechter, J.-J., *Le Soclalisme français: De I'Affatre Dreyfus à la Grande Guerre*, Librairie Droz, 1965.

Field, F., *British and French Writers of the First World War*, Cambridge University Press, 1991.

Field, F., 'Jaurès, Péguy, and the Crisis of 1914', *Journal of European Studies*, xvi, 1986, pp. 45-57.

Field, F., *Three French Writers and the Great War*, Cambridge University Press, 1975.

Francis, R. A., 'Romain Rolland and Some British Intellectuals during the First World War', *Journal of European Studies*, x, 1980, pp. 189-209.

Furet, F., *Le Passé d'une illusion*, Robert Laffont/Calmann-Lévy, 1995 (English translation, *The Passing of an Illusion*, University of Chicago Press, 1999).

Gershman, H. S., *The Surrealist Revolution in France*, The University of Michigan Press, 1974.

Gide, A., *Journal 1939—1942*, Gallimard, 1946.

Gide, A., *Retouches à mon retour de I'URSS*, Gallimard, 1937.

Gide, A., *Retour de I'URSS*, Gallimard, 1936.

Girardet, R. (ed.), *Le Nationalisme français*, Armand Colin, 1966.

Goyet, B., *Charles Maurras*, Presses de Sciences Po, 2000.

Guillemin, H., *Nationalistes et nationaux*, Gallimard (Collection Idées), 1974.

Hanna, M., *The Mobilization of the Intellect: French Scholars and Writers during the Great War*, Harvard University Press, 1996.

Heller, G., *Un Allemand à Paris: 1940—1944*, Éditions du Seuil, 1981.

Jackson, J., *France: the Dark Years 1940—1944*, Oxford University Press, 2001.

Jeismann, M., *La Patrie de l'ennemi: la notion d'ennemi national et la représentation de la nation en Allemagne et en France de 1792 à 1918*, Éditions CNRS, 1997.

Julliard, J., and M. Winock, *Dictionnaire des intellectuels français*, Éditions du Seuil, 1996.

Kaplan, A., *The Collaborator: the Trial and Execution of Robert Brasillach*, University of Chicago Press, 2000.

Kedward, R., *Occupied France*, Basil Blackwell, 1985.

Le Kiosque de l'Affaire Dreyfus, *Marianne* (hors série), 1998.

Lacouture, J., *Malraux: une vie dans le siècle*, Éditions du Seuil (Collection Points Histoire), 1976.

Laval, M., *Brasillach ou la trahison du clerc*, Hachette, 1992.

Lefranc, G., *Histoire du Front populaire 1934—1938*, Payot, 1965.

Lejeune, D., *La France de la belle époque: 1896—1914*, Armand Colin, 1995.

Leroy, G. (ed.), *Les Écrivains et l'affaire Dreyfus*, Presses Universitalres de France/Collection Université d'Orléans, 1983.

Leroy, G., *Les Écrivains et la politique 1919—1956*, Nathan, 1998.

Leroy, G., *Péguy entre l'ordre et la révolution*, Presses de la Fondation Nationale des Sciences Politiques, 1981.

Leroy, G., ' Péguy l'inclassable ', *L'Histoire*, No. 158, September 1992.

Leroy, G., and A. Roche, *Les Écrlvains et le Front populaire*, Presses de la Fondation Nationale des Sciences Politlques, 1986.

Lewis, H., *Dada Turns Red: the Politics of Surrealism*, Edinburgh University Press, 1990.

Leymarie, M., *De la belle époque à la grande guerre*, Livre de Poche, 1999.

Leymarie, M., *Les Intellectuels et la politique en France*, Presses Universitaires de France (Collection que sais-je?), 2001.

Leymarie, M. (ed.), *La Postérité de l'affaire Dreyfus*, Presses Universitaires du Septentrion, 1998.

Lottman, H., *Camus*, *Picador*, 1979.

Lottman, H., *The Left Bank: Writers, Artists and Politics from the Popular Front to the Cold War*, Heinemann, 1982.

McAuley, M., *Politics and the Soviet Union*, Penguin Books, 1977.

McCearney, J., *Maurras et son temps*, Albin Michel, 1977.

McMiUan, J., *Twentieth—Century France: Politics and Society 1898—*

1991, Arnold, 1992.

Michel, H., *Pétain et le régime de Vichy*, Presses Universitaires de France (Collection Que sais-je?), 1993.

Milza, P., *Fascismes français: Passé et présent*, Flammarion, 1987.

Mitterand, H. (ed.), *Emile Zola: (Euvres complètes*, vol. 14, Cercle du Livre Précieux, 1970.

Monier, F., *La France contemporaine: les années 20*, Livre de Poche, 1999.

Mortimer, E., *The Rise of the French Communist Party 1920—1947*, Faber and Faber, 1984.

Muracciole, J.-F., *La France pendant la seconde guerre mondiale*, Livre de Poche, 2002.

Muraçciole, J.-F., *Histoire de Ia résistance en France*, Presses Universitaires de France(Collection Que sais-je?), 2003.

Nadeau, M., *L'Histoire du surréalisme*, Éditions du Seuil, 1964 (English translation, The History of Surrealism, Penguin Books, 1973).

Nora, P., 'Les deux Apogées de l'Action franaçaise', *Annales ESC*, 1964, pp. 127-41.

Ory, P., *Les Collaborateurs 1940—1945*, Éditions du Seuil (Collection Points Histoire), 1976.

Ory, P., and J.-F. Sirinelli, *Les Intellectuels en France, de l'affaire Dreyfus à nos jours*, Armand Colin, 1986.

Ousby, I., *Occupation: the Ordeal of France 1940—1944*, Pimlico, 1999.

Paléologue, M., *Journal de l'affaire Dreyfus 1894—1889*, Plon, 1955.

Parrot, L., *L'Intelligence en guerre*, Le Castor Astral, 1990 (first published 1945).

Paxton, R., *Vichy France: Old Guard and New Order 1940—1944*, Columbia University Press, 1972.

Péguy, C., *Notre jeunesse*, Gallimard, 1993.

Plumyène, P., and R. Lasierra, *Les Fascismes français 1923—1963*, Éditions du Seull, 1963.

Pollakov, L., *Histoire de l'antlsémitisme*, 2: *L'Âge de la science*, Calmann-Lévy, 1981.

Prochasson, C., *Les lntellectuels, le socialisme et la guerre 1900—1938*, Editions du Seuil, 1993.

Prochasson, C., and A. Rasmussen, *Au nora de la pattie: les lntellectuels et la première guerre mondiate (1910—1919)*, Éditions de la Découverte, 1996.

Pryce-Jones, D., *Paris in the Third Reich*, Collins, 1981.

Racine, N., 'The Ctarté Movement in France, *1919—1921*', *Journal of Contemporary History*, No. 2, April 1967, pp. 1195-208.

Racine, R., and L. Bodln, *Le Partl communiste frangais pendant l'entre-deux-guerres*, Presses de la Fondatlon Nationale des Sciences Politiques, 1982.

Relinger, J., *Henri Barbusse, écrlvaln combattant*, Presses Universitaires de France, 1994.

Rémond, R., *Les Droltes en France*, Aubler, 1982.

Rémond, R., *Notre siècle*, Fayard, 1988.

Reynaud Paligot, C., *Parcottrs polltlque des surrealistes, 1919—1969*, CNRS Éditions, 2001.

Ridley, F. F., *Revolutionary Syndicallsm in France*, Cambridge University Press, 1970.

Rolland, R., *L'Esprit libre*, Albln Michel, 1953 (contains 'Au-dessus de la mêlée').

Rolland, R., *Journal des années de guerre 1914—1919*, *Cahler 1*, Albin

Michel, 1952.
Sanouillet, S., *Dada à Paris*, Flammarion, 1993.
Sapiro, G., *La Guerre des érivains*, Fayard, 1999.
Schor, R., *L'Antisémitisme en France pendant les années trente*, Éditions Complexe, 1992.
Schor, R., *La France dans la première guerre mondiale*, Éditions Nathan, 1997.
Scriven, M., *Paul Nizan: Communist Novelist*, Macmillan Press, 1988.
Shirer, William L., *The Collapse of the Third Republic*, Heinemann, 1970.
Sipriot, P., *Guerre et paix autour de Romain Rolland*, Bartillat, 1997.
Sipriot, P., *Romain Rolland: le désastre de l'Europe 1914—1918*, Bartillat, 1997.
Sirinelli, J.-F., *La France de 1914 ànos jours*, Presses Universltaires de France, 1993.
Sirinelli, J.-F., *Intellectuels etpassions françaises*, Fayard, 1990.
Sirinelli, J.-F., 'Les Intellectuels français et la guerre', in J.-J. Becket and S. Audoin — Rouzeau, *Les Sociétés européennes et la guerre de* 1914—1918, Centre d'Histoire de la France contemporaine, Université de Paris X-Nanterre, 1990, pp. 145-59.
Sorel, G., *La Décomposition du Marxisme*, Presses Universitaires de France, 1908.
Sorel, G., *La Révolution dreyfussienne*, Éditions du Trident, 1988 (2nd edn, 1910).
Start, W. T., *Romain Rolland and a World at War*, Northwestern University Press, 1956.
Sternhell, Z., *La Droite révolutionnaire*, Éditions du Seuil (Collection Points Histoire), 1978.

Sternhell, Z., *Maurice Barrès et le nationalisme français*, Éditions Complexe, 1985.

Tint, H., *France since 1918*, Batsford Academic and Educational, 1980.

Todd, O., *Albert Camus: une vie*, Gallimard, 1996.

Todd, O., *André Malraux: une vie*, Gallimard, 2001.

Tombs, R., *France 1814—1914*, Longman, 1996.

Tucker, W., *The Fascist Ego: a Political Biography of Robert Brasillach*, University of California Press, 1975.

Veillon, D. (ed.), *La Collaboration: Textes et débats*, Livre de Poche, 1984.

Verdès-Leroux, J., *Refus et violences*, Gallimard, 1996.

Walzer, P.-O., *Littérature française*, vol. 15: *Le XXe siècle*, *Première partie 1896—1920*, Arthaud, 1975.

Weber, E., Action Française, Stanford University Press, 1962 (French translation, *L'Action française*, Fayard (Collection Pluriel), 1985).

Weber, E., *France*, *Fin de Siècle*, The Belknap Press of Harvard University Press, 1986.

Wesseling, H. L., 'Reluctant Crusaders: French Intellectuals and the Dreyfus Affair', *Stanford French Review*, January 1998, pp. 379-95.

Wieviorka, O., and C. Prochasson (eds), *La France du XXe siècle: Documents d'histoire*, Éditions du Seuil (Collection Points Histoire), 1994.

Wilkinson, James D., *The Intellectual Resistance in Europe*, Harvard University Press, 1981.

Willard, C., *Soctalisme et Communisme*, Armand Colin, 1978.

Wilson, S., 'The "Action Française" in French Intellectual Life', *The Historical Journal*, xii, 2, 1969, pp. 328-50.

Wilson, S., 'The Anti—Semitic Riots of 1898 in France', *The Historical Journal*, xiv, 14, 1973, pp. 789-806.

Winock, M., *La Belle Époque: Ia France de 1900 à 1914*, Perrin, 2002.

Winock, M., *La France Politique: XIXe—XXe*, Éditions du Seuil, 1999.

Winock, M. (ed.), *Histoire de l'extrême droite en France*, Éditions du Seutl, 1994.

Winock, M., *Le Siècle des intellectuels*, Éditions du Seuil, 1997.

Winock, M., *Le Socialisme en France et en Europe XIXe—XXe siècles*, Édition du Seuil, 1992.

Wohl, R., *The Generation of 1914*, Weidenfeld and Nicolson, 1980.